ALPHONSE BOUDARD

Les Grands Criminels

LE PRÉ AUX CLERCS

LES GRANDS CRIMINELS

Alphonse Boudard est né à Paris le 17 décembre 1925. Apprenti dans une fonderie typographique durant l'Occupation, il rejoint la Résistance en 1943, puis combat avec les Commandos de France de la 1re Armée. De 1944 à 1962, il traverse une période ingrate, entre prisons et sanatoriums.
La Métamorphose des cloportes, *en 1962, marque son irruption en littérature. C'est le début d'une carrière éclatante, que le Prix Renaudot consacre lorsqu'il couronne, en 1977,* Les Combattants du petit bonheur. *Romancier, mémorialiste, scénariste, auteur dramatique, Alphonse Boudard nous a également donné un ouvrage d'historien :* La Fermeture, *témoignant ainsi de l'ampleur de son registre.*

J'ai plus de raisons d'écrire sur le crime que sur la culture du maïs en Haute-Normandie. Au cours de mes séjours en cul-de-basse-fosse, j'ai rencontré quelques spécimens d'assassins qui me permettent aujourd'hui de les étudier d'un peu plus près.
Jules Bonnot au volant de sa Delaunay-Belleville est à la fois le premier braqueur motorisé et l'ancêtre de nos terroristes fin de siècle.
Landru, c'est Don Juan criminel. Il est petit, barbu, chauve, pingre, presque vieux, et pourtant il séduit 283 femmes en cinq ans. Détail : 10 d'entre elles disparaîtront en fumée.
Le docteur Petiot nous arrive de l'enfer. Pendant l'Occupation, en 1942, il aménage un hôtel particulier pour y liquider des clients en mal d'évasion. Il a tué parce qu'il était né pour ça, comme d'autres le sont pour la poésie ou la recherche scientifique.
Pierre Loutrel, dit Pierrot-le-Fou, va sillonner la France de l'après-guerre au volant de sa traction avant, attaquant les banques et les convoyeurs de fonds au rythme syncopé de sa mitraillette.
Le dernier criminel de cette promenade dans le temps des horreurs est un jeune homme de bonne famille, Georges Rapin. Ayant trop lu de romans policiers et se prenant pour un voyou de Série Noire, il se fait appeler M. Bill. Il tue pour rien, presque pour le plaisir.

DU MÊME AUTEUR

Aux Éditions de la Table Ronde

L'HÔPITAL.
LA CERISE. (Prix Sainte-Beuve 1963.)
CINOCHE.
BLEUBITE.
LES COMBATTANTS DU PETIT BONHEUR. (Prix Renaudot 1977.)
LE CORBILLARD DE JULES.
LE BANQUET DES LÉOPARDS.
LA MÉTAMORPHOSE DES CLOPORTES.
LE CAFÉ DU PAUVRE.
LES SALES MÔMES. (Théâtre.)

Aux Éditions Flammarion

LES ENFANTS DE CHŒUR.

La Jeune Parque

L'ARGOT SANS PEINE OU LA MÉTHODE À MIMILE.
(En collaboration avec Luc Étienne.)

Collection « Le Livre de Poche »

L'ARGOT SANS PEINE OU LA MÉTHODE À MIMILE.
(En collaboration avec Luc Étienne.)
LE CAFÉ DU PAUVRE.
LA MÉTAMORPHOSE DES CLOPORTES.
LA CERISE
L'HÔPITAL.
CINOCHE.
LA FERMETURE.
BLEUBITE.
LE CORBILLARD DE JULES.
L'ÉDUCATION D'ALPHONSE.
LES COMBATTANTS DU PETIT BONHEUR.

Collection « Folio »

LES COMBATTANTS DU PETIT BONHEUR.
LE BANQUET DES LÉOPARDS.
LES ENFANTS DE CHŒUR.

Aux Éditions Robert Laffont

LA FERMETURE.

Aux Éditions Grasset

L'ÉDUCATION D'ALPHONSE.

A Maître Jean-Louis Pelletier,
avec ma vive amitié

« *Nous au village aussi, l'on a*
De beaux assassinats. »

Chanson de
Georges Brassens

Tout le monde peut en faire autant...

ENCORE une fois je vais aux assises. Pas dans le box des accusés, soyez sans crainte... dans celui de la presse à présent! Invité en quelque sorte au théâtre... Tout le monde joue la comédie : le président et ses assesseurs, le greffier, le procureur, les avocats de la partie civile et ceux de la défense... les jurés qui semblent des utilités, mais peut-on s'y fier? Et puis celui qui entre dans l'arène... l'assassin... le triste héros de la tragédie. Tout est prêt, le public est là, avide de quoi au juste? De sang, pourquoi pas? Sang des victimes ou celui de l'accusé. Il est un peu frustré le public depuis 1981, le châtiment suprême n'est plus à l'épilogue du *spectacle.* Déjà que les exécutions capitales ne se faisaient plus en place de Grève mais en catimini pour ainsi dire... le loup traîné par les chiens vers la guillotine derrière les hauts murs d'une prison! C'est la fin de l'art dramatique... le judiciaire, le seul qui ne triche pas. La peine de substitution, c'est un peu du *coïtus interruptus.*

Voilà... le coupable ne joue plus sa tête! Ça vous donne des procès dans la grisaille lorsqu'il s'agit d'affaires de meurtres, de crimes horribles exempts de circonstances atténuantes. On sait comment les choses vont finir. Une condamnation à perpète. Tout est joué dès que l'assassin pénètre dans le box entre ses gendarmes. Dans la plupart des cas, il déçoit, ce criminel. Je relis la presse de toutes les grandes affaires et neuf fois sur dix, le monstre est terne, les épaules rentrées, le regard sans expression.

On attendait comme toujours un personnage hors du commun. Et presque comme toujours on a Monsieur Tout-le-Monde... Gaston Dominici est un vieux paysan bas-alpin de 1950... Émile Buisson ressemble à un petit contremaître d'usine laborieux... Marie Besnard est un modèle, toujours en noir, qui circulait naguère dans toutes nos petites villes de province... M. Bill a la tête d'un petit séducteur de dancing. Même le docteur Petiot, le plus effroyable, le plus immonde, le plus épouvantable criminel de cette série, avait l'air à tout prendre d'un bon petit médecin de quartier. N'était son regard... et encore ce fameux regard de bête féroce, on ne s'en apercevra qu'après son arrestation. Jusque-là ses victimes en tout cas ne lui trouvaient pas de lueurs assassines. Il passait pour un praticien dévoué. Qu'il était. Il soignait les pauvres. Un rien, il finissait Schweitzer, dans la forêt tropicale avec un clavecin et les partitions de Jean-Sébastien Bach.

Tout ça pour vous dire que moi aussi je suis déçu en voyant la petite Valérie Subra faisant son entrée aux assises de la Seine. On avait annoncé dans les gazettes une Messaline, une séductrice envoyée du diable, une ténébreuse instigatrice de forfaits abominables... et c'est une petite fille qui cache son visage en baissant la tête. Elle va répondre au président d'une voix si faible, si bafouillante, qu'au théâtre, le public, qui pourtant depuis quelques décennies en subit des tièdes et des incolores proclamées chefs-d'œuvre... ce public de bovins ensnobinés crierait comme le bon populo d'autrefois : « Remboursez! »

L'emboîtage... le rideau qui tombe sur les tomates qui s'écrasent.

Je dis que je suis déçu... façon de parler, j'ai tellement l'habitude de ce genre de surprise que je me trouve un peu idiot d'avoir subodoré un instant autre chose! Les deux comparses de Valérie ne risquent pas de la supplanter quant à la dimension humaine. Ils sont eux aussi pâles des genoux, tristounets, minables. Ils pourraient, au lieu de s'engouffrer dans l'arène de justice, prendre le métro sans qu'on les remarque. Ils ont tué pourtant. Tous les trois. Après les avoir aguichées, Valérie se laissait entraîner chez ses victimes, des messieurs esseulés en mal d'aventures faciles. Une fois dans la place, elle s'arrangeait pour faire entrer ses complices qui ensuite torturaient le monsieur pour lui faire dire où il planquait son fric... lui faire ouvrir son coffre-fort. Au finish, on l'étranglait ou on lui tranchait la gorge.

Ils ne répondent que de deux assassinats. Ce qui ne les place pas dans la catégorie des grands criminels. Ils n'ont pas eu le temps de faire mieux... sinon rien ne nous empêche de penser qu'ils auraient continué à estourbir dix ou vingt de ces tendres célibataires qu'une jeune fille de dix-huit ans accompagne au bord du lit.

Le procès a mobilisé quelques ténors du barreau... Maîtres Pelletier et Lombard... L'avocat général Guilloux répond, lui, à tout ce qu'on attend de sa fonction... une férocité verbale redoutable. La presse est là, les meilleures plumes à l'écritoire. Elle aura beau faire, sortir ses plus tonnants adjectifs, titrer à la une sur les amants démoniaques, la mayonnaise ne prendra pas. Valérie Subra n'entrera pas dans la légende noire du fait divers.

J'en suis pour mes frais de déplacement. Le verdict a été conforme à ce qu'on attendait... trois condamnations à la réclusion criminelle à perpétuité, agrémentées si l'on peut dire d'une peine incompressible de vingt ans pour les deux complices et de dix-huit ans pour leur âme damnée... petite, bien mince mansuétude du jury eu égard à son très jeune âge.

De ces quelques journées de cour d'assises, je glane tout de même une phrase qui me semble importante. Laurent Attab, l'amant de Valérie, a répondu au moment où le président, qui l'interrogeait sur l'un des deux meurtres, s'étonnait quelque peu de l'horreur de son geste :

– Tuer c'est simple... tout le monde peut en faire autant.

Voilà ce qu'il a dit, ce jeune homme de bonne famille. La salle alors a murmuré d'indignation. Dans certains journaux, le lendemain, on parlait de cynisme éhonté... d'inconscience... que sais-je encore? Pourtant la clé du problème – horreur pourtant de ce mot problème employé à toutes les sauces et à tout propos – était peut-être là. *Tout le monde peut en faire autant.* C'est tellement vrai, tellement frappé du bon sens que l'on comprend le mouvement réprobateur de la salle. Ce sale petit tueur sans envergure, sans remords, sans aucune instruction, cet illettré nouveau style – celui qu'on a envoyé à l'école jusqu'à seize ans pour ne pas y apprendre à lire et à écrire – ce demi-taré leur a assené une vérité première, ce qui lui paraît à lui, après expérience, une certitude : *Tuer c'est simple. Tout le monde peut en faire autant.*

L'honnête homme répugne à entendre une chose pareille. Il pourrait cependant accepter la proposition en rétorquant qu'il se refuse à cette facilité par sens moral, n'est-ce pas... appeler sa conscience à la rescousse, mais son petit confort intellectuel se refuse à admettre qu'il pourrait tuer comme cet ignoble personnage, cet assassin de célibataires en mal de nuit d'amour.

On cherche alors des explications, les psychiatres arrivent avec leur bonnet pointu. Posséderaient-ils la science infuse? Une dame quinquagénaire est venue déposer, dire on ne sait quoi, à la barre. Des explications confuses qui n'ont satisfait ni l'accusation, ni la défense, ni même le brave public pourtant si prompt à s'en laisser conter pourvu que ça soit dans une langue savante aussi incompréhensible que le latin des médecins de Molière.

Je reste, moi, à la nuit tombée sous la pluie après le verdict... sur l'asphalte, devant la grille du Palais de Justice, avec cette petite perle recueillie pour mon bestiaire... *C'est simple. Tout le monde peut en faire autant.*

*

On a tué depuis belle Bible. Caïn d'entrée son propre frère. Par jalousie. Ça nous fait un bon prétexte... une cause première à la portée de tout un chacun. La jalousie sentimentale...vénale... de celui qui n'en a pas et voudrait en avoir... du fric, des femmes, de la force, de la beauté... on la frôle tous les jours. Elle court la rue, les bois, les plaines, les autoroutes. Lieu de se tenir sur ses gardes pour ne pas devenir Abel, et j'ajoute Caïn soi-même, tant il est vrai qu'on a toujours quelque part quelque chose à envier.

A la jalousie s'ajoutent toutes les autres motivations qui vont faire l'objet de nos histoires criminelles. Avec le temps, les différentes civilisations, l'instinct meurtrier se retranche en d'infinis labyrinthes... il se déguise, se masque, se complique et se trouve aussi d'essentielles justifications. L'idéologique par exemple – naguère patriotique, mais aujourd'hui, en tout cas dans nos pays occidentaux, la patrie tout le monde l'emporte à la semelle de ses baskets pour voyager dans le Tiers Monde – oui, l'idéologie qui vous permet de tuer sinon sans risque, tout du moins avec bonne conscience... On verra avec la bande à Bonnot comment des jeunes gens généreux peuvent dévier d'un altruisme anarchiste au banditisme. Nous assistons de nos jours à ce genre de mutation de façon permanente. Partant des idées de Mai 68, on glisse, la dialectique aidant, vers Action Directe. Avec l'apport du langage, l'homme peut se justifier d'une férocité que l'animal ne pratique jamais hors de ses besoins de conservation.

Que Valérie Subra et ses deux acolytes aient été dans un autre contexte... mettons la dernière guerre, ils pouvaient devenir, un des avocats de la partie civile l'a fait remarquer, des gestapistes... de ces petits auxiliaires qui fignolaient les interrogatoires mieux que leurs maîtres allemands. Allons plus loin. Imaginez Valérie Subra en 1944. Elle entraîne, en tortillant son cul adéquat, des collabos... ou prétendus tels... dans un piège, comme en 1986, en forme de plumard. Collabo ou non, l'homme se laissera toujours tenter par la diablesse et son train. Ses complices attendent, surgissent, asticotent la victime et la liquident. En l'occurrence, ils sont des héros. On les décore. Ils ont œuvré pour la libération du territoire.

Je peux vous donner cent exemples semblables dans la rubrique des tribunaux de l'épuration. J'ai connu, fréquenté dans les cours de promenade de Fresnes, des petits copains de ce genre. Après l'époque bénie où tout était possible et permis pourvu qu'on sache rendre ses crimes patriotiques, ils avaient continué... erreur fatale! Tel ce boucher de la région de Nancy, je crois, qui tuait pendant l'Occupation des soldats allemands pour ensuite les dépecer, en faire des côtelettes, pot-au-feu, jarret... voire saucisson, pâté, langue de veau à la vinaigrette... tout un abominable trafic de marché noir. (Je rappelle aux jeunes que pendant la dernière guerre le consommateur avait droit en moyenne à deux cent cinquante grammes de viande avec os par mois... d'où ce marché noir, source de profits comparables à ceux de l'alcool clandestin pendant la période de la Prohibition aux États-Unis.) Après la Libération, ce joyeux louchebem fut presque décoré... félicité par les officiels du nouveau pouvoir. En tout cas, on ne l'inquiéta pas et naïvement il reprit son petit travail de boucherie humaine. Cette fois, faute d'ennemis, avec la barbaque de quelques honnêtes citoyens français. Pris, coffré, jugé, il sauva sa tête en raison des *services rendus à la France pendant la guerre.*

Le même acte... le même dépeçage, le même cannibalisme, selon l'époque, l'optique, la loi écrite ou non... deux poids deux mesures! Les périodes de disette, certes, favorisent ce genre de crime. Sous la République de Weimar en Allemagne, Fritz Haarmann, le boucher du Hanovre, vendait le corps de ses victimes, de jeunes garçons dont il avait abusé avant de les étrangler. Une affaire, celle-là, qui reste dans les annales des crimes sexuels. Fritz Haarmann toutefois joignait l'utile à l'agréable... ses crimes sadiques lui rapportaient néanmoins de petits bénéfices... la vente de la chair et des vêtements de ses victimes.

*

Ce qui m'amène à ce sujet... toutes ces réflexions que je me fais, me gamberge sur la question depuis l'époque où je fréquentais un tas de curieux lascars dans les prisons de la République.

Vu de près, côtoyé, entendu dans son quotidien, le criminel, c'est quoi au juste? Question des plus complexes tant la différence est grande entre Pierrot-le-Fou et Landru... entre les caïds du milieu marseillais et les éventreurs de petites filles, les besogneux de la dissection. Les truands appartiennent à un monde différent. Ils se sont mis hors la loi pour voler, bien sûr, vivre de tous les expédients possibles... tuer s'il le faut, ce qui les oblige à respecter des usages beaucoup plus rigoureux que ceux de la société normale. Les autres, eux, s'efforcent de donner le change jusqu'au bout... jusqu'à ce que la police, ou le hasard, dieu des policiers, les rattrape par le col.

On est frappé chez presque tous les assassins de ce genre par une sorte d'inconscience. Ils mettent beaucoup de temps avant de reconnaître ce qui semble à tous un acte des plus répréhensibles. Valérie Subra, au bout d'un mois de prison à Fleury, réclamait au juge d'instruction sa mise en liberté provisoire. J'ai raconté dans *La Cerise* l'histoire de ce jeunot qui avait tué une serveuse de restaurant, puis l'avait coupée en morceaux pour les déposer dans une malle à la gare du Nord. Lui aussi était un personnage falot, un petit mec sans apparente méchanceté ni dans les gestes ni dans le regard. Il se préoccupait surtout d'un poste de radio à transistor que les flics lui avaient confisqué. Allait-on le lui restituer? Après tout, il ne l'avait pas volé, etc... il argumentait en marchant de long en large dans la cellule.

Pour le reste... cette femme étranglée, cisaillée sans l'art et la manière du docteur Petiot... grossièrement à la scie égoïne... la malle sanglante... tout ce qui avait fait la une des quotidiens... il ne s'en souciait guère. « *C'est la première fois, j'aurai le sursis.* » Texto, ce qu'il a dit dans une cour de promenade devant quelques malfrats qui en avaient vu et entendu de sévères au cours de leurs séjours en cul-de-basse-fosse mais qui, tout de même, en sont restés pantois, comme on dit dans les beaux livres.

Une remarque importante, la froideur, l'indifférence de la plupart de ces gibiers de bascule. Leurs actes, les pires, allaient de soi... étaient dans la logique des choses. Chez les plus gros gabarits, ceux dont il va être question dans ce livre, cette froideur, cette indifférence s'appliquent à eux-mêmes. Leur sort ne les inquiète pas plus que celui de leurs victimes. Ils meurent avec courage, que ce soit Landru, Petiot, Weidmann ou M. Bill.

De toute façon, à partir du moment où la machine policière se met en branle, l'assassin se retranche dans une *attitude de rupture.* Il considère ses actes d'un tout autre point de vue que ses juges. Même s'il joue la partition du repentir. Obscurément, il sent qu'il a commis un acte qui le *différencie* du commun des mortels. L'appareil judiciaire va le renforcer dans cette intime conviction. Il a transgressé les lois de la cité. Il en tire sa gloire. Lacenaire, assassin célèbre du XIXe siècle, est un des rares criminels à avoir exprimé clairement cette démarche. Il prétendait qu'il avait tué pour devenir célèbre et mériter la guillotine. La récompense suprême, disait-il. Ce que Stendhal confirme en écrivant que seule la peine de mort ne s'achète pas.

L'évidence... que l'abolition de la peine capitale fout l'édifice par terre. L'assassin perd sa royauté. Enfermé et promis à la réinsertion, il retourne à sa banalité... aux pâlichonneries d'un destin minable. Genet aussi dit à peu près la même chose, ce qui lui attire l'adoration des dandys littéraires pour lesquels le fin du fin est ce qui vous différencie le plus du troupeau... chez Genet : l'homosexualité, le vol, la délation et l'assassinat qu'il célèbre dans son poème *Le condamné à mort*.

*

Une certaine confusion, lorsqu'on parle de ces choses, vient du dialogue de sourds obligatoire entre ceux qui les envisagent d'un point de vue sociologique, psychiatrique ou purement judiciaire et ceux qui sont persuadés qu'il s'agit de théâtre et que ni le châtiment ni l'humanitarisme n'ont à faire là-dedans. Je me suis rangé dans ce dernier camp précisément en étudiant ces quelques cas de grands criminels. Avec le recul du temps, ceux qui passent à la postérité deviennent, d'une certaine façon, des mythes. On va tirer de leurs histoires des arguments de films, de pièces de théâtre, de romans. Ils sont nos héros noirs. Ils ont touché le Diable, comme le prince Muichkine de Dostoïevski touchait Dieu. Ils fascinent et repoussent à la fois. Tout ce que pourront dire les sociologues, les psychanalystes, les criminologistes les désincarne... Encore une fois, ce sont les poètes qui ont le dernier mot.

LA BANDE A BONNOT

ou

Itinéraire de l'anarchie au banditisme

« Nous n'avons pas oublié les formules des poudres chloratées qui font des viandes royales un salmigondis libérateur! »

Raymond Callemin
dit Raymond-la-Science

Bonnot, j'en ai entendu parler avant même de savoir lire. On retient ce nom... Bonnot... et d'ailleurs les blazes jouent un rôle considérable dans la chronique des légendes. La bande aurait pu s'appeler la bande à Garnier ou la bande à Callemin, mais Bonnot frappait plus les imaginations. On le retenait mieux. Reste que Bonnot va être dans toute cette affaire l'homme de l'automobile. En 1912, elle est parée de toutes les vertus de la science, de la nouveauté. Elle va devenir une véritable divinité du monde moderne et Bonnot au volant de sa Delaunay-Belleville va faire figure de prophète, d'apôtre. Dévoyé certes, mais pour toujours le premier gangster motorisé. On ne disait pas gangster, je crois en 1912... on disait bandit... le franglais n'avait pas encore droit de cité dans nos gazettes et même dans l'argot. La bande, avant qu'on ne connaisse le nom de Bonnot, sera celle des bandits en automobile. Ils sont les ancêtres des hommes d'Al Capone, des nervis de Carbone et des voyous de l'Occupation en traction avant.

J'habitais le XIIIe dans les années 30. Près de l'usine Panhard. Je jouais dans la rue avec un tas de petits copains dont les pères bossaient dans l'automobile. Tourneurs, fraiseurs, monteurs, aléseurs. Rivés à la chaîne du boulot obligatoire, mais tous passionnés de mécanique, d'automobile. Ce qui les portait à trouver toutes les circonstances atténuantes à Jules Bonnot, anarchiste et mécano. Ce quartier votait massivement pour le parti communiste. André

Marty, le fameux mutin de la mer Noire, nous représentait à la Chambre des députés. Si mes souvenirs sont exacts... ce qui me reste dans la mémoire, de leurs propos au zinc des troquets, leur communisme à eux était fortement teinté d'anarcho-syndicalisme. Ils ne faisaient pas tant la différence entre la dialectique stalinienne et les idées de l'illégalisme, de la reprise individuelle. Ils étaient contre l'ordre établi, voilà tout... contre les patrons, les bourgeois, l'armée, les exploiteurs et les curés qui, dans ces temps pas si éloignés, portaient encore soutane et barrette.

Si la conversation arrivait sur Bonnot, précisément sur ce fameux siège à Choisy-le-Roi... dans notre secteur, la banlieue sud, on sentait que les cœurs étaient pour lui. On faisait l'impasse sur un tas de détails – entre autres sur le sort des victimes – et on admirait surtout l'homme qui avait défié toute la police parisienne... l'outlaw... celui qui ne s'était pas laissé prendre vivant. Les légendes ne s'embarrassent pas de scories... Longtemps j'ai eu une espèce de vénération pour la bande à Bonnot que j'assimilais un peu hâtivement à l'Anarchie. Tout ça me venait de ce que j'avais entendu dans mon enfance... le récit du siège de Choisy-le-Roi par quelques vieux briscards à casquette qui y avaient assisté. Qu'avaient-ils vu exactement?... La foule, les brigades du préfet Lépine. On parlait de régiment de zouaves, de mitrailleuses, de dynamite... de quoi alimenter les imaginations en mal d'épopée.

Tous les récits concernant la bande à Bonnot commencent par l'attaque de l'encaisseur de la Société Générale, rue Ordener, le 21 décembre 1911... Entrent, au même moment dans l'Histoire, Jules Bonnot et l'automobile en tant que véhicule pour commettre une attaque à main armée. Quelque dix ans avant les gangsters de Chicago.

Il faut dire que ce 21 décembre, rue Ordener, la bande à Bonnot a mis le paquet. Non seulement elle braque l'encaisseur Ernest Caby, mais en même temps elle lui tire dessus. S'il s'en sort... avec une balle de browning dans le cou, une autre en pleine poitrine... c'est un véritable miracle! Le garde du corps qui l'escortait a réussi à s'enfuir mais on lui a aussi tiré dessus. Pas simplement pour lui faire peur. C'est Octave Garnier le flingueur. Il le rate. A son côté, Raymond Callemin dit Raymond-la-Science se comporte avec un sang-froid extraordinaire... Il ramassera calmement la sacoche avant de rejoindre la voiture devant la foule que Bonnot tient en respect.

Aujourd'hui, bien sûr, on a vu pire... on voit beaucoup mieux presque quotidiennement, mais en replaçant cette affaire dans le contexte de ce qu'on appelle la Belle Epoque, on peut en mesurer l'importance. L'ordre bourgeois règne alors sur le monde. En France, il a scellé sa puissance avec le sang des communards de 1871. Ce n'est plus le Versailles étincelant de la royauté qui gouverne, c'est le Versailles des Versaillais de M. Thiers qui ne badinent pas avec le fric... la propriété. En matière de justice, on réprime d'abord et, éventuellement, on cherche à comprendre plus tard.

Mis à part quelques socialistes comme Jaurès et les groupes libertaires, tout le peuple ploie sous cette domination. Mieux... il adhère pleinement à l'ordre moral de la République bourgeoise! Et pourtant la condition ouvrière est terrible. Le pain reste la base de l'alimentation. Ce gros pain qui bourre plus qu'il ne nourrit. On apprend aux enfants, dès les plus petites classes de la Communale, qu'il faut travailler durement pour le gagner ce fameux pain. Les vêtements sont gris, noirs, souvent rapiécés. Les femmes du peuple ont peu de temps pour les amours. Leur beauté s'abîme vite au travail et aux couches. On vit lentement au rythme du cheval comme pour faire durer tout de même le plaisir de vivre puisqu'on meurt plus jeune. L'époque n'est belle que pour quelques-uns... Ceux qui en ont les moyens et sont assez libérés des préjugés de leur caste pour aller se pavaner dans les lieux qui font le renom du Paris 1900.

L'attaque de la rue Ordener fait l'effet d'une bombe. La vague des attentats anarchistes est déjà loin. Depuis l'exécution de Caserio, l'assassin du président Sadi Carnot en 1894, de ce côté-là les choses se sont calmées. Lorsqu'on fera un lien entre les bandits en automobile et l'anarchie, la presse va se charger d'exploiter le filon. A la Une, l'anarchie paie. On tient un grand sujet... les journalistes ont l'instinct de ces choses. Un scoop, on dit à présent. Bien entendu, on va étiqueter les braqueurs de la Société Générale « anarchistes » grâce aux indics. Ils jouent un rôle primordial dans cette affaire. Les milieux anars grouillent de mouchards à la petite semaine. Depuis la grande époque des Vaillant, Ravachol et autres, la police tolère toutes sortes de groupuscules, qui publient de petites feuilles de chou, pour mieux les pénétrer et tenir en laisse le mouvement, procédé qui a fait ses preuves sous tous les régimes. Les serviteurs moustachus à chapeau melon de l'ordre bourgeois sont efficaces. Pourtant la bande à Bonnot va les mettre en sale posture, les ridiculiser pendant quelques mois. Ils vont se trouver devant des gens qui sont prêts à tout... *qui jouent pour le seul plaisir de jouer avec la mort et qui sont tous décidés à aller jusqu'au bout.*

En cela les tueurs de la bande à Bonnot sont différents des autres. S'il s'agit de vrais truands, on sait qu'ils volent pour ensuite profiter de leur butin... mener la grande vie ou se retirer bourgeoisement avec du fric planqué à gauche. La mécanique dans ce domaine s'emballe parfois et les malfrats se trouvent pris malgré eux dans un engrenage infernal. Ce sera le cas des complices de Pierrot-le-Fou qui rêvaient tous plus ou moins de se retirer, fortune rapidement faite, pour exploiter une boîte, un cercle de jeu, un hôtel de passe. Mais pour eux la machine s'est détraquée et la plupart ont mal fini.

Les zèbres de la bande à Bonnot, on ne peut pas dire qu'ils sont vraiment des anarchistes. Même s'ils ont tous plus ou moins fréquenté les cercles libertaires, au moment où ils vont entrer en action, ils n'ont plus que des liens, disons de solidarité, d'amitié avec les camarades du mouvement. Ils agissent dans une illégalité qui les rend marginaux même du clan libertaire. Seulement leurs motivations dépassent la simple vénalité. Par le browning, la pire violence, le meurtre, ils cherchent plutôt à s'affranchir des conditions sociales dont ils n'espèrent pas se débarrasser autrement. Ils savent tous que ça va les conduire à la mort et ils y vont pourtant avec une sorte d'allégresse. Ils vont tuer sauvagement, de façon délibérée, préméditée, sans exprimer ensuite aucun remords... Leurs pires ennemis reconnaîtront pourtant que « *s'ils sont haïssables, ils ne sont jamais méprisables* ». Ce qui fera dire plus tard à Céline : « *Bonnot toujours, Landru jamais.* » Face à Bonnot, l'homme de tous les refus, Landru n'est qu'un petit bourgeois gentilhomme assassin qui tient son carnet de comptes.

*

Jules Bonnot est né en 1876 dans le Doubs. Famille d'ouvriers pauvres. Le petit Jules va certainement souffrir d'un manque d'affection puisque sa mère est morte lorsqu'il avait cinq ans. À l'école il sera mal noté. Intelligent mais indiscipliné, il provoque des bagarres avec ses petits copains. Rien de grave... toutefois en on reparlera lorsqu'on établira son pedigree. Bernard Thomas, dans son livre sur la bande à Bonnot, dit qu'il a eu des déboires avec les filles qui se moquaient de lui pendant son adolescence. Il travaille très jeune et, là encore, il est mal noté. Il se rebelle contre les patrons, les contremaîtres. On le renvoie. On l'accuse plusieurs fois de vol. Les a-t-il vraiment commis? En tout cas, il fait connaissance avec la flicaille et, à dix-sept ans, il a un casier judiciaire. Ce qui aurait dû le conduire à faire son service militaire aux Bataillons d'Afrique auxquels il échappera puisqu'il fera son temps au 133e régiment d'infanterie en 1897.

Bien sûr, durant cette jeunesse, Jules Bonnot s'est forgé une âme de révolté. C'est la grande époque de l'Anarchie, des attentats et aussi des grèves dures et sanglantes un peu partout en France. On imagine que le jeune Bonnot ne reste pas insensible à la propagande anarcho-syndicaliste qui se répand dans les ateliers et les usines.

Il se fâche avec un père qui lui avait surtout administré des taloches en guise de caresses. Il se bat un peu partout dans les bistrots et sur les lieux de son travail.

Bref, c'est un mauvais fer, Bonnot Jules, un hargneux, un vindicatif, un petit mec (un mètre soixante-deux) râblé, au visage carré, nez retroussé, les yeux enfoncés dans l'orbite... qui ne veut s'en laisser conter par personne. Pour compléter le tableau, il vit quelque temps avec une pute à Nancy... de celles qu'on appelle au grand cœur... qui a recueilli Jules errant sans toit ni travail. N'empêche, vivre avec une prostituée aurait pu lui valoir une condamnation pour *vagabondage spécial,* comme disaient les chats fourrés de ce temps-là pour définir le proxénétisme.

Curieusement, à l'armée, Bonnot se conduit en bon soldat. Aucune punition. Il est même le meilleur tireur au lebel de sa compagnie. Ça, ça lui servira plus tard.

En sortant du service militaire, il va se marier avec Sophie, une jolie couturière de dix-neuf ans. Le grand amour. Jules trouve du boulot à Bellegarde dans un dépôt de chemin de fer près de la frontière suisse. Il a une petite fille, Émilie. Son destin semble tout tracé, il sera un brave prolétaire, père de famille et besogneux. Seulement il a son caractère, Jules, il renâcle toujours lorsqu'on lui donne des ordres. Il déteste les patrons et les flics... alors, encore, il se châtaigne. Il fomente la révolte. Les idées anarchistes trottent dans sa caboche. La richesse des uns est le fruit de l'exploitation des autres! Voilà, on le flanque à la porte. Sa petite fille meurt, ce qui n'est pas fait pour lui rendre le caractère heureux, on le conçoit aisément. Il est chômeur quelque temps, puis il finit tout de même par trouver de l'embauche dans un garage à Lyon.

Sans doute ses dons de mécanicien se révèlent-ils là. Nous sommes au début de l'ère de l'automobile et cette industrie naissante a besoin d'ouvriers spécialisés. Bonnot devient vite un professionnel hors pair. On pourrait dire qu'il est fin prêt, avec son brevet militaire de champion de tir, pour devenir le chef de bande que l'on sait. Il s'en faut encore de dix ans.

Entre-temps, Sophie lui a donné un petit garçon en 1904. Jules se tient à carreau... il n'écoute plus les sirènes de l'anarcho-syndicalisme. On a une photo de lui à cette époque avec sa femme et son fils. Photo classique où l'homme est debout derrière un petit guéridon, Madame assise, bien droite sur un fauteuil, et l'enfant vêtu d'une grande robe tient une petite trompette à la main. Des tableautins de ce genre, on en trouve dans tous les albums de famille de l'avant-guerre 14-18. Bonnot porte un col cassé, une grosse chaîne de montre pendue à son gilet. Fine moustache, visage régulier, il a l'air parfaitement lisse, parfaitement heureux. Sa femme est plutôt belle malgré une coiffure pâtissière impossible. Le gosse est mignon. Ce cliché donnerait à penser qu'à présent tout va bien, que Jules va laisser sa vie se dérouler, n'est-ce pas, comme un grand fleuve tranquille! Ça serait compter sans le destin qui veille, qui va lui jouer un drôle de tour pour le sortir de cet anonymat paisible.

Éclate une grève. Plus fort que lui, Jules Bonnot y participe. Vigoureusement sans doute, c'est dans sa nature. On le fout à la porte de l'usine et du jour au lendemain, il est réduit encore au chômage. Oh, il retrouve de l'embauche à Saint-Étienne! Je vous ai dit, il est devenu un mécano de première. On apprécie ses qualités dans l'entreprise mais le scénario lyonnais recommence. Grève... bagarres... cette fois on l'arrête, on le flanque au gnouf. Le rapport de police le dit d'un caractère violent. On le savait, mais les choses se gâtent pour lui. Au sortir de cette mésaventure, Bonnot en plus de son travail va perdre sa femme. Celle-ci, pour se consoler de la misère dans laquelle l'a plongée Jules pendant son incarcération, s'est réfugiée dans le lit du secrétaire syndical... La frontière entre le vaudeville et la tragédie est mince comme le fil du rasoir. Ici, on n'a pas envie de rire. Bonnot perd son foyer. Tout est foutu pour lui, il va se réfugier dans quoi au juste? L'illégalisme, le banditisme? Assez difficile de répondre. Bonnot est le produit d'une époque. Le même homme avec le même tempérament quarante ou cinquante ans plus tard aurait dévié dans le gangstérisme pur. Sans essai de justification... uniquement pour le fric et la jouissance immédiate du fric comme Abel Danos, Émile Buisson ou Pierrot-le-Fou.

Au début du siècle, ce genre de malfrats sévissait certes, mais à l'état larvaire si l'on peut dire. La presse les baptisait les apaches... les types du genre de ceux qui gravitent autour de Casque d'Or... des surineurs, des barbeaux... plutôt des terreurs de quartier... les voyous sur les fortifs.

Bonnot, qu'on associe abusivement à l'anarchie, est tout de même la résultante d'un climat d'insurrection ouvrière, de syndicalisme. Jusque-là, il pensait que la société pouvait être transformée par la révolte, que l'exploitation des pauvres par les riches pouvait cesser... etc. Tout cela est un peu confus dans sa tête, mais la plupart des ouvriers qui s'engagent sur la voie du socialisme révolutionnaire au départ ne sont guère plus armés intellectuellement.

Bonnot ne sera pas un militant, ni anar, ni marxiste, mais ce qui le différencie du simple bandit, c'est qu'il gardera jusqu'au bout un esprit de révolte qui lui vient de l'anarcho-syndicalisme. Et ça sera le cas de tous ses complices. La société est mauvaise et elle n'est pas modifiable, on va donc lui déclarer la guerre. L'issue ne peut être que la mort... alors vive la mort! On entendra ce refrain plus tard pendant la guerre d'Espagne.

Bonnot à présent va vivre en marginal... de vols, cambriolages, fausse monnaie. Dans ce domaine il aurait pu, comme Marius Jacob qui servit de modèle à Maurice Leblanc pour créer son Arsène Lupin, se contenter d'actions non violentes. Jacob était un adepte de la reprise individuelle qui travaillait la plupart du temps seul et avec un art consommé du cambriolage. Mais il avait gardé des liens avec l'anarchie militante et il faisait profiter la Cause d'une partie de ses bénéfices.

Il faut croire, dans toutes ces affaires, que le tempérament joue un rôle primordial. Bonnot est un cogneur, un dur. Las de taper dans le vide, il va foncer dans les décors de la Belle Epoque. Il en crèvera, mais un instant, un court instant dans l'Histoire, il aura fait peur. On va parler de lui. Il semble bien qu'il ait proclamé cela à cette période de sa vie, alors qu'il a perdu sa femme, son gosse, qu'il est sans boulot, qu'on le vire de partout et surtout qu'il a ce terrible sentiment qu'on le méprise.

Une motivation qui compte dans l'histoire du crime. On va la retrouver dans de nombreux cas, surtout depuis que la presse, la radio, puis la télé se chargent d'ouvrir les portes de la célébrité au moindre malfrat. *Il ne suffit pas de tuer, encore faut-il qu'on sache que j'ai tué.* Ainsi s'explique dans une certaine mesure le peu de précautions que prennent certains assassins pour rester impunis. M. Bill devant les photographes prend la pose, se pavane au cours de la reconstitution d'un crime affreux. Bonnot n'aura pas le temps de se faire photographier. Il va tout faire flamber en quelques mois. On dirait qu'il se prépare entre 1907 et 1911. Il attend son heure. Il passe son permis de conduire alors qu'il travaille chez Berliet. Ç'aurait pu être pour son plus grand bien. Lorsqu'il conduit une voiture, on dit qu'il a un moteur dans le ventre. La passion de la mécanique en ces temps-là en a conduit plus d'un à une sorte de gloire bien différente de celle du crime.

Son passage chez Berliet est bref mais il y a certainement beaucoup appris en ce qui concerne l'automobile. *Maintenant il est carrément truand.* Il lui faut des complices, il les trouve dans les marges de l'anarchie. Des Italiens, dont un certain Platano dont il sera question plus loin. Il se lance dans le vol de motos, de voitures. En grand. Il ouvre des entrepôts où il planque toutes sortes de voitures de maître qui feraient aujourd'hui le bonheur des collectionneurs.

Après quelques vaines tentatives pour reprendre sa femme, Bonnot se contente de celle d'un autre... Thollon, le gardien du cimetière de la Guillotière près de Lyon, à qui il loue une chambre. Elle se prénomme Judith, elle est belle et comme son mari, un peu anar lui aussi, pratique en ce qui concerne la fidélité conjugale une sorte d'égalitarisme libertaire, tout est pour le mieux. Jules a un port d'attache où il trouve le couvert, le lit et le reste entre deux opérations de *reprise individuelle.*

Dans un caveau du cimetière, il planque son matériel de cambrioleur, entre autres, huit chalumeaux à oxy-acétylène. Il travaille dans le coffre-fort à présent. Les perceurs sont l'aristocratie du monde des malfrats, mais le *Milieu* ne l'a jamais attiré. En cela il ressemble à Jacques Mesrine ou même à Dillinger, il ne refuse pas la société pour en retrouver une réplique grossière aux lois encore plus injustes.

Pendant une période, vers 1910, il a tout de même le projet de faire sa pelote pour recommencer une vie toute neuve avec Judith à l'étranger. Il voyage, se rend à Londres où, dit-on, il fut quelques mois le chauffeur de Conan Doyle, le riche auteur de la série des *Sherlock Holmes.*

Première affaire importante... En attelage avec Platano, il cambriole un notaire de Vienne dans l'Isère. Opération menée de main d'artiste... ouverture du coffre-fort au chalumeau. Butin : trente-six mille francs en pièces d'or et en billets. Fuite en automobile. Bonnot est vraiment un précurseur.

Peut-être n'a-t-il pas assez de fric pour s'exiler

avec Judith? Peut-être a-t-il encore l'intention de faire un autre coup? La police ne lui en laisse pas le loisir. Comment est-elle remontée jusqu'à Bonnot... un mystère qui s'explique plus facilement que celui de la Sainte Trinité et qui s'appelle *indic.* Pour écouler la marchandise volée, il était obligé de traiter avec toutes sortes d'intermédiaires, fourgues ou autres... anarchistes ou non. L'explication est là. Toujours est-il que Platano vient avertir Jules que les flics sont venus chez lui, qu'il a juste eu le temps de décamper. Jules s'arrache du lit de Judith... le roman d'amour est fini. On jure de se revoir bientôt, mais cette fois Jules s'embarque pour une aventure qui va ébranler la douce France de papa Fallières.

Les deux truands prennent la fuite dans une Buire volée dont Bonnot a maquillé la plaque minéralogique. Il a embarqué dans une sacoche en cuir cent cartouches et trois revolvers. Dans son pardessus, il a deux brownings. Ce qui donne à penser qu'il n'a pas que des intentions de reprise individuelle pacifiques. Direction Paris où Platano a des amis au journal *L'Anarchie,* dont un certain Dubois à Choisy-le-Roi qui peut les abriter dans un local. La boucle est bouclée. On reparlera sous peu de Dubois, du local et de Choisy-le-Roi.

Là, se situe un des épisodes qui me laissent le plus perplexe à propos de Jules Bonnot. Jusqu'ici le portrait, sans être absolument flatteur, est plutôt dans le positif. Bonnot va devenir un bandit anar parce qu'il a eu une enfance difficile, misérable. Le père brutal, un peu alcoolo, l'apprentissage à douze ans, la révolte contre les exploiteurs... l'anarcho-syndicalisme... etc. Et puis ses déboires avec Sophie. Il est devenu casseur. Il aime Judith et il va le prouver. Le héros style bandit au grand cœur, redresseur de torts se dessine.

Mais le voici qui file en pleine nuit vers Paris au volant de la Buire volée, Platano à côté de lui. Nous sommes en novembre, Jules a enfilé ce qu'on appelle alors un caoutchouc... Une sorte de gros imperméable. Un minimum, car il pleut, il vente. Platano, lui, est vêtu d'une pelisse. Quelques jours auparavant il a été en Italie pour s'occuper d'un héritage... trente mille francs. A-t-il parlé de cette petite fortune à Bonnot? Nous n'avons que le témoignage de celui-ci concernant les événements qui vont suivre.

Une panne sur la route... le moteur chauffe... on ne sait au juste... la courroie du ventilateur qui a sauté... Toujours est-il que Jules répare sur-le-champ. Pendant qu'il s'affaire sur le moteur de la voiture, Platano se serait amusé avec un de ses brownings. Rien n'est très clair. Tout ce qu'on a pu savoir provient du récit que Bonnot lui-même a fait à ses amis anarchistes. Dispute. Bonnot engueule Platano, tente de lui retirer le revolver des mains. Un geste malheureux, le coup part et Platano est touché derrière l'oreille gauche. Une sale blessure qui le fait souffrir horriblement. Il hurle. Inéluctablement, il va mourir. Pour abréger ses souffrances, Bonnot l'achève. Une deuxième balle dans la tête. Après quoi, il fouille son copain et naturellement il trouve les trente mille balles planquées sous sa chemise. Pour éviter des complications, Jules ensuite déshabille Platano, le laisse sans indice permettant de l'identifier dans un fossé au bord de la route.

On peut contester cette version. L'accident paraît stupide. Platano ne savait-il pas se servir d'un browning? Avait-il ou non parlé des trente mille francs à Bonnot? Tout est possible... entre autres, que Bonnot ait prémédité ce meurtre pour dépouiller son compagnon de cavale... Il enverra vingt-cinq mille francs à Judith et gardera cinq mille francs pour lui. Les Thollon seront arrêtés plus tard pour recel lorsqu'on aura trouvé, puis identifié Platano. Bonnot ne pouvait donner que cette version aux anars qu'il va rencontrer en arrivant à Paris. Ceux dont Platano lui a donné l'adresse. Ils ne mettront pas en doute la parole de Jules. Ça fait partie de leur mentalité. Nous allons les découvrir en même temps que Jules. Leur rencontre va être déterminante.

*

Un de ceux qui vont faire couler le plus d'encre... Raymond Callemin dit Raymond-la-Science. De toute l'équipe, c'est celui qui s'est le plus frotté aux théories libertaires. Il est né en Belgique et a poussé vaille que vaille dans un faubourg de Bruxelles sous la férule d'un père ivrogne. Seize heures de travail par jour à treize ans. Comme Bonnot, il rencontre l'anarcho-syndicalisme et plus particulièrement Victor Kilbatchiche, le futur Victor Serge, un personnage qui est appelé à jouer un rôle important dans l'histoire de la Révolution russe. Victor est ami avec Raymond et il a une grosse influence sur lui. Victor, d'origine russe, est d'une famille déjà en lutte contre la société bourgeoise... Un grand-oncle, compromis dans l'assassinat du tsar Alexandre II, a été pendu en 1881... le père en perpétuelle cavale lui aussi mouillé dans des affaires de complot. Le hasard a fait naître Victor Kilbatchiche en Belgique. Il n'y a pas été élevé certes dans l'opulence, mais il a acquis une formation intellectuelle qui va sans doute lui permettre d'éviter les pièges dans lesquels tombera Raymond-la-Science. Il étaye ses idées anarchistes de lectures, de réflexions sérieuses. En 1911, lorsque commence cette affaire, il dirige la revue *L'Anarchie* à Romainville où se retrouvent dans un petit cénacle quelques camarades illégalistes qui vont tous jouer un rôle plus ou moins sanglant dans la bande à Bonnot. Octave Garnier, Édouard Carouy, René Valet, André Soudy. Tous sont plus ou moins partisans de la reprise individuelle.

Callemin a été condamné pour vol en Belgique à

l'âge de dix-sept ans. C'est un garçon au visage un peu poupin, qu'on surnomme parfois Bébé rose. Rien d'un gangster de cinéma. Il est un peu noué, Raymond, timide avec les femmes... écorché vif... ses copains le trouvent d'une grande sensibilité. En tout cas, il a fait de l'anarchie une sorte de religion qui l'oblige à des règles de vie rigoureuse. Il est chaste, il boit de l'eau, il est végétarien, il refuse le café, le tabac. La réflexion scientifique l'a amené à ce comportement. L'hygiène est révolution. Le vol aussi dans sa logique.

Bien sûr, il lit... il dévore toutes les brochures libertaires. Il serait plutôt disciple de Kropotkine... qui veut libérer avant tout l'individu qui n'existe jusqu'alors que pour la société. Les idées de Raymond ne sont pas des plus claires... ça s'entrechoque dans sa tête... la science... la biologie appliquée à la politique! Il s'exalte pour un rien. Victor Kilbatchiche dira que c'était un homme intelligent mais qu'il manquait de structures intellectuelles pour assimiler certaines théories. Dieu ou le diable savent s'il y en a des théories et des théoriciens dans le cercle de Romainville où il débarque en 1910, fuyant la justice belge qui le recherche pour désertion... Ce qui allait de soi, un personnage comme Raymond Callemin ne peut être qu'antimilitariste.

Tout gravite d'abord autour du journal *L'Anarchie*. Ses locaux sont dans un pavillon de deux étages où logent Victor Serge et sa compagne Rirette Maîtrejean. Jeune, fraîche, jolie... on dira, lors du procès, qu'elle évoque la Claudine de Colette. Victor a succédé à la tête du journal à André Lorulot, un extraordinaire barbu qui pratique le nudisme plus particulièrement dans les arbres.

Le pavillon est entouré d'un grand jardin où poussent des arbres fruitiers, des fleurs, des légumes. Tout le monde peut venir au siège de *L'Anarchie*, les portes sont grandes ouvertes. Il y a toujours une chambre pour les amis en difficulté. On partage tout... C'est dans les idées du cénacle. Certains comme Lorulot, sorte de faune, préconisent même le partage des femmes... En tout cas, lui ne se prive pas pour séduire les compagnes des camarades qui lui plaisent.

On se doute que parmi les fameux *amis* qui débarquent là, il en est qui sont plus ou moins aux mains de la police. Elle se méfie des doux rêveurs, la police! Tout lui est bon pour récolter des renseignements.

Les débats d'idées sont vifs les derniers temps où Victor Kilbatchiche officie à Romainville. Kilbatchiche et la plupart des rédacteurs de *L'Anarchie* n'ont sans doute pas assez mesuré le *poids des mots*. Il n'est pas le même pour Raymond Callemin. Il va les prendre à sa façon au pied de la lettre et il en arrivera de l'illégalisme théorique au banditisme pur.

Quelques anarchistes encore aujourd'hui reprochent à Kilbatchiche d'avoir eu une influence qu'il n'a pas suffisamment mesurée. Kilbatchiche a été condamné abusivement au procès de la bande à Bonnot, il semble pourtant évident qu'il n'a eu qu'une responsabilité morale dans cette affaire.

En novembre 1911, il a quitté Romainville. Avec Rirette, il a installé le journal à Belleville, rue Fessart. Les discussions devenaient impossibles entre Victor et les amis de Callemin. Ceux-ci d'ailleurs se font déjà la main dans le vol, le cambriolage. Ils sont fin prêts pour des actions de plus grande envergure. La bourgeoisie n'a qu'à bien se tenir, ils vont lui montrer de quel browning ils tirent. Ce chapitre pourrait s'appeler : *En attendant Bonnot.*

*

Le plus surprenant... en novembre 1911 Bonnot n'a pas encore rencontré un seul de ceux qui vont devenir les membres de sa bande. L'important à considérer avant que ne commence vraiment cette affaire, c'est qu'il a déjà lui trente-quatre ans, qu'il est fiché à la police comme *Très dangereux,* qu'on recommande *d'opérer par surprise en cas d'arrestation*... qu'il a déjà tué, alors que les garçons qu'il va rencontrer pour former ce premier gang en automobile, eux sont très jeunes... à peine sortis de l'adolescence et qu'ils n'ont pas encore commis de meurtre. Ce ne sont pas des anges, loin de là, et, un peu sans nuance, Kilbatchiche dira plus tard que Jules Bonnot les avait changés. Pourtant, depuis le début de l'année 1911, ils ont commis une série de cambriolages qui pourraient leur valoir quelques années de travaux forcés. (En tenant compte qu'à cette époque le vol avec effraction conduisait la plupart du temps en cour d'assises.) Ils se sont rencontrés bien sûr à Romainville parmi les illégalistes. Callemin a connu Octave Garnier en Belgique. Celui-là est un dur, même sans rencontrer Bonnot sur son chemin, il ne pouvait qu'aller loin dans le banditisme. Il est beau mec... un regard de feu... toutes les audaces.

Édouard Carouy, c'est le colosse de l'équipe. Un véritable prolétaire, tourneur sur métaux, tellement épris de liberté qu'il achète des oiseaux en cage, sur les quais, pour les libérer. Sans doute a-t-il inspiré quelques décennies plus tard Pierre Perret pour écrire sa fameuse chanson.

Vient s'adjoindre André Soudy... qu'on a surnommé Pas-de-chance à cause de sa tubardise. Il n'a pas vingt ans et, avant la découverte des antibiotiques, la tuberculose ne pardonnait pas. Soudy n'a plus rien à perdre, il n'en sera que d'autant plus dangereux.

On va trouver au cours de l'odyssée de la bande... Monnier, dit Sementoff, un jeune déserteur de l'armée... Marius Metge, vingt-deux ans, qui participera au double crime de Thiais.

... Et Dieudonné, un ouvrier ébéniste, qui va jouer dans tout ça un rôle qu'on n'a jamais vraiment élucidé. Innocenté par les membres de la bande... accusé par un témoin... il ne sauvera sa tête que par la grâce présidentielle.

En tout cas, c'est par lui que Jules Bonnot va prendre contact avec ses futurs complices. Après la mort de Platano sur la route, Bonnot est monté jusqu'à Paris. Il a envoyé à sa bien-aimée Judith les vingt-cinq mille francs prélevés sur l'héritage de son complice et puis il s'est mis en quête d'un refuge. Dubois, le garagiste de Choisy-le-Roi, qui lui a été indiqué comme un homme sûr par ses amis anarchistes lyonnais, lui fait connaître Dieudonné et celui-ci va le mettre en rapport avec quelques camarades désireux de passer à l'action. La rencontre avec Eugène Dieudonné a lieu le 26 novembre.

Dieudonné, à ce moment, n'est que de passage. Il habite et travaille à Nancy. Il est venu à Paris pour essayer de reprendre sa femme, Louise, qui l'a plaqué pour filer le parfait amour avec Lorulot, le don juan anticlérical de Romainville. Eugène Dieudonné n'a pas réussi la reconquête de Louise et il va repartir pour Nancy. On verra par la suite, au moment de l'enquête et du procès, que ce voyage Nancy-Paris aller et retour a son importance.

A la boutique de *L'Idée libre* Jules Bonnot rencontre Callemin recommandé par Dieudonné. Tout simple à présent... Callemin introduit Jules dans sa bande... Carouy, Garnier, Soudy. Il doit leur faire une rude impression... très rapidement, ils vont passer, sous son influence, à un échelon supérieur.

Certes, on se gargarise toujours de théories anarchistes assez fumeuses qui ne vont pas tarder à devenir meurtrières. Callemin résume les choses ainsi : « *Nous avons un compte à régler avec la Société. Recourons aux progrès de la science. Rien de grand ne se fera sans elle. Automobile, téléphone, armes à tir rapide, voilà les véritables moyens. Pas d'hésitation. Que ce soit vite fait et si quelque jour, nous sommes sur le point d'être pris, eh bien! on ne nous aura pas vivants et nous ferons payer chèrement notre peau.* »

Il lit dans les astres Raymond Callemin. Tout est prédit, y compris le final. Ça donne un côté totalement suicidaire dès le départ à l'entreprise. La démarche de Raymond-la-Science est folle. Il s'exalte beaucoup par la parole... il se soûle de mots. Jules est plus réservé. Sa carte de visite... la mécanique automobile, la pince-monseigneur et le chalumeau. Là, il a de sérieuses références. Il n'est pas question de chef chez les anars mais Bonnot le sera virtuellement dès la première opération. Il a le coup d'œil, l'esprit de décision, un sang-froid extraordinaire et il ne recule devant aucun obstacle.

Il est d'autant plus résolu que la presse lyonnaise vient de l'épingler à propos de la mort de Platano. La police a enquêté et on est remonté jusqu'à lui. On lui impute le meurtre de l'Italien et par la même occasion on a arrêté le couple Thollon chez qui on a retrouvé les vingt-cinq mille francs envoyés par Bonnot à Judith.

Si Jules rêvait en secret de se faire un petit magot au coup par coup, pour aller ensuite vivre à l'étranger avec sa belle, c'est râpé. Foutu pour foutu, il va se lancer dans une aventure qui va laisser son nom à la postérité.

*

En même temps, à quelques jours près, arrive avec Bonnot l'automobile. Pas n'importe quelle automobile, celle qui va le rendre célèbre. Il s'agit de la Delaunay-Belleville. Une voiture de grand luxe. En 1911, c'était la bagnole *up to date*... ce qu'on fait de mieux avec la Mercedes allemande et la Packard américaine. Pas le chic de cette voiture qui attire Bonnot mais la puissance. La Delaunay-Belleville fait du 75 km/h... une vitesse considérable à l'époque. Ensuite, elle est solide avec un moteur robuste. On tombe rarement en panne avec une Delaunay... essentiel quand on sait l'usage que Bonnot veut en faire.

Il s'y connaît. A Lyon, il a essayé tous les modèles existants... s'il décide de voler une Delaunay-Belleville, il a ses raisons. Elle ne court pas les rues et les nantis qui en possèdent une ne la laissent pas coucher dehors. Celle-là, il l'a repérée à Boulogne, elle appartient à M. Normand. Le 14 décembre M. Normand est à l'Opéra avec sa femme. Jules Bonnot est venu reconnaître les lieux et le voici à pied d'œuvre à une heure du matin en compagnie de Raymond Callemin et Octave Garnier. Jeu d'enfant que de s'introduire dans la cour, de faire sauter la serrure et de sortir la voiture de la remise en la poussant sans mettre le moteur en marche pour ne pas réveiller le voisinage. C'est seulement sur la route de la Reine que Bonnot va la faire démarrer. A la manivelle, bien sûr... les voitures de ce temps-là ne partent que comme ça et en faisant une pétarade de tous les diables.

Il fait froid et pluvieux ce 14 décembre 1911... Les automobiles ressemblent encore à des fiacres, c'est-à-dire que le chauffeur sur son siège à l'avant n'a même pas de portières pour le protéger des intempéries. Il est obligé de se vêtir chaudement. Nos trois compères se sont emparés dans la remise de peaux de bique et de ces fameuses casquettes à pont qu'on voit sur les documents photographiques de l'époque.

Si le chauffeur de la Delaunay-Belleville se les caille sur son siège ouvert à tout vent... à l'arrière les bourgeois sont bien à l'abri. Même confort que dans les meilleurs fiacres... capitonnage et boiseries précieuses.

Jules est au volant, il se sent revivre. S'il avait pu d'une façon l'autre participer à des courses automobiles, sans doute ne serait-il pas devenu un assassin. Savoir? En tout cas, il va innover pour combattre la société qu'il honnit. La science est dévoyée, dit Callemin, elle devrait faire le bonheur de tous mais les exploiteurs en ont fait un instrument d'esclavage. Bonnot, lui, va se servir de ce qu'elle produit de mieux, l'automobile, pour la frapper dans ses temples... les banques. Avec la voiture il va surgir là où on ne l'attend pas, il va opérer en force et disparaître aussi vite qu'il est arrivé.

Il a donc une sacrée longueur d'avance sur les protecteurs de l'ordre et de la propriété qui utilisent encore des chevaux et depuis peu des bicyclettes.

On se demande pourquoi les malfaiteurs n'ont pas pensé à utiliser plus tôt l'automobile. En 1911 on roule déjà beaucoup dans nos grandes villes, mais personne ne s'est encore risqué d'aller attaquer une bijouterie au volant d'une voiture. La raison essentielle... qu'il faut presque un spécialiste pour conduire correctement un engin comme la Delaunay-Belleville. La direction est très dure, très lourde... le freinage est malaisé... très dur lui aussi. On roule jusqu'à 75 km/h mais on s'arrête difficilement. L'embrayage est archaïque, il faut que le conducteur ait un doigté exceptionnel pour le manier.

Bonnot, qui a travaillé chez Berliet, qui a été chauffeur de Conan Doyle, est l'homme de la situation. Toute l'histoire de sa bande est liée à l'automobile et l'automobile, c'est lui. Il a essayé d'apprendre à conduire aux autres... à Octave ou à Raymond, mais l'expérience n'a pas été heureuse. Ils bousillaient les embrayages et se plantaient dans les décors. En outre Bonnot sait réparer... les moteurs n'ont pas de secret pour lui. En cas de panne, il est indispensable.

Donc l'idée d'opérer *la reprise individuelle* en utilisant l'automobile ne peut venir qu'à l'esprit d'un homme qui sait résoudre tous les problèmes de conduite et de mécanique. En 1911, un chauffeur de Delaunay-Belleville est une sorte de technicien haut de gamme.

Si l'automobile exige beaucoup de compétences, en revanche, on circule dans un Paris où il n'y a pas de sens interdit... pas de feu rouge, pas d'embouteillage. Un Paris de rêve où l'on roule où l'on veut et quand on veut.

*

Après avoir fait démarrer la Delaunay-Belleville, nos trois lascars se paient un peu de plaisir en roulant pendant trois heures dans la banlieue parisienne. Jules fonce à tombeau ouvert, négocie les virages sur deux roues. On ne rencontre pas un chat dans les rues et sur les routes, la nuit, à la Belle Époque. En prenant leur temps, nos héros parviennent à Bobigny où ils savent qu'ils pourront planquer leur somptueuse prise chez un garagiste, un camarade sympathisant, nommé Dettweiller, qui paiera plus tard sa complaisance de quatre ans de prison.

Elle est immatriculée 668 X 8 cette première voiture qui va servir à un hold-up. Un vol de ce genre est si rare que le surlendemain il sera signalé en bas de page dans les journaux. Pas encore de quoi satisfaire nos illégalistes qui espèrent mieux... beaucoup mieux à la Une.

Une semaine s'est écoulée entre le vol de la Delaunay-Belleville et l'attaque des encaisseurs de la Société Générale. On dirait que nos braqueurs ont été là en désespoir de cause. Et pourtant c'est Bonnot qui a repéré l'affaire... un transport de fric depuis le siège central de la rue de Provence jusqu'à la succursale 156, rue Ordener. L'encaisseur prend toujours le tramway à la Trinité et descend rue Championnet. A partir de là, il est escorté à pied par un autre employé de la société qui lui sert de garde du corps. Il suffit de les attaquer pendant cette dernière phase du parcours.

La bande se tâte. On se demande si les deux hommes sont armés. Le coup paraît risqué. On prête à Bonnot l'argument décisif.

« Si vous voulez qu'on parle de nous dans les journaux, c'est l'occasion. »

Ça sera le 21 décembre, un matin gris et pluvieux... banal dans la région parisienne. L'encaisseur s'appelle Ernest Caby... il est chargé d'une sacoche qui contient deux cent mille francs de titres nominatifs et d'un sac de toile avec cent quatre-vingt-dix mille francs de titres au porteur. C'est la partie visible du transport de fonds. Dans la poche intérieure de son manteau, le garçon de recette transporte vingt mille francs en billets et en rouleaux d'or. Seulement les malfrats ne le savent pas.

A la descente du tramway, comme prévu, son collègue garde du corps est venu l'attendre. N'étant pas armé, on se demande à quoi il sert celui-là.

Côté agresseurs, il y a déjà eu un petit accroc. Jules a arrêté la Delaunay, moteur en marche, devant le 142 de la rue Ordener. L'action est prévue à ce niveau... seulement une voiture aussi somptueuse fait sensation. Dans ce quartier, on n'a pas l'habitude de voir une automobile pareille. C'est celle du président de la République, du tsar de Russie... vraiment la limousine du gratin! Alors, les gens sortent de leur boutique, de leur bistrot, de leur loge de concierge pour venir l'admirer. Un boucher, M. Thomas, se rappellera même son numéro d'immatriculation... 668 X 8.

Bonnot, gêné par tous ces curieux, est obligé d'avancer sa voiture. A l'intérieur il y a Raymond-la-Science, Octave Garnier et, semble-t-il, un troisième homme. Rien de certain... celui-ci n'a peut-être jamais existé, mais aux assises, on attribuera ce rôle à Eugène Dieudonné malgré ses protestations d'innocence.

Un peu plus loin, Bonnot stoppe à nouveau. Malgré les badauds, il faut passer à l'action. Raymond et Octave descendent de voiture, browning en fouille. Ils attendent sous la petite pluie glaciale... Jules est toujours au volant avec sa peau de bique et sa casquette à oreillettes. Voici les deux garçons de recette qui s'approchent. Ils sont sans méfiance. On les retapisse facilement puisqu'ils portent l'uniforme des encaisseurs.... bicorne sur la tête et plaque de métal doré sur la poitrine. De la provocation au braquage!

Octave et Raymond s'avancent à leur rencontre et, sans un mot, sans préavis, Octave sort son pistolet et fait feu. Le garçon de recette touché à la base du cou s'affaisse. Octave tire une deuxième balle qui l'atteint en pleine poitrine.

Raymond a bondi! Il arrache le premier petit sac de toile, mais l'encaisseur agrippe encore de toutes ses forces la sacoche en cuir par sa courroie. Octave lui fait lâcher prise d'un violent coup de pied, Raymond a réussi à s'emparer de la seconde sacoche.

Et le garde du corps, que fait-il dans tout ça? Comme il n'est pas armé, il se débine en criant « Au voleur! A l'assassin! ». Il est mort de trouille. On peut dire que le fric de la Société Générale est bien gardé.

L'attaque a été foudroyante mais les passants maintenant rappliquent tandis que Garnier et Callemin reculent vers la voiture. Pour les tenir à bonne distance, Bonnot tire quelques coups de feu en l'air.

Au moment où la Delaunay-Belleville démarre, Raymond lâche, on ne sait pourquoi, la sacoche qui tombe dans le caniveau. Très calmement, il la récupère et apercevant M. Thomas, le boucher du 142 qui court dans sa direction, sans s'affoler il tire sur lui, heureusement sans le toucher, avant de remonter dans la voiture.

Certains témoins vont par la suite parler de ce quatrième homme qui serait intervenu à ce moment précis. Dans l'affolement, la confusion, ne l'ont-ils pas confondu avec Bonnot qui tirait en l'air pour les effrayer?

Enfin la voiture démarre sur les chapeaux de roue et fonce vers la rue des Cloys, puis la rue Vauvenargues où elle disparaît.

Avant de la suivre dans sa fuite, permettons-nous quelques remarques. Ce premier braquage en automobile est marqué par une sauvagerie inouïe. Ces hommes qui se réclament en quelque sorte d'un idéal, dévoyé peut-être, mais en tout cas qui ne sont pas à court de proclamations humanitaires, se comportent tout de suite en assassins. Garnier tire, sans aucune sommation, sur le garçon de recette. Callemin ne touche personne mais ce n'est pas l'envie qui lui en manque. Seul, Bonnot se comporte à peu près comme un truand. Celui-ci, en général, ne tue ou ne blesse qu'en cas de besoin pour s'enfuir ou parce que la victime se rebiffe. Même les plus redoutables comme Émile Buisson ou Pierrot-le-Fou... Ils ont des meurtres à leur actif mais il s'agit souvent d'histoires de règlements de comptes entre voyous ou de gens tués dans l'action... au cours d'une bataille rangée. Il est à noter aussi que les témoins de l'attentat de la rue Ordener sont courageux, qu'ils n'hésitent pas à braver le tir des agresseurs pour venir en aide aux victimes.

Ce premier hold-up motorisé de l'Histoire rapporte très peu à ses auteurs. Aujourd'hui, on en ferait quelques lignes dans la rubrique des faits divers... mais, là, il s'agissait d'une première. C'est *L'Arrivée du train en gare de La Ciotat* du crime. Toute la presse du lendemain titre sur l'automobile. On va parler d'abord des bandits tragiques. Lorsque la police va pouvoir leur coller l'étiquette d'anarchistes... là, c'est le sommet! On a alors l'automobile plus l'anarchie... Bonnot est admis dans le Panthéon du fait divers.

*

En regardant les choses d'un peu plus près, elles ont un côté pitoyable. Le butin n'est pas à la hauteur de l'action... les deux cent mille francs de titres nominatifs de la sacoche sont à peu près impossibles à fourguer et les cent quatre-vingt-dix mille balles de titres au porteur très durailles à négocier. Après un moment d'excitation dans la voiture... des cris de victoire, lorsque l'équipe s'arrête près de Pontoise pour faire ses comptes... ça déchante sec! Bonnot fait remarquer à Octave Garnier que ce n'était peut-être pas nécessaire de buter un encaisseur pour si peu. On en arrive aux reproches mutuels. La décision avait été prise d'aller au Havre après le braquage et de s'embarquer pour l'Angleterre avec le pognon. Changement de programme. Bien sûr, il faut se débarrasser de la Delaunay-Belleville, mais avant que l'alerte soit donnée partout, Bonnot pense qu'il peut atteindre Dieppe et abandonner la voiture dans le secteur pour faire croire aux flics qu'ils sont passés en Angleterre alors qu'ils vont revenir à Paris par le train.

On suit ce plan. La belle Delaunay-Belleville échoue sur une plage dans les sables. Raymond Callemin prétend qu'il connaît des fourgues en Belgique et en Hollande... il se fait fort d'aller les voir et de tirer au moins cinquante mille francs des titres au porteur.

A Paris, dès leur retour gare Saint-Lazare, ils sont accueillis par les vendeurs de journaux qui s'époumonent à crier la nouvelle du jour titrée : *« Les bandits en automobile de la rue Ordener. »* Inconscients, nos héros pavoisent après avoir dévoré le journal. C'est la gloire, en concluent-ils, ils se promettent de faire mieux la prochaine fois. « Ce n'est qu'un début! » dit Bonnot... Je ne jurerais pas qu'il ait ajouté « Continuons le combat », mais le cœur y était. Un élément toujours à considérer chez les criminels de toutes sortes d'ailleurs. La vanité est tellement forte qu'ils préfèrent finir sur l'échafaud que de croupir dans l'anonymat. Les flics le savent et tendent leurs rets en conséquence.

La presse, les jours suivants, se régale de ces fameux, ces audacieux bandits en auto. Ils éclipsent toutes les autres nouvelles de l'actualité, ce qui les renforce dans leur décision de continuer leurs exploits.

Callemin a fait le voyage en Belgique pour apprendre que les numéros des titres volés avaient été communiqués partout... jusque dans la moindre succursale de banque. Impossible d'en tirer une thune.

De son côté, la police se remue. On a retrouvé la Delaunay-Belleville et, on ne sait trop comment, les flics aboutissent chez Dettweiller, donc chez les anarchistes. La nouvelle va transpirer dans la presse. Bientôt les bandits vont devenir les anarchistes en automobile. A partir de là, le sort de la bande est scellé...

Par miracle, le commis de recette Caby n'était pas mort. Plusieurs jours il fut dans un état très critique mais il finit par s'en sortir. On lui montre une série de photos anthropométriques de personnages liés au mouvement libertaire. Caby, dans un premier temps, reconnaît formellement Octave Garnier. On le verra revenir sur cette identification pour accuser Eugène Dieudonné. Pourquoi? La police a-t-elle joué un rôle dans ce revirement? Autour de la culpabilité de Dieudonné subsistera toujours le seul mystère de l'affaire de la bande à Bonnot.

*

Un récit de Victor Serge rapporte qu'un soir, environ une semaine après l'attaque de la rue Ordener, Raymond Callemin et Octave Garnier sont arrivés rue Fessart où il habitait avec Rirette Maîtrejean et qui était devenue aussi le siège du journal *L'Anarchie*. Ils étaient trempés, transis de froid... à bout de forces. Naturellement Victor Kilbatchiche et Rirette, à la lecture des journaux, avaient compris qu'ils étaient compromis dans cette sale affaire. Avant de quitter Romainville, Victor s'était durement accroché avec Raymond à propos de ses théories sur l'illégalisme. Raymond ne pouvait plus vivre dans les rêveries... les discussions qui ne mènent à rien... il voulait passer à l'action. Voilà... il y était dans l'action et, pour le moment, ça tournait plutôt vinaigre. Les moments d'ivresse passés à la lecture des quotidiens, la réalité n'était pas brillante. Il venait avec Octave chez ses amis chercher un peu de chaleur, de réconfort. Sans plus. Maintenant ils ne pouvaient plus reculer. Ils ne pouvaient que continuer jusqu'au bout.

Kilbatchiche n'essaya même plus de les dissuader. Il se sentait peut-être une espèce de responsabilité dans tout ça. Il s'était sans doute mal fait comprendre... Octave et Raymond sont repartis après ce halte amicale vers leur destinée. Victor allait payer un maximum son hospitalité.

A la fin janvier, la police allait descendre rue Fessart. Perquisition en règle. Menée par M. Jouin, le sous-chef de la Sûreté qui a pris en main l'affaire des bandits en automobile. Ce qui va lui permettre d'arrêter Victor Kilbatchiche et sa compagne... tout simplement pour une détention d'armes! Quelques jours auparavant un *camarade* a laissé chez ses amis un paquet en garde. Confiant, Victor n'en a pas vérifié le contenu. Il s'agit de deux revolvers qui conduiront le couple devant la cour d'assises avec les survivants de l'épopée Bonnot.

Les journaux, bien sûr, vont dauber sur l'événement. Kilbatchiche va être présenté comme le cerveau de la bande. On en déduira que, privée de celui-ci, elle ne va pas tarder à tomber dans les pattes de la police. L'erreur! Bien au contraire, de jeunes anars comme Valet ou Soudy, révoltés par l'arrestation de Kilbatchiche, vont se joindre aux illégalistes en action et la partie n'en sera que plus difficile pour les forces de l'ordre.

*

Comme toujours lorsqu'il s'agit de bande... on fait des amalgames. On le verra souvent avec le gang des tractions avant, on assimilera par exemple mon ami René Girier, dit René-la-Canne, à Pierrot-le-Fou alors qu'il n'a jamais participé à un braquage avec ce dernier.

Édouard Carouy et Marius Metge ont, certes, joué un rôle (surtout Carouy) dans la bande à Bonnot, seulement le 3 janvier 1912, ils vont commettre un double crime particulièrement atroce et sordide qui n'est pas du tout dans le style des opérations habituelles des anarchistes en auto. A Thiais, dans la banlieue parisienne, un rentier de quatre-vingt-onze ans, M. Moreau, et sa bonne, Mlle Herfeux, sont assassinés. M. Moreau poignardé de treize coups de couteau et Mlle Herfeux étranglée avec une serviette. Mobile : le vol... vingt mille francs de titres et une somme à peu près égale en pièces et en billets de banque.

En 1912, les assassins ne connaissaient pas très bien le procédé d'identification par les empreintes digitales mis au point par Alphonse Bertillon dès la fin du XIXe siècle. A Thiais, les enquêteurs vont relever suffisamment de traces pour désigner les auteurs du double crime : Édouard Carouy, l'homme qui libère les oiseaux, et Marius Metge, vingt et un ans, cuisinier de son état. Tous deux sont déjà fichés comme anarchistes fréquentant le phalanstère de Romainville.

Metge est arrêté le surlendemain. Il n'a pas participé aux attaques à main armée de la bande à Bonnot. N'empêche, il ira aux assises en même temps que les autres et l'assassinat de M. Moreau et de sa gouvernante sera mis sur l'addition globale des bandits en automobile.

Carouy, lui, a pris des distances mais sa photo va être publiée partout, s'étaler à la une des journaux et il participera effectivement à une opération de la bande.

A Gand, le 31 décembre, il est avec Garnier et Bonnot lorsqu'ils sont surpris en train de voler une voiture dans un garage par le chauffeur, Marcel Maurey. Celui-ci est maîtrisé et, comme il ne veut pas les aider à faire démarrer la voiture, Octave Garnier l'assomme d'un coup de bûche sur le crâne. En s'enfuyant, Garnier tue à coups de revolver un veilleur de nuit. Au retour de cette expédition sanglante, Édouard Carouy se blesse au bras avec son browning. Il est donc hors de combat pour la suite des exploits de la bande. Au cours du procès, l'année suivante, cette affaire de Gand n'est pas évoquée. Très probablement parce qu'elle relève des tribunaux belges. A noter cependant que Carouy aurait dû, en bonne justice, être extradé et jugé à Gand pour sa participation au double meurtre. Il n'en est rien... sans doute la justice belge estime-t-elle que le procès de Paris est suffisant en ce qui concerne Carouy.

Au cours du mois de février 1912, la police marque des points. On a donc arrêté Victor Kilbatchiche et sa compagne. Les milieux anarchistes sont maintenant placés sous surveillance. Les indics se démènent, d'autant plus que la Société Générale donne une prime de douze mille cinq cents francs à quiconque permettra de faire arrêter les agresseurs de la rue Ordener... Ça pourrait s'appeler la prime aux Initiés.

Le 27 février... ils se remettent à la une de l'actualité, les agresseurs. Encore en Delaunay-Belleville... de couleur grise celle-là, toute neuve... volée à un industriel de Saint-Mandé.

Tout d'abord ils s'amusent comme des jeunes fous au volant de la monumentale bagnole. Un modèle différent de la première... une 15 CV, 6 cylindres. Jules fonce, traverse Montereau... une mauvaise manœuvre, la Delaunay rentre dans le trottoir : essieu de la roue avant droite faussé... on parvient à rouler tout de même jusqu'à Pont-sur-Yonne. Là, un garagiste va réparer. Les différents récits des survivants nous font comprendre que l'équipe – pour l'instant Garnier, Callemin et Bonnot – avait des projets d'aller braquer ou cambrioler dans le Massif central. Pourquoi cette région? Aucune explication plausible.

Changement de cap après la réparation, on remonte sur Paris et la prochaine victime prévue est un notaire de Pontoise... ou plus précisément son coffre-fort dans la nuit du 28 au 29 février. On ne comprend pas très bien les va-et-vient de la bande. En tout cas, avant d'aller à Pontoise, la Delaunay-Belleville fonce à tombeau ouvert (de 1912, c'est-à-dire du 70-75 km/h)... passe la barrière de la Porte d'Italie, l'avenue des Gobelins. Rue de Rivoli, elle renverse une voiture de quatre-saisons! Incursion rue Nollet, aux Batignolles, où Dieudonné a un point de chute. Il avait prévenu Callemin qu'il descendrait à Paris mais il n'est pas encore arrivé. L'accusation (aidée de quelques témoins) va l'impliquer dans le braquage de la rue Ordener, mais depuis le 21 décembre il n'a pas été aperçu avec Bonnot et ses complices. Bel et bien, il est à Nancy et il ne revient encore à Paris que pour régler son problème sentimental... tenter de reconquérir Louise, sa belle amie.

Ils attendent un peu Dieudonné au coin de la rue des Dames et de la rue Nollet. Ils sont à nouveau dérangés par les badauds qui viennent admirer la voiture et ils estiment qu'il vaut mieux s'éloigner.

Ce qu'ils font à toute vitesse. La Delaunay roule au maximum de ses possibilités... elle sème la panique sur son passage. Place Clichy, on dévale par la rue d'Amsterdam vers la gare Saint-Lazare. Bonnot se sent invincible à son volant, il débouche place du Havre... roule sur un terre-plein... évite de justesse une passante! Un flic siffle, crie au chauffeur de la Delaunay de stopper. Bernique! Il est loin de se douter, cet agent qui s'appelle François Garnier, qu'à l'intérieur de la voiture, son homonyme Octave va le faire passer de vie à trépas quelques secondes plus tard. N'écoutant, comme il est dit dans les chroniques vertueuses, que sa conscience du devoir, il bondit sur le marchepied de la Delaunay. A cet instant, elle est juste devant le restaurant Garnier. Un hasard de plus. Octave a sorti son browning et le décharge sur le flic. Trois balles dans la poitrine... *Exit* Garnier! La voiture grise, avec le Garnier assassin, disparaît vers la Concorde après avoir failli emboutir un tramway. Seul, le restaurant Garnier n'a pas bougé...

Voilà. Un mort vraiment pour que fifre! Sauf pour Bonnot qui cette fois félicite Octave. Lorsque celui-ci avait descendu ses précédentes victimes, ils avaient eu des mots... Jules avait traité son complice de *bête à tuer*. Là, c'est pas tout à fait pareil, il s'agit d'un flic et un flic représente la loi... la société. Sur ce point, Raymond-la-Science est bien d'accord et il se lance dans une diatribe où il est question d'une *méthode d'extermination rationnelle* de la police. Il a de ces formules, le petit Callemin, qui résonnent drôlement jusqu'à nous.

Seulement, avec le meurtre de l'agent Garnier, ils ont déclenché la foudre, nos justiciers illégalistes. L'opinion par voie de presse demande des comptes au ministère de l'Intérieur. « Va-t-on laisser les honnêtes gens se faire massacrer? » On s'échauffe comme au plus beau temps de Ravachol et d'Émile Henry. M. Lépine, le préfet de police, déclare qu'il prend personnellement les choses en main, ce qui ne veut pas dire grand-chose mais permet un peu de sauver la face.

Jouin, le sous-chef de la Sûreté, lui, travaille efficacement. Il va directement sur le terrain. Dans l'après-midi du 28 février, il arrive avec ses inspecteurs rue Nollet, une heure après le passage de la Delaunay-Belleville. Il ne vient pas là par hasard M. Jouin... un *informateur* l'a rencardé. Il met ses hommes en planque... et au moment où la bande semait la terreur place du Havre, Eugène Dieudonné parvenait au 45 de la rue Nollet où il se faisait cravater par Jouin.

Là, nous allons nous retrouver dans les méandres de ce qui est apparu à beaucoup de contemporains comme une grave erreur judiciaire. La police a mis le grappin sur Eugène, surtout parce qu'il gravite dans le milieu anar. Il ne se cache d'ailleurs nullement d'être un libertaire. Il connaît tous les protagonistes de l'affaire et il admet avoir mis en contact Jules Bonnot avec Raymond Callemin.

L'*informateur* (qui restera toujours inconnu) a affirmé à M. Jouin que Dieudonné était le quatrième homme de l'attentat de la rue Ordener. Dieudonné proteste de son innocence et affirme que ce jour-là il était à Nancy.

On va donc le confronter avec l'encaisseur Caby. Celui-ci depuis le 21 décembre a remonté la pente, peu à peu il se remet de ses blessures. On sait qu'il a d'abord reconnu formellement Garnier sur une photo d'identité judiciaire, ensuite il a hésité et cru reconnaître Édouard Carouy. On va lui présenter, cette fois, un suspect en chair et en os. Plus de doute... auparavant il s'était trompé, celui qui a tiré sur lui, c'est ce type-là... Eugène Dieudonné.

Le témoin, on le comprend, a été traumatisé mais on peut tout de même s'interroger sur cette faculté de retapisser successivement trois personnages. Carouy n'était pas rue Ordener... Dieudonné soutiendra jusqu'au bout que le 21 décembre il était à Nancy. Son alibi tient. On fera tout pour prouver, contre toute vraisemblance, qu'il a pu prendre le train, participer au braquage et repartir immédiatement. Octave Garnier est le seul homme que Caby pouvait identifier sans erreur. Celui-ci d'ailleurs se fait gloire d'avoir flingué le témoin. Tous les protagonistes de l'affaire innocenteront Eugène. Bonnot assiégé, blessé, avant de mourir écrira que Dieudonné est innocent. Rien n'y fera, l'ébéniste de Nancy sera inculpé, puis condamné à mort. Ce qui donne tout de même à penser que cette condamnation est sujette à caution... le président de la République graciera Dieudonné. Dans le climat qui régnera au moment du procès de la bande à Bonnot, cette mansuétude ne peut être explicable que par le doute qui subsiste quant à la culpabilité d'Eugène.

On a arrêté en même temps que lui sa maîtresse, Louise. Celle pour laquelle précisément il a fait des aller et retour Nancy-Paris. On se rappelle qu'à l'époque où Dieudonné a fait la connaissance de Bonnot, elle venait de plaquer son amant pour André Lorulot. On la surnomme dans les milieux libertaires *la Vénus Rouge.* Elle va être relâchée beaucoup trop rapidement aux yeux de certains. On mettra aussi sous les projecteurs du soupçon André Lorulot. Le personnage, il est vrai, a un comportement curieux. La police aurait pu tout aussi bien lui tendre un piège comme à Victor Kilbatchiche, il était lui aussi un des penseurs de Romainville. Il est vrai qu'il prend tout de suite ses distances lorsque Callemin, Garnier et les autres dévient vers la violence armée. Il reste sur son quant-à-soi dans le nudisme, les exploits érotiques et sa diététique alimentaire à base de bananes... l'aliment unique, disait-il, qui pouvait résoudre tous les problèmes de la classe ouvrière.

Jouin dira qu'il a arrêté Dieudonné à la suite d'une lettre de dénonciation anonyme. C'est ce qu'un flic dit toujours pour couvrir son ou ses indicateurs. L'enfance de l'art. Et aussi le *b a ba* du métier que de mettre à l'ombre quelque temps une personne qu'on veut mettre à l'écart de tout soupçon.

Le cas de Louise, *la Vénus Rouge,* est des plus troubles. Jouin va la libérer le 2 mars. Entre-temps, on a incarcéré Victor Kilbatchiche et Rirette Maîtrejean. Au moment où Dieudonné est venu pour renouer, elle a virtuellement accepté de reprendre avec lui la vie commune parce que son idylle avec Lorulot était finie. Sortant des pattes de la police un peu trop *miraculeusement,* elle va rencontrer Raymond Callemin. Celui-ci, singulièrement naïf, va s'amouracher de Louise et vivre avec elle une grande passion qui ne durera que trois semaines. Le temps que la police arrive, toujours par le plus grand des hasards, jusqu'au nid des amoureux rue de La Tour-d'Auvergne. Seul Raymond sera arrêté... ce qui donne tout de même à réfléchir sur la belle Louise. N'oublions pas cette fameuse prime de douze mille cinq cents francs promise par la Société Générale à *« qui favoriserait l'arrestation des bandits de la rue Ordener »*. Qui a touché cette jolie prime? Question enfouie dans les dossiers secrets de la banque.

En tout cas, la culpabilité de Dieudonné arrange bien M. Jouin. Tout en poursuivant sans relâche son enquête, il va offrir Eugène en pâture à ses supérieurs qui s'impatientent. L'affaire de la bande à Bonnot commence à faire des vagues jusqu'à la Chambre des députés où le ministre de l'Intérieur, M. Steeg, a été interpellé par l'opposition. Le ministre a secoué Lépine, le préfet de police, et celui-ci Xavier Guichard, le patron de la Sûreté. Exactement comme dans Courteline les menaces de sanctions descendent du plus grand au plus petit.

Après la fusillade de la place du Havre, on retrouve le trio – Bonnot, Garnier, Callemin – dans la nuit du 28 au 29 février en train d'ouvrir au chalumeau un coffre-fort chez maître Tintant, notaire à Pontoise. Surpris par celui-ci pendant leur travail, l'affaire se termine à coups de browning (le notaire est armé) qui ne feront heureusement pas de victime.

L'identification des coupables de cette tentative de cambriolage est facile. Après la fusillade, ils se sont enfuis dans la Delaunay-Belleville grise de la place du Havre que l'on retrouvera dans un champ à Saint-Denis à demi calcinée.

Encore une opération chou blanc... Ce qui veut dire que nos anars truands étaient à la corde. Depuis la fin décembre, ils essayaient vainement par leurs contacts en Belgique et en Hollande de négocier les titres arrachés à l'encaisseur Caby. Les fourgues d'ailleurs se faisaient alpaguer les uns après les autres... Un nommé David Bellonie en possession d'une partie des titres... suivi de Léon Rodriguez, un faussaire qui balance le nom de Jules Bonnot aux flics.

Avant de repartir sur un autre coup, Octave Garnier se permettait d'envoyer à Xavier Guichard, dit Guichard-Cœur-de-Lion, une lettre qui sera publiée dans *Le Matin,* et qui va faire sensation.

Paris, le 19 mars 1912.
4 heures 25 de l'après-midi.

Monsieur le rédacteur en chef, veuillez insérer la suivante à MM. Gilbert, Guichard et Cie.

Depuis que par votre entremise la presse a mis ma modeste personne en vedette à la grande joie de toutes les concierges de la capitale, vous annoncez ma capture comme imminente; mais croyez-le bien, tout ce bruit ne m'empêche pas de goûter en paix les joies de l'existence.

Comme vous l'avez fort bien avouez à différentes reprises ce n'est pas à votre sagacité que vous avez pu me retrouvez, mais bien grâce à un mouchard qui c'était introduit parmi nous. Soyez persuader que moi et mes amis, nous saurons lui donner la récompense qu'il mérite; ainsi d'ailleurs qu'à quelques témoins par trop loquace.

Et votre prime de 10 000 francs offerte à ma compagne pour me vendre, quele misère pour vous si prodigue de deniers de l'État; décuplez la somme, messieurs, et je me livre pieds et poings liés à votre Merci, avec armes et bagages!

Vous l'avouerai-je? Votre incapacité pour le noble métier que vous exercez est si évidente qu'il me prit l'envie, il y a quelques jours, de me présenter dans vos bureaux pour vous donner quelques renseignements complémentaires et redressez quelques erreurs voulues ou non.

Je vous déclare que Dieudonné est innocent du crime que vous savez bien que j'ai commis. Je déments les allégations de Rodriguez, mois seul suis coupable. Et ne croyez pas que je fuis vos agents; je crois bien, ma parole, que ce sont eux qui ont peur!

Je sais que cela aura une fin dans la lute qui s'est engagée entre le formidable arsenal dont dispose la société et moi. Je sais QUE JE SERAI VAINCU JE SERAI LE PLUS FAIBLE mais j'espère bien faire payé cher votre victoire.

En attendant le plaisir de vous rencontrez,

Octave Garnier[1].

Accompagnant cette missive étonnante, une feuille de papier sur laquelle Octave avait mis les empreintes digitales de ses cinq doigts afin d'authentifier sa signature, avec ce *P.-S. : « Bille de Bertillon, mets tes lunettes et gaffe! »*

Aucun doute, les services de M. Bertillon identifièrent les empreintes comme étant celles d'Octave Garnier.

Une telle lettre démontre encore le souci pour les membres de la bande d'être reconnus et d'assimiler leurs actes à l'anarchie par cette déclaration de guerre à la société. Avec un côté totalement suicidaire.

Garnier innocente Dieudonné comme le feront Bonnot et Callemin. La lettre n'émane pas d'une âme basse... l'homme prend ses responsabilités.

Remarque sur le langage... il emploie l'argot pour sa petite note ironique adressée à Bertillon... *gaffe* pour regarde et *bille* pour tête. Les membres de la bande à Bonnot employaient à peu près la même

1. Orthographe de la lettre respectée.

langue verte que les voyous de barrières et des fortifs.

*

Fin mars, les choses vont s'accélérer. Le 24, Bonnot apprend dans un garage des Champs-Élysées qu'une limousine De Dion-Bouton doit être livrée à son acheteur à Saint-Jean-Cap-Ferrat sur la Côte d'Azur. Elle passera par Montgeron, Melun, Fontainebleau *via* Lyon.

Le lendemain, six hommes sont en planque sur la Nationale 5 un peu avant Montgeron pour arraisonner la voiture. On est un peu surpris de ce procédé pour s'approprier une bagnole. Jusque-là Bonnot se débrouillait toujours pour voler les automobiles sans violence. Là, la bande va y aller fort. Elle a doublé son effectif, en plus du trio habituel, il y a Monnier, Valet et Soudy. Ces derniers ont tenu à se joindre à Bonnot pour des motifs idéologiques. Ils ont décidé d'entrer en guerre contre la société bourgeoise. Ils se sont laissé convaincre par Raymond-la-Science. Plus d'autre voie que celle de la reprise individuelle par tous les moyens.

La De Dion apparaît sur la route vers huit heures... Bonnot, au milieu de la route, agite un mouchoir pour lui faire signe de s'arrêter. Le chauffeur ralentit et stoppe... aussitôt toute l'équipe surgit des fossés. On braque le conducteur, M. Mathillé, et le mécanicien, M. Cerisoles. Octave et Raymond ont bondi sur les marchepieds, browning au poing. Tout va très vite. Raymond ordonne aux deux hommes de descendre. Que se passe-t-il exactement? Callemin dira que Mathillé a eu un geste malheureux... comme pour sortir une arme de sa pelisse. Réplique immédiate, il défouraille et Octave l'imite. Le chauffeur s'écroule, criblé sur son volant. M. Cerisoles, qui a tout de même réussi à sortir de la voiture pour tenter de s'enfuir, s'effondre sur le bas-côté de la route. N'étant pas mortellement touché, il a le réflexe de ne pas bouger, de faire le mort... ce qui lui sauve la vie. Il pourra se redresser quelques minutes plus tard pour voir la De Dion ensanglantée, dans laquelle les six brigands se sont entassés, s'éloigner.

D'après son témoignage, l'homme qui leur a fait signe au milieu de la route, c'est-à-dire Bonnot, a crié pendant le carnage :

« Arrêtez! Vous êtes fous! Arrêtez! »

Le fait mérite d'être rapporté, il confirme une fois de plus que Jules est beaucoup plus maître de ses nerfs que ses complices, qu'il n'est pas de ceux qui tuent inutilement.

Maintenant, nous avons l'effectif complet de ce qui sera, pour la Justice et pour l'histoire du fait divers, la bande à Bonnot.

L'attaque, la tuerie pour une voiture fait tout de même froid dans le dos. On se doute que la De Dion va être utilisée pour un coup. Supposant que la maréchaussée va les rechercher au sud de Paris, l'équipe remonte vers le nord par des routes secondaires. Dans la voiture, on chante, on rit... on s'échauffe. Callemin crie toujours « Vive la mort! » et il distribue aux camarades des cachets de cyanure. On ne les aura pas vivants. Pas de quartier... tous ceux qui voudront leur barrer la route seront flingués. Les autres aussi, selon les circonstances.

C'est dans cet état d'esprit que la De Dion, qu'ils n'ont pas pris soin de nettoyer du sang de leurs victimes, s'arrête devant la succursale de la Société Générale, place de l'Hospice-de-Condé à Chantilly. Il est dix heures... Un jour de marché. Il y a foule autour de la banque... des ménagères avec leurs gosses... des turfistes... des entraîneurs qui se dirigent vers le champ de courses avec leurs chevaux.

Bonnot comme d'habitude reste au volant. « En avant! » crie Garnier. Il fonce avec Callemin, Valet et Monnier dans la banque. Soudy reste en protection avec une carabine devant la porte.

« Haut les mains! » Sommation pour la forme. Avant que les employés aient eu le temps de lever les bras, la fusillade se déclenche. Les trois employés, derrière leur guichet, sont atteints, le caissier d'une balle en plein front, un aide-comptable à l'épaule, le troisième touché à la tempe et au cœur. Un quatrième membre du personnel, qui entrait à cet instant, fait marche arrière et réussit à se tirer des pattes.

A l'extérieur, la fusillade a alerté les passants... Soudy les tient en respect avec sa winchester tandis que ses complices dans la banque enfournent les billets et les rouleaux d'or dans un sac. Sortie en pleine confusion. Ils s'entassent avec le butin dans la voiture tout en tirant sur la foule... Soudy rate le marchepied, glisse et c'est Octave qui va le rattraper, le tirer à l'intérieur de la De Dion.

On peut se rendre compte, d'après ce récit, que dans la technique du hold-up les hommes de la bande à Bonnot sont des sortes de Pieds Nickelés criminels. On n'imagine pas une opération menée avec plus d'improvisation et de risques.

Seul, Jules Bonnot agit en gangster chevronné. Encore une fois, il manœuvre au volant de la De Dion en virtuose... il passe les obstacles, négocie les virages et finit par sortir de la ville sans ajouter au carnage.

Direction Paris. Les gendarmeries sont alertées par téléphone. A Luzarches, un cinéaste pourrait filmer une scène burlesque de pandores moustachus poursuivant à cheval ou à vélo la De Dion de la bande à Bonnot. Vainement, il va sans dire. Ça va permettre aux députés de réclamer au ministre de l'Intérieur de motoriser la police pour faire face au nouveau banditisme. On entendra la même chanson au temps des tractions avant.

On va retrouver, comme disent les gazettes, *l'automobile tragique* abandonnée à Asnières. En tout cas, les malfrats se sont éclipsés par le train après avoir partagé leur butin. Cette fois il est, j'allais dire : honnête... la plume me fourche... il est conséquent... trente mille balles en billets, dix mille en pièces d'or et quatre mille en pièces d'argent. En coupant la poire en six, ce n'est pas l'argent de poche d'un fils Rothschild mais ça permet de voir venir.

Ils en ont besoin nos antihéros... cette fois, la France entière s'enflamme. Elle voit des anars en auto partout. Se crée une psychose de trouille phénoménale. On arrête les automobilistes... la police doit s'interposer d'urgence pour éviter le lynchage de braves bougres au volant d'une De Dion ou d'une Delaunay-Belleville qu'on a pris pour Jules ou pour Octave. On ne parle que de la bande à Bonnot dans les conversations aussi bien des salons bourgeois que des mastroquets prolétariens.

Les protagonistes, eux, boivent le petit lait de la victoire. Ils s'imaginent, les malheureux, qu'ils ont fait trembler la société sur ses bases. En fait, elle va maintenant réagir avec toute la vigueur dont elle est capable. Ils vont tous y rester... sur le terrain ou sur l'échafaud mais surtout ils vont servir d'exutoire. On va profiter de l'occase pour assommer l'anarchie, ne plus lui laisser de respiration... Ils vont servir aussi à détourner un peu l'attention des bons citoyens au moment où se prépare le massacre européen de 14-18. Il est essentiel, n'est-ce pas, d'éliminer de tels bandits... le reste est quelque peu secondaire.

Aucune excuse de ma part, bien sûr, pour ces garçons fous qui font n'importe quoi pourvu que ça explose et que ça saigne. Ils sont les dignes précurseurs d'Action Directe ou des Brigades Rouges qui prétendent agir au nom du peuple. Il suffit de le dire et de tuer ensuite.

On peut sérieusement se demander, au fond, si

tous les buts ne sont pas bons pourvu qu'on en arrive aux *moyens*... c'est-à-dire au meurtre. En tout cas, en ce qui concerne ces déviants de l'idéalisme.

Les flics n'attendaient-ils pas que la bande ait poussé le bouchon un peu trop loin pour mettre le paquet? L'attaque sanglante de Chantilly a eu lieu le 25 mars et, dès le 30, M. Jouin et ses inspecteurs débarquent en voltige à Berck-Plage pour cravater le petit Soudy que la presse avait baptisé *l'Homme à la Carabine*. Avec sa part du butin, Soudy le tubard espérait se refaire un peu une santé dans cette station où l'on soignait alors les phtisiques. Avant les années 50 la mortalité chez eux était considérable... Certains, peu nombreux, arrivaient à s'en sortir par les cures de repos en plein air. Soudy ne se faisait pas trop d'illusions. Il s'était peut-être lancé à corps perdu dans l'aventure de la bande à Bonnot pour faire une belle fin qu'il croyait en harmonie avec ses idées.

Soudy était naïf... il parlait beaucoup dès qu'il se trouvait avec des anars. Dans le lot, Jouin avait toujours ses donneurs, d'autant plus attentifs que la prime courait toujours. On l'avait, par paliers, majorée jusqu'à vingt-cinq mille francs. Somme considérable en 1912. On n'a jamais su au juste qui l'a touchée. Il est possible qu'elle ait été partagée, les sycophantes étaient nombreux. L'un d'eux a fait savoir au sous-chef de la Sûreté que *l'Homme à la Carabine* se planquait à Berck chez un ami, Barthélemy Baraille, un vieux grognard libertaire.

On cravate Soudy par surprise. Il se débat, clame sa culpabilité contrairement à l'usage dans ces cas-là. Il dit regretter de ne pas être armé, ça lui aurait permis de *truffer les cognes de pruneaux*. Pour lui, il avait prévu du cyanure mais malheureusement il n'avait pas la capsule sur lui.

– Ça me permettra de faire connaissance avec Deibler, dit-il, résigné.

Deibler, c'était Anatole le bourreau, un homme qui faisait partie du décor de la Belle Époque avec Liane de Pougy, le modern style et le haut-de-forme du président de la République.

*

Le 4 avril, une autre balance téléguidait les hommes de Jouin sur Carouy... On connaît son blase, un nommé Granghant, on le cite dans les rapports de police. Celui-là raffine dans la trahison. Il demande à Carouy de lui repeindre sa chambre. En échange du service rendu, il lui offre une planque. Le piège est tendu à la gare de Lozère près de Palaiseau. Granghant espérait que Carouy serait descendu par les flics au moment de son arrestation. Il était armé, certes, mais paradoxalement il ne va pas tirer avec ses brownings parce que « je respecte trop la vie humaine », dira-t-il. Assez inattendu de la part de l'auteur du double crime de Thiais.

Carouy est en même temps l'homme aux oiseaux, celui qui ne peut souffrir de les voir en cage... qui dépense son fric pour les acheter et les libérer. Toutes sortes de choses cohabitent en lui dans une confusion d'esprit incroyable.

En définitive, ils défient tous l'analyse du simple bon sens, tous ces lascars de la bande à Bonnot.

Une fois dans les locaux de la Sûreté, Carouy parvient à se dégager un peu malgré ses menottes et à avaler le contenu d'un tube qu'il avait planqué dans sa ceinture. Il pensait ainsi en avoir fini avec la Justice, ses sbires et ses chats fourrés, seulement le pharmacien *ami*, au lieu de cyanure, lui avait fourgué un laxatif. Opération suicide manquée lamentablement dans les chiottes de la P.J. La cour d'assises l'attendait... peut-être même la guillotine. Décidément les *amis* n'étaient plus sûrs en cette saison.

Troisième larron... Raymond-la-Science. On a vu

qu'il filait le parfait amour avec Louise, *la Vénus Rouge*. Il l'avait consolée, la pauvrette, de l'arrestation d'Eugène Dieudonné en l'emmenant partager sa planque, rue de La Tour-d'Auvergne chez son ami Pierre Jourdan. On se demande simplement pourquoi Louise a attendu que Raymond ait participé au braquage de Chantilly pour le balancer à Jouin. Il projetait, maintenant qu'il avait du fric, de quitter la France. Il voulait se rendre à vélo jusqu'au Havre où Louise le rejoindrait. Après, il trouverait bien le moyen de s'embarquer pour l'Angleterre. Tout simple... d'ailleurs à Paris, Louise devenait nerveuse, agressive. Il lui fallait changer d'air.

La décision du départ fut prise pour le 7 avril et c'est ce jour-là que les argousins l'attendaient. Sous la conduite de M. Guichard soi-même. Le gibier est d'importance, Callemin est à peu près à égalité dans le trio maudit avec Bonnot et Garnier. Comme il sera le seul survivant devant la Justice, il fera office de chef de bande.

Au moment où il va prendre son vélo dans la cour de l'immeuble, la flicaille sort de partout et il n'a pas le temps de réagir. Il est en deux coups les gros menotté et embarqué sous les cris de mort de la foule qui s'est vite amassée rue de La Tour-d'Auvergne.

« Après moi, d'autres continueront. Vous n'en aurez jamais fini ! » Ce qu'il proclame devant tout le monde. Il trouve assez de ressources, d'énergie pour faire face, mais il digérera mal la trahison de sa belle. Pour un premier grand amour (qui sera en même temps le dernier), c'est réussi !

Louise va s'évaporer dans la nature avec la prime ou une partie de la prime. Pour elle, la délation a payé. Granghant, le dénonciateur de Carouy, lui, va expier son infamie à coups de flingue quelques mois plus tard. Dans *La Guerre sociale*, Gustave Hervé lui consacrera son éditorial « La fin d'un mouchard ».

Le tour de Monnier arrive le 24 avril. Il se fait

cueillir à Ménilmontant dans un hôtel. Jouin est encore une fois renseigné de première main et il prend part lui-même à l'arrestation. Cette volonté d'être toujours sur le terrain va lui coûter cher d'ici peu, mais c'est son style, il a horreur d'envoyer ses hommes au casse-pipe en restant tranquillement dans son bureau. Dans le cas de Monnier, il ne s'agirait pas d'un balançage pur (façon de dire) et simple. Les flics, pour arriver jusqu'à lui, ont dû se farcir de nombreuses filatures. Entre autres, celle d'André Lorulot qui restera jusqu'à la fin de sa vie (très longue, il est mort à plus de quatre-vingt-dix ans) un peu suspect aux yeux de certains. En revanche, il a gardé des défenseurs posthumes dans les milieux marginaux de l'Anarchie anticléricale. Lorulot dirigera jusqu'à sa mort *La Calotte*, hebdomadaire dont le but était de bouffer du curé en soutane avec collerette et chapeau noir. Lorulot aurait été bien surpris de voir ses ennemis se bouffer eux-mêmes.

On soupçonne Monnier d'avoir aidé Carouy à estourbir le rentier de Thiais et sa bonne. De ce chef d'accusation, il est innocent mais il a participé à l'affaire de Chantilly. Ce qui va le conduire à *l'abbaye-de-monte-à-regret*... comme on disait dans le bel argot du temps jadis.

Incontestablement, M. Jouin a marqué des points. En trois semaines il a alpagué quatre membres de la bande. Ceux qui seront l'année suivante les vedettes sur le banc de l'accusation. Restaient encore en liberté les deux hommes les plus importants : Octave Garnier, le fou de la gâchette, et Jules Bonnot, l'homme au moteur entre les jambes qui demeurera pour toujours le chef, l'inventeur du hold-up en automobile.

Il y a aussi Valet qui n'avait pas participé à l'affaire de la rue Ordener, mais qui va se révéler d'une trempe du même métal que Garnier et Bonnot.

Lorsqu'on regarde des photographies de Jouin, il est vraiment le roussin (un des termes de l'argot 1900 pour désigner un policier... avec bourrique, cogne, bourre... etc.) typique de l'époque... carrément la moustagache en croc, le col cassé, le melon et, je suppose, le pébroque. Justification de l'appellation non contrôlée de *Maison parapluie* pour désigner à cette époque, dans la pègre, la P.J. du 36, quai des Orfèvres. En tout cas, ce Jouin est un sacré flic qui connaît son métier sur le bout des empreintes digitales. Il agit avec force, sans qu'on puisse le taxer de brutalité excessive... n'en demandons pas trop... et surtout, en payant de sa personne. Lorsqu'il s'agit d'enchrister un malfrat réputé dangereux, il est toujours en première ligne.

De nos jours, grâce à un arsenal d'investigations impressionnant, la police obtient des résultats d'envergure. Rien ne remplace pourtant le flic de terrain. C'est celui-là qui est venu à bout de la bande à Bonnot... Jouin en l'occurrence. L'opinion était pressée, elle voulait des résultats spectaculaires. Elle en a eu, Jouin a fait vite et, pour peu qu'on veuille se donner la peine d'étudier cette histoire sérieusement, on s'aperçoit qu'il tenait déjà les choses bien en main dès le début de l'affaire. Son réseau d'indics agissait depuis longtemps. Il sait que c'est par lui qu'il va coxer les bandits anars. Il fait jouer toutes ses musiques... celle du fric avec la prime... celles des pressions sur les mecs qui ont besoin qu'on leur efface une ardoise. Il a aussi à sa disposition les petits condés... ces autorisations tacites laissées par la police aux petits malfrats qui se livrent à quelques trafics, quelques maquereautages. Il sait faire jouer, si besoin est, la corde des histoires sentimentales.

En tout cas, notre poulet moustachu joue sa partition en maestro. En regardant les choses comme un match, on peut dire que c'est une belle rencontre. Les jeux sont faits dès le départ pour l'équipe

Bonnot mais elle en est elle-même consciente. Elle a surtout la motivation, quoi qu'on dise, de se donner en *spectacle*.

Jouin ne lâche pas son enquête, il en est certain, il finira par coincer tous les membres encore libres de la bande. Seulement il n'en a plus pour longtemps à vivre M. Jouin. Il va bientôt avoir son nom gravé sur les plaques commémoratives de la préfecture de Police. « *A nos morts... victimes du devoir accompli.* »

On est maintenant en avril... les journaux tarabustent toujours ces flics qui ne foutent rien... incapables d'arrêter les derniers bandits en automobile... les plus dangereux, ceux qui empêchent les honnêtes gens de dormir en rond.

Comment Jouin est-il remis sur la piste de Bonnot? Un peu par hasard cette fois... en allant enquêter un matin avec son adjoint, l'inspecteur Colmar, et trois autres policiers chez un certain Gauzy, revendeur de fringues à Ivry, qui aurait hébergé Monnier. Gauzy ne nie pas, mais il prétend ignorer que Monnier se livrait au banditisme.

Jouin décide de perquisitionner chez le fripier qui s'est troublé pendant qu'on l'interrogeait. A ce moment-là, Jouin est loin de se douter que Gauzy a offert l'hospitalité à Bonnot que Monnier lui a présenté sous le nom d'Alexandre comme un révolutionnaire russe émigré.

L'appartement de Gauzy se situe au-dessus de son magasin. Trois chambres... la sienne, celle de ses gosses qui sont à l'école et la troisième réservée aux amis de passage. Il s'agit bien sûr d'anarchistes, Gauzy étant un sympathisant actif du mouvement libertaire.

Sans doute Gauzy pense-t-il que son soi-disant Russe émigré est sorti à ce moment-là, aussi il ne s'inquiète pas trop lorsque Jouin et ses hommes s'engagent dans l'escalier pour monter à l'appartement. On prétend que Jouin a présenté la photo de Bonnot à Gauzy et que celui-ci a déclaré ne pas le connaître. Pouvait-il croire réellement que son *locataire* n'était pas Jules Bonnot? C'est ce qu'il dira pour se disculper et on le comprend. Ça lui vaudra tout de même une condamnation à dix mois de prison.

Jouin, suivi de Colmar, a traversé les deux premières chambres vides. Bonnot, qui a entendu le remue-ménage des flics, n'a pourtant pas fermé la porte de sa chambre, ce qui lui aurait permis de gagner du temps pour se tirer. Il n'y a que dans les films que les gens défoncent les portes d'un seul coup d'épaule.

Jouin entre donc en tournant la poignée de la porte. La chambre est dans le clair-obscur... Bonnot est planqué dans un coin. Jouin l'aperçoit et le reconnaît tout de suite.

– Mais c'est Bonnot!

Il n'aura guère le temps d'en dire davantage. Les deux inspecteurs qui le suivent se précipitent à la rescousse... S'ensuit dans l'ombre une sourde bagarre... Les trois flics essaient de ceinturer Bonnot... et brusquement trois coups de feu! Jouin s'écroule, le crâne fracassé... Colmar touché en pleine poitrine tombe les bras en croix.

Là, les versions divergent quelque peu... le troisième policier, l'inspecteur Robert, réussit à se dégager. Il descend quatre à quatre chercher du secours et il affirmera que Bonnot lui aussi était tombé, qu'il l'avait cru mort ou blessé.

Selon les anarchistes, lorsque les flics sont arrivés, Bonnot n'était pas dans l'obscurité. Il a tiré sur Jouin et sur Colmar, et Robert s'est enfui parce qu'il avait la pétoche. Il a rejoint ses collègues dans le couloir en bas et ceux-ci, pas si courageux que la presse avait bien voulu le dire, ne sont montés au casse-pipe qu'avec d'infinies précautions et une lenteur qui a permis à Jules d'enjamber la rambarde de la fenêtre, de se cramponner à la corniche, de sauter sur le toit d'une cabane qui servait de w.c. et de disparaître par la ruelle des Bossets, vers la rue des Grands-Corps qui se perdait alors dans des terrains vagues.

J'ai été visiter les lieux guidé par Bernard Thomas. Rien n'a beaucoup changé dans ce coin-là. Même petite bâtisse avec un couloir sombre qui débouche sur une courette comme celle de la plupart des immeubles de mon enfance dans le XIIIe vers la Porte de Choisy. Nous avons vu la fenêtre par laquelle Jules s'est échappé... le petit toit des chiottes. Un jeu d'enfant pour se faire la paire presque tranquillement... dans la mesure où il avait terrorisé les flics au point qu'ils ont attendu du renfort pour se lancer à sa poursuite. L'inspecteur Robert a eu beau jeu de raconter qu'il croyait Bonnot blessé à mort, qu'il suffisait de remonter au premier pour l'alpaguer. On se demande alors pourquoi il a tergiversé et a intimé aux autres inspecteurs l'ordre de l'accompagner.

Bonnot n'avait pas été touché par balle. Il aurait fallu pour cela qu'il le soit avec son propre browning puisque les policiers n'étaient pas armés. En réalité, il a eu le poignet gauche luxé, il s'est fait des blessures aux mains et il saigne abondamment. Il réussit, on ne sait par quel moyen... peut-être le train ou le tramway... à se rendre à Choisy-le-Roi qui sera la dernière étape de son parcours. Là, il a une planque au *Nid Rouge* chez le garagiste Dubois, son premier contact lorsqu'il est arrivé à Paris en novembre. Auparavant, il entre dans une pharmacie pour se faire soigner. Il raconte qu'il est tombé d'une échelle en travaillant et le pharmacien lui fait des pansements... lui vend des médicaments pour calmer la douleur.

Tout s'enchaîne... le potard, lorsqu'il va apprendre la fusillade d'Ivry où le sous-chef de la Sûreté a trouvé la mort, ne manquera pas de faire un rapprochement et de prévenir la maréchaussée.

Tandis que Jules parvient chez Dubois... une baraque isolée au milieu des terrains vagues où il va trouver refuge... Xavier Guichard est arrivé sur les lieux du drame. On a transporté le corps de Jouin à l'hospice d'Ivry. L'inspecteur Colmar, qu'on avait cru mort, va s'en tirer après une opération qui dure plus de trois heures. Il a pris une balle dans le creux de l'aisselle tout près du cœur. Le chirurgien parvient à l'extraire. Un miracle, dit-on dans les bonnes gazettes.

Toute la banlieue sud va être bientôt passée au ratissage policier pour essayer d'arrêter Bonnot. On a embarqué Gauzy qu'on soupçonne d'avoir tendu un piège à la police. Il n'a plus figure humaine, le malheureux Gauzy. Les flics ont eu du mal à l'arracher à la foule qui voulait le dépecer sur place.

La bande à Bonnot revient en force à la une où elle avait été un moment éclipsée par le naufrage du *Titanic*. Cette fois c'est la grande trouille, Bonnot s'en prend directement aux forces de l'ordre. Et il fait mouche. Jouin est le troisième homme dans la hiérarchie policière... Tout le monde se met à voir Bonnot partout. On alerte gendarmes et flics constamment. Le Bois de Vincennes est cerné sur un renseignement hâtif. On organise des battues avec des chiens, des soldats.

En même temps, la police est la cible des humoristes. Elle est ridicule... comment a-t-on pu envoyer des inspecteurs désarmés pour arrêter le plus grand bandit du siècle? (On en verra d'autres, mais pour 1912 Bonnot fait figure de monstre.)

C'est de cette époque que date l'armement des inspecteurs, auparavant ils allaient aux arrestations munis de leur canne ou d'une matraque. Le préfet Lépine réunit son état-major, prend des décisions, annonce *urbi et orbi* que les bandits en auto n'en ont plus pour longtemps. Et on fait de quasi-funérailles nationales à M. Jouin. On mesure l'importance de ces événements dans le Paris 1912 en les voyant aux actualités Pathé qui d'ailleurs vont filmer l'acte suivant... celui qui va marquer profondément l'imagination populaire.

*

Il a lieu quelques jours plus tard. A la suite de la dénonciation du pharmacien de Choisy-le-Roi, Xavier Guichard est venu sur place étudier le problème. La police connaît le *Nid Rouge*... un lotissement qui appartient à M. Fromentin, un entrepreneur millionnaire anarchiste. Ce genre de snobisme existait déjà. M. Fromentin patronne une colonie libertaire et il baptise ses maisons : le *Nid Rouge* ou *Louise Michel*.

Le 27 avril, un dimanche matin... Guichard accompagné d'une escouade de dix-huit inspecteurs se présente au garage. Dubois, les mains dans le cambouis, est au boulot sur un moteur. A peine les flics sont-ils entrés dans le hangar qu'il saisit un pistolet et défouraille. Deux balles perdues mais la riposte est foudroyante... Dubois s'effondre pour le compte.

On accède à l'appartement au-dessus de l'atelier par un escalier extérieur en bois. Xavier Guichard, suivi de quelques inspecteurs, est en train de monter les marches au moment où éclate la fusillade dans le garage. Aussitôt apparaît, en haut de l'escalier, un homme en bras de chemise, revolver au poing. C'est Bonnot, qui fait feu immédiatement comme Dubois... rate Guichard mais touche un inspecteur au ventre. Guichard bat en retraite précipitamment en criant à ses hommes de se planquer. Bonnot de son côté se met vite à l'abri dans la maison.

Dehors, les flics n'arrêtent plus de tirer d'une

façon désordonnée... Guichard ordonne de cesser le feu. Le chef de la Sûreté ne veut pas mettre la vie de ses inspecteurs en danger. Il fait cerner le garage et demande d'urgence du renfort.

Bonnot a brisé une vitre de la fenêtre et de temps en temps il tire sur les assiégeants. Pour lui, c'est l'apothéose. Tant qu'à finir sous les balles de la police, il ne pouvait pas souhaiter mieux. On parlera longtemps de ce siège de Choisy-le-Roi. Le combat le plus inégal qu'on puisse imaginer... un seul homme contre une véritable armée.

Peu à peu, les renforts arrivent de partout... les gendarmes de Choisy, de Thiais, d'Ivry, d'Alfortville... Et puis des pékins volontaires, armés de fusils de chasse, de vieux chassepots de la guerre de 70. Guichard retranche ses troupes à cent mètres autour de la maison dans les replis du terrain derrière les haies... les broussailles.

Bonnot, de temps en temps, sort sur le perron et sème la panique en ajustant avec son calibre ses adversaires. Là, il joue sa réputation le petit Jules... il est crâne, il défie le monde entier. On l'allume de tous les côtés et on le rate... Il a la baraka, pas possible! Il se marre, il crie des insultes : « Tas de salauds! »

De nouvelles troupes parviennent de Paris.. des gardiens de la paix, la brigade des garnis... deux compagnies de gardes républicains... encore des gendarmes... ceux de la Belle-Epine.

Arrivent les autorités compétentes... le procureur de la République, le juge d'instruction, le directeur de la Police municipale et, pour commander en chef l'opération, M. Lépine, le préfet de Police en personne... melon, parapluie et barbiche au vent.

Bien sûr, les badauds rappliquent aussi. A pied, ceux du voisinage... les Parisiens en fiacre, en voiture et même en train. Au fur et à mesure que le temps passe, la foule augmente sans cesse. Grâce aux opérateurs des actualités cinématographiques, on aura pour les archives un reportage vécu de l'événement. Spectaculaire... aux limites extrêmes du grotesque lorsque arrive, clairon en tête, un régiment de zouaves avec leur mitrailleuse Hotchkiss, le dernier modèle.

A l'intérieur de son repaire, Jules Bonnot est seul contre tous. Il a cinq brownings chargés à sa disposition et une centaine de cartouches de réserve. Il est accroupi près de la fenêtre. Par moments encore, il se redresse, tire deux trois balles. La riposte arrive, une fusillade intense... il a juste le temps de se planquer. Comme s'il jouait. Il sait qu'il est cuit, Jules. Il n'en a rien à foutre d'être touché en plein front, mais ça l'amuse de tenir cette armée en respect le plus longtemps possible.

Il se recroqueville dans un coin et il se met à écrire. Avant de crever, il se défoule... il dit au papier quadrillé sa rage, sa haine de la société... il lui confie toutes les humiliations qu'il a endurées à l'usine dans sa jeunesse. Voilà... maintenant, il est fier de ce qu'il a fait : « *Je suis un homme célèbre. La renommée claironne mon nom aux quatre coins du globe. La publicité faite par la presse autour de mon humble personne a de quoi rendre jaloux tous ceux qui se donnent tant de peine pour faire parler d'eux et n'y arrivent pas.* »

On retrouve là cette vanité assez commune chez tous les malfrats de la même espèce... Ils laissent leur tête, leur peau dans l'histoire, mais ils ont vaincu la froideur de l'anonymat. De nos jours, ce genre de maladie se soigne chez Drucker à la télé... Chez Bernard Pivot, pour peu que le truand se soit donné la peine d'écrire un livre.

Du côté des forces de l'ordre, au plus haut niveau, ça palabre. Par la suite, pour se sauver un peu du ridicule, le préfet dira qu'il supposait avoir plusieurs adversaires en face de lui. D'où la proposition d'un capitaine d'artillerie de tirer carrément au canon de 75 sans recul dans la bicoque.

Mais là, il faut l'autorisation du ministère de la Guerre. On a déjà mis à contribution l'Intérieur et la Justice, ça suffit pour le moment. Lépine veut éviter l'effusion de sang que ne manquerait pas de provoquer une attaque frontale. Les heures passent... on cherche le moyen idéal pour venir à bout de cet ou ces (puisque les flics pensent qu'ils sont plusieurs) anars irréductibles.

Finalement, le lieutenant Fontan de la garde républicaine propose qu'on fasse sauter la baraque à la dynamite. On progressera à l'abri d'une charrette de foin. Pour la petite histoire de la lâcheté et du reniement, je signale que les cartouches de dynamite sont fournies à la police par un certain Mathieu, un anarchiste *ami* de Dubois et de Bonnot. Il se propose même, l'ignoble, pour conduire le cheval.

Le lieutenant Fontan progresse entre les roues de la charrette tandis que le conducteur fait reculer le cheval jusqu'au pied du garage. Il déroule le cordon Bickford. Trois fois il recommence avant que la charge d'explosifs fasse son œuvre. Autour, la foule applaudit... les dames du monde qui sont arrivées en limousine sont au comble de l'émotion.

Bonnot n'est pas intervenu pendant les préparatifs... le cheminement de la charrette. On dirait que ça ne le concerne plus... il s'est remis à écrire son testament. Il y ouvre son cœur à vif. Il avait espéré le bonheur avec Judith Thollon... rien de plus. Il évoque, eh oui, les clairs de lune dans le cimetière de la Guillotière. S'il n'était pas absorbé par la rédaction de son message, sans doute le chariot ne serait-il pas parvenu jusqu'au garage. Il suffisait qu'il se mette à tirer à la fenêtre et l'offensive aurait tourné court.

L'explosion de la deuxième tentative l'arrache à son écriture. La baraque tremble... Bonnot reçoit des pierres, des tuiles. Il est dans un nuage de fumée... Il se lève encore, hurle à la fenêtre : « Tas de salauds! » Il n'en a plus pour longtemps, il le sait. Il est déjà blessé, il saigne abondamment. Au lieu d'aller riposter avec ses brownings, il écrit encore. La mine de son crayon s'est cassée, alors il le trempe dans son sang pour dire : « *Mme Thollon est innocente, M. Thollon, Gauzy et Dieudonné aussi.* » La postérité pardonnera beaucoup à Bonnot pour avoir eu ce courage, cette noblesse... d'avoir pensé au dernier moment à disculper sa maîtresse et ses amis. Combien de gens seraient capables d'un tel détachement, d'une telle générosité lorsque la mort est là... qu'elle va frapper dans quelques minutes?

Dernière explosion... tout s'effondre cette fois. Bonnot, après voir griffonné son ultime message, s'est glissé entre deux matelas pour se protéger. Il a encore trois revolvers chargés. Sans doute veut-il se défendre jusqu'au bout, jusqu'à son dernier souffle. La toiture dégringole, une épaisse fumée envahit la pièce.

Dehors, lorsqu'il est persuadé que la charge de dynamite a fait son œuvre destructrice, le préfet ordonne l'assaut. Hurlements de joie de la foule en liesse. Le clairon sonne la charge exactement comme il le fera deux ans plus tard sur les champs de bataille de la Marne.

L'escalier a tenu le choc, les policiers s'y engagent, Xavier Guichard à leur tête. Ils surgissent dans la chambre et Bonnot trouve encore la force, l'énergie de leur tirer dessus à trois reprises sans les toucher. Riposte foudroyante. Jules est criblé de balles dans son matelas. Il lève pourtant encore son browning, cette fois pour se donner la mort.

Son chargeur est vide, il lâche son arme, il n'en peut plus, mais il a encore un souffle de vie. On va l'évacuer non sans mal... la foule est là... elle a envahi les décombres et les flics doivent jouer du poing pour le protéger... enfin ce qu'il en reste... une curée immonde... la meute veut l'achever sur place, réduire son corps en bouillie.

Bonnot rend son dernier soupir trente-cinq minutes plus tard en arrivant à l'Hôtel-Dieu. Alphonse Bertillon fait photographier son cadavre par ses services à l'identité judiciaire. Il est littéralement criblé de blessures par balles. A se demander comment il pouvait vivre encore jusqu'à son arrivée à l'hosto. Il faut croire que sa haine, son énergie formidable lui ont permis de repousser les limites de la vie.

On a du mal à imaginer que le même homme ait pu tuer Platano d'une façon abominable et ensuite se soit comporté en chef de gang criminel, certes, mais ne reculant devant aucun risque, sacrifiant par avance sa vie à ses folies.

Il reste fascinant, au point qu'en Mai 68 des contestataires vont rebaptiser l'amphithéâtre Cavaillès de la Sorbonne en Jules-Bonnot. Les esprits à cette époque seront chauffés à tel point que j'ai entendu une salle du Quartier latin applaudir à la projection du film de Philippe Fourastié au moment où l'on voit reconstituée l'attaque de Mongeron, lorsque les membres de la bande à Bonnot exécutent le chauffeur de la De Dion et blessent le mécanicien qui l'accompagne uniquement pour s'emparer de la voiture. Ce public d'enfants de petits-bourgeois riait comme à guignol. La question ne l'effleurait pas de savoir exactement quelles étaient les victimes. En gros, j'en conclus, ils étaient à leurs yeux l'incarnation, la représentation de la société bourgeoise honnie. La période voulait cela... ce genre de crime paraît un acte de bravoure, une chose allant de soi lorsqu'on a déclaré la guerre à la société (de consommation, dernière forme de capitalisme). Ça prouve une fois de plus que ces questions de morale et de responsabilité vis-à-vis de l'acte criminel sont étroitement liées au contexte de leur époque. Il est de bons moments où l'on peut tuer avec l'approbation de la majorité, silencieuse ou non.

*

Les chiens avaient pris goût à la curée... ils n'allaient pas tarder à trouver la trace des deux derniers loups de l'aventure, René Valet et Octave Garnier... surtout Garnier, considéré avec juste raison comme le tueur le plus dangereux.

Arrive à la préfecture de Police, début mai, une lettre de dénonciation signée d'un certain Kinable qui signale, aux bons soins de ces messieurs, deux individus et une femme grande et forte qui se sont installés dans une villa à Nogent-sur-Marne. Ils ne travaillent pas et ne sortent qu'à la nuit tombée. La femme a fait de larges commissions dans le quartier... elle a acheté des provisions... de quoi tenir un siège pendant un mois.

On envoie un sbire sur le terrain. Ce M. Kinable reconnaît parmi les photos d'anthropométrie qu'on lui présente Marie Vuillemin surnommée Marie-la-Belge, la maîtresse d'Octave Garnier.

Aussitôt la machine policière se met en branle. Cette fois, on va essayer de coxer les bandits par surprise. Pendant la soirée du 14 mai, M. Guichard place ses hommes autour du pavillon de Nogent-sur-Marne où effectivement Valet et Garnier se sont retirés pour faire ce qu'on appelle en argot du pyjama, c'est-à-dire rester le plus possible à l'abri des regards indiscrets. La petite villa que les truands ont louée sous un faux blase est située près d'un viaduc.

On devrait, en toute logique, s'acheminer vers une arrestation sans trop d'éclaboussures. Probable que les argousins de M. Lépine n'étaient pas encore aussi efficaces que nos modernes pandores du G.I.G.N. Ils se déplaçaient si maladroitement que Valet les a aperçus alors qu'il prenait le frais dans le jardin. Carrément, le chef de la Sûreté ceint de son écharpe tricolore et entouré de six moustachus qui avançaient autour de la villa en se protégeant avec des boucliers. En moins de temps qu'il ne suffit pour le dire, Valet a bondi dans le pavillon pour alerter Octave.

Tout allait recommencer exactement comme à Choisy-le-Roi le 27 avril. Cette fois, en nocturne, et avec des forces de police accrues. Le ridicule n'avait pas tué Lépine, on allait avoir droit à deux bataillons de zouaves détachés immédiatement du fort de Nogent, plusieurs mitrailleuses Hotchkiss, et puis tous les renforts de police et de gendarmerie de la région parisienne disponibles. Une véritable mobilisation.

Bien sûr, l'ordre de se rendre crié par Guichard dans le jardin est resté sans autre effet que des reparties gouailleuses, des insultes à l'égard des flics. Tout est prévu à l'intérieur du pavillon pour soutenir l'assaut de la police. Garnier et Valet ont même creusé des meurtrières dans les murs, ils ont des armes et des munitions en quantité qu'ils se répartissent. Juste avant que ne commence le combat, un *gentlemen's agreement* permet à Marie-la-Belge de sortir du fortin. Nous ne sommes pas encore à l'époque de la libération féminine qui permettra aux femmes de s'illustrer elles aussi dans le terrorisme, dépassant souvent les hommes sur le terrain de la férocité et du courage, convenons-en.

Lorsqu'on considère trois quarts de siècle plus tard cet affrontement entre la police et les deux derniers membres de la bande à Bonnot, on est tout de même frappé par l'incroyable incapacité des forces de l'ordre.

En hors-d'œuvre, Valet d'une fenêtre atteint un inspecteur à la poitrine et Garnier un autre à la cuisse. Ils en exultent d'orgueil. A l'évidence, ils tiennent en respect une armée entière. On va tout employer pour les réduire... des grenades, des blocs de pierre lancés du viaduc sur le toit de la villa... les tirs croisés de mitrailleuses. Garnier et Valet vont tenir des heures en alourdissant les pertes de la police.

Comme pour Bonnot à Choisy-le-Roi tout Paris accourt au spectacle. On organise à la hâte les voyages pour se rendre au Petit-Robinson... on double les tramways, les trains... on se ramène de tous les coins, on arrive en fiacre, en taxi G7. Les bons bourgeois sont là avec des jumelles, des longues-vues. C'est la fête, en quelque sorte... A minuit, trente ou quarante mille personnes seront massées autour du viaduc pour apercevoir le ministre de l'Intérieur, M. Steeg, qui s'aventure imprudemment vers la villa et y est accueilli par les brownings anarchistes qui le ratent de peu.

On saucissonne, on picole... les marchands de frites ont installé leurs fourneaux. J'ai rencontré un dernier témoin, un homme qui avait dix ans au moment du siège et qui se souvenait fort bien de cet incroyable spectacle qui avait marqué son enfance. Lui restait le souvenir d'une espèce de carnaval auquel ne manquera même pas le feu d'artifice.

Après trois heures de fusillades, à l'évidence il fallait employer les grands moyens... le bombardement ou la dynamite comme pour Bonnot.

Vainement tout d'abord, les charges de mélinite entaillèrent le pavillon sans l'ébranler vraiment. On l'avait éclairé avec de gros projecteurs comme sur un plateau de cinéma. La public eut même droit à la séquence choc de Valet, torse nu, sortant sur le pas de la porte pour tirer sur les flics en les insultant. Le plus extraordinaire, c'est qu'il toucha un inspecteur en pleine poitrine et réussit à regagner sain et sauf l'intérieur de la maison.

Après minuit débarque le gratin... les grandes dames en robe du soir et les hommes en smoking, suivis des larbins de chez *Maxim's* avec des paniers de pique-nique... les mêmes que ceux qu'on prévoit spécialement pour les jours d'exécution capitale boulevard Arago.

Comment, en imaginant ce spectacle, ne pas être un peu avec ces deux brigands noirs de poudre, couverts de sueur, gueulant des injures... lançant un fabuleux défi à ces gens qui viennent pour les voir mourir en ripaillant.

A deux heures du matin, après de nouvelles tentatives ratées pour faire sauter la villa à la dynamite, les artificiers d'un régiment de dragons y parviennent. Énorme explosion... tout s'effondre, le toit, les murs. C'est comme le bouquet final d'un 14 Juillet. La foule retient son souffle un instant avant de bondir... sait-on jamais, les deux bandits sont peut-être encore en état de tirer? M. Lépine donne l'ordre d'attaquer lorsque la fumée qui sort des décombres s'est un peu dissipée. On sonne la charge au clairon et la troupe s'ébranle en tirailleurs... les flics avec leurs boucliers, leurs chiens bergers, les soldats en pantalon garance avec leurs lebels. Pour qui connaîtrait l'avenir, ça a l'air d'une répétition générale de la guerre. On avance lentement. Plus rien ne semble bouger dans les ruines du pavillon. Pour plus de sûreté, on déclenche un tir croisé vers les fenêtres... ce qu'il en reste. Et là... dernière surprise... Octave Garnier et René Valet ripostent brusquement. Un ultime sursaut pour brûler leurs dernières cartouches. Oui, ils ne sont pas tout à fait morts, ils tirent encore, mais l'élan est donné, la troupe fonce dans les décombres, talonnée par la foule qui a rompu les barrages! On achève Garnier déjà inconscient. Valet trouve la force pour tirer encore quatre coups de feu. Il est immédiatement criblé de balles de la tête aux pieds. Ensuite c'est une mêlée honteuse, le carnage dans l'odeur de sang et de poudre. Pris d'une folie hystérique, les honnêtes gens veulent se payer sur les morts, les lacérer, les réduire en bouillie. Spectacle assez courant dans ce genre de circonstances. Le goût du meurtre s'est réveillé chez tous... les occasions de l'assouvir impunément ne sont pas fréquentes. On assiste à un véritable affrontement entre la foule et la police pour évacuer les cadavres.

Les jours suivants, le « champ de bataille » devient un but de promenade. Paris et sa banlieue s'y déversent. On fourgue des « souvenirs », des morceaux de bois, de tissus... des spaghettis brûlés que les deux anars avaient laissés sur le feu au moment de l'attaque. On vend aux enchères les objets ayant appartenu aux criminels. C'était une coutume dans la France d'autrefois.

*

Il ne restait plus maintenant qu'à attendre le dernier acte, celui qui aurait pour décor la salle des assises de la Seine.

Pour la Justice, il n'y avait pas de bande à Bonnot. Dès le début du procès, l'année suivante, le 3 février 1913, la notion d'association de malfaiteurs fut abandonnée par l'accusation. Impossible d'affirmer qu'il y ait eu *connivence entre tous les accusés pour mener les actions criminelles* reprochées aux uns et aux autres. On trouve une équipe pour l'affaire de la rue Ordener, une autre pour le double crime de Thiais, une troisième pour l'attaque de la Société Générale de Chantilly... etc

Il était pourtant séduisant pour le ministère public d'accréditer l'idée d'une association d'anarchistes criminels dont Victor Kilbatchiche et Rirette Maîtrejean seraient les inspirateurs. Thèse réfutée énergiquement par Victor Kilbatchiche qui se révèle, dès le premier interrogatoire, comme un homme qui sait parfaitement se défendre. Il a une élocution mesurée, ferme... étayée d'une pensée rigoureuse.

On a fait bonne mesure dans le box des accusés. Ils sont vingt-deux, parmi lesquels bien sûr Callemin, Carouy, Metge, Soudy, Monnier et Dieudonné mais aussi tous les comparses qui jouent les utilités... le menu fretin qui a simplement eu le tort de rencontrer les tueurs à Romainville ou dans quelque arrière-salle de bistrot fréquentée par les anars.

La salle des assises était trop exiguë... On a dû l'agrandir pour la circonstance. Forces de police considérables. On redoute je ne sais quel attentat, attaque du Palais de Justice par des complices éventuels qui seraient encore en liberté. Le public est essentiellement composé de fonctionnaires de la Grande Maison... des balèses moustachus prêts à intervenir en cas de besoin. On signale bien quelques personnages en vue dans le public, mais le procès de la bande à Bonnot ne se prête guère aux grandes retrouvailles mondaines dont on a l'habitude au Palais.

Les gens du Tout-Paris ont sans doute peur. Ceux qui ont eu le courage de venir vont être déçus. On s'attendait à voir des monstres, d'épaisses brutes, des voyous à gueule patibulaire et on se trouve devant de pâles gamins, bien propres, bien rasés qui ne révéleront, pour certains, leur personnalité qu'à travers leur gouaille, leur insolence folle.

Brochette d'avocats devant les accusés. Quelques-uns sont déjà célèbres, d'autres vont le devenir... Alexandre Zevaès, César Campinchi, Paul Reynaud, futur président du Conseil, et Vincent de Moro-Giafferi qui va s'illustrer en défendant Eugène Dieudonné.

Le procès va durer trois semaines et on entendra trois cent quarante témoins. Le président éprouve le besoin, dans une déclaration préalable, de dire qu'il ne s'agit pas d'un procès politique qui serait fait à des anarchistes individualistes, mais bel et bien d'un procès de droit commun. Il n'en est pas moins vrai que l'occasion est excellente pour déconsidérer les libertaires à tout jamais aux yeux de l'opinion.

Dans sa cellule, le principal accusé, Raymond Callemin, a écrit ses mémoires. Il se veut contestataire à l'état pur. En cela, il est l'ancêtre de nos terroristes fin de siècle. « *Patrons bourgeois, magistrats, policiers,* écrit-il, *ne sont qu'une même pourriture. Et les ouvriers aussi parce que misérablement lâches devant leurs exploiteurs.* » Durant tout le procès, il répondra aux questions des magistrats avec impertinence, sans chercher à se disculper le moins du monde... affirmant ses idées jusqu'au bout. Il nie les faits qu'on lui reproche, mais de telle façon, avec tant de désinvolture, qu'il avoue tout implicitement. Sans chercher les circonstances atténuantes, il dit qu'il n'a eu d'autre alternative que la révolte la plus radicale, sa condition prolétarienne lui étant un obstacle insurmontable à ses aspirations intellectuelles.

Soudy lui aussi est le produit d'une enfance misérable. Il est devenu tuberculeux à force de privations et de mauvaises conditions de vie. Il se défend d'avoir tué mais des témoins le reconnaissent formellement en ce qui concerne l'affaire de Chantilly. Son sort paraît scellé dès les premières audiences.

Carouy et Metge sont surtout inculpés pour le double meurtre de Thiais. Contre eux des preuves accablantes, entre autres leurs empreintes digitales relevées par les services de M. Bertillon. Ils vont nier vainement.

Victor Kilbatchiche se défend d'avoir été l'instigateur des actions criminelles de la bande. Ses activités ont toujours été étalées au grand jour. Tout le monde pouvait venir le voir au journal *L'Anarchie*. A aucun moment, il n'a touché d'argent provenant des attaques à main armée et des cambriolages de Bonnot et de ses complices. Sur ce plan, il parviendra à convaincre la Cour, ce qui innocentera sa compagne Rirette Maîtrejean, mais il restera contre lui ces revolvers planqués dans sa chambre qui lui vaudront une condamnation à cinq ans de prison.

Tout est pratiquement joué d'avance. On sait que la guillotine va fonctionner comme elle l'a fait pour Vaillant, Ravachol, Émile Henry et Caserio. Il s'agit pour la justice de frapper fort... de faire des exemples... de donner quelques têtes de bandits anarchistes à l'opinion publique.

Seul le cas de Dieudonné reste litigieux. Les témoins persistent à le reconnaître. Il nie farouchement, le jour de l'agression de la rue Ordener, il était à Nancy. Il en apporte des preuves qui ne seront pas prises en considération par les jurés. Avant de mourir, Bonnot l'a pourtant disculpé. Callemin clame son innocence. Rien n'y fait. Il est un anarchiste militant, c'est lui qui a fait connaître Bonnot à ses futurs complices. C'est suffisant – avec bien sûr l'accusation de Caby le garçon de recette – pour qu'il soit condamné à mort, malgré le talent de Moro-Giafferi qui défend son client avec la conviction profonde de son innocence.

Après quatorze heures de délibérations, le 28 février, les jurés se sont prononcés. Verdict un peu déconcertant... Callemin, Monnier, Soudy et Dieudonné sont promis à la guillotine... Carouy et Metge s'en tirent avec les travaux forcés à perpétuité. Ils ont pourtant commis les deux crimes les plus sordides, les plus crapuleux. On aurait pu d'ailleurs les juger à part pour l'affaire de Thiais. Elle appartient à un tout autre style d'opérations que celles de la bande à Bonnot qui s'apparentent à des chevauchées de westerns. On peut encore aujourd'hui se poser des questions à propos de cette relative mansuétude des jurés.

Les autres accusés, pour avoir aidé, hébergé les membres de la bande ou avoir négocié quelques titres volés, sont condamnés à des peines allant de dix ans de travaux forcés à quelques mois de prison.

Trois femmes inculpées, dont Marie-la-Belge et Rirette Maîtrejean, sont acquittées.

Lorsque Raymond Callemin entend la sentence, il prend la parole encore une fois pour affirmer que Dieudonné n'est pas l'agresseur du garçon de recette Caby. Et il s'accuse – alors que pendant les débats il avait nié surtout par bravade – oui, il accompagnait Octave Garnier rue Ordener et il a tiré sur l'encaisseur.

Cette dernière déclaration de Raymond-la-Science va aider considérablement maître de Moro-Giafferi pour obtenir la grâce de Dieudonné auprès du président de la République nouvellement élu, Raymond Poincaré. Sa peine est commuée en travaux forcés à perpète. Il va partir pour le bagne de Guyane où il passera quatorze ans. Deux évasions ratées, une réussie. Il rentrera en France en 1927 où une campagne menée par le grand journaliste Albert Londres le fera définitivement gracier. Il est mort à la fin des années 50, revenu à la case départ... ébéniste rue du Faubourg-Saint-Antoine.

On n'a jamais su en définitive s'il y avait un quatrième homme dans la Delaunay-Belleville le 21 décembre 1911 et dans ce cas qui était-il? Tous les protagonistes maintenant ont emporté ce secret dans leur tombe.

Victor Kilbatchiche, lui, va se farcir cinq ans de prison. La taule de ces années-là est particulièrement dure. Il exécute sa peine pendant la guerre 14-18. Je suppose que, dans le contexte de l'époque, l'administration pénitentiaire de la Centrale de Melun n'était pas des plus tendres avec les condamnés insoumis ou anarchistes. Lorsqu'il sort, Kilbatchiche a beaucoup évolué. Il va devenir Victor Serge, un révolutionnaire professionnel. Après avoir participé, comme on dit, à l'édification du socialisme en Russie, il sera, comme tant de militants de la première heure, exclu du Parti, envoyé en Sibérie pour trotskisme. Il deviendra un historien de première importance en ce qui concerne la révolution bolchevique et le stalinisme.

Sa jeune compagne Rirette Maîtrejean va rentrer dans le rang, l'anonymat, la vie courante. Elle sera correctrice de presse, à *Paris-Soir* avant la guerre de 39, puis à *Libération* après 1944. Elle est morte en 1968 dans la misère à l'hospice de Brévannes... Quelques journalistes, de temps en temps, venaient encore l'interviewer sur la bande à Bonnot. Elle gardait surtout le souvenir de Callemin et de Soudy qu'elle appelait ses gosses... de pauvres gosses! Leur vie, à ceux-là, s'est terminée sur la bascule de M. Deibler, boulevard Arago. Carouy, lui, avait réussi enfin à s'empoisonner au cyanure à la Conciergerie tout de suite après le verdict. L'homme qui libérait les oiseaux préférait mourir que d'aller au bagne.

*

Le 21 avril à l'aube les trois condamnés à mort étaient réveillés pour leur dernière promenade. Crânes tous les trois. Essayant encore de défier la société. Monnier dit : « *Vous allez voir comment meurt un Méridional* », Soudy chante dans les couloirs de la Santé : « *Salut, ô mon dernier matin!* » et Callemin, lui, trouve une dernière phrase qui va devenir célèbre. Il lance à la foule qui se presse autour de la veuve : « *C'est beau, hein! l'agonie d'un homme...* »

Ils auraient préféré sans doute finir comme Bonnot, Garnier ou Valet... le browning en main, en tirant jusqu'à la dernière balle. La guillotine est un châtiment horrible. Ces gamins étaient un peu fous... ils avaient tué n'importe qui et sans réfléchir, mais on doit à tous leur reconnaître un courage extraordinaire pour affronter les conséquences de leurs actes.

Leurs petits-enfants, ceux d'après Mai 68, qui vont se fourvoyer dans le terrorisme, le feront avec moins de panache. Poser une bombe dans une gare ou un aéroport présente moins de risques que d'affronter directement les forces de police comme le faisaient les bandits en automobile en 1912. Surtout lorsque la peine de mort est abolie.

On trouvera dans la cellule de Raymond Callemin, après son exécution, des cahiers bourrés de notes et de réflexions. Des choses naïves, définitives et meurtrières. De tout ce fatras, il me paraît intéressant d'extraire ce que Raymond-la-Science a écrit concernant le crime.

« *Et d'abord qu'est-ce qu'un crime? J'ai pu y réfléchir d'une façon assez utile, en partant de mon cas personnel. La conclusion définitive qui s'est imposée à moi est celle-ci : c'est l'attentat contre la vie humaine. Mais avec ce corollaire nécessaire : perpétré dans certaines conditions. Ce qui signifie, en clair : parfois la suppression de vies humaines est récompensée d'une façon honorifique, tandis que, dans l'autre cas, on voue l'individu à l'exécration universelle.* »

Après tout, il a un peu raison cet anarchiste illégaliste. S'il avait été un bon citoyen bien sage, un ouvrier consciencieux, deux ans plus tard il aurait été engagé avec un fusil Lebel dans une tranchée de la Grande Guerre. Il en serait mort ou, si par miracle, il en était revenu, on l'aurait gratifié d'une petite médaille pour avoir tué quelques sales Boches.

Sophisme, direz-vous... voire!

En guise de conclusion, voici ce qu'écrivait dans son *Journal* Paul Léautaud, le lundi 21 avril 1913 :

« *Je lis dans* Le Matin, *dans le train, que c'est ce matin qu'on a exécuté les trois : Callemin, Soudy, Monnier. Boucherie. Les malheureux! J'en ai la gorge serrée. Ainsi, il y a quelques heures, alors que je dormais en paix, eux, ont eu ces affreuses minutes. Quoi qu'ils aient fait, la Société dans ces moments-là, elle qui agit froidement, les dépasse. Il y a des gens pour aller voir, par plaisir, ce spectacle, d'autres pour se féliciter de l'expiation. Triste morale et bien basse.* »

LANDRU

ou

Les rendez-vous de Gambais

« *L'homme est feu, la femme étoupe*
Et le diable vient qui souffle. »

(Fabliau)

CELUI-LÀ, s'il ne s'était pas appelé Landru, s'il n'avait pas eu cette barbe, cette calvitie, cette silhouette, ne serait-il pas tombé dans les oubliettes de la petite histoire? Landru a tué dix femmes et le fils de l'une d'entre elles. C'est beaucoup mais il est loin d'être le recordman dans les annales du crime. L'ont dépassé, entre autres : Fritz Haarmann, le boucher du Hanovre en 1924, Reginald Christie en Angleterre en 1953, Erik Pommerenke, le monstre de la Forêt Noire en 1961, plus près de nous De Salva, l'étrangleur de Boston en 1964, aujourd'hui Thierry Paulin, l'assassin des vieilles dames. Je suis à peu près certain que ce dernier va disparaître d'ici à une vingtaine d'années de la mémoire collective. En 1893 à Chicago, un certain docteur Holmes a monté dans un hôtel-château, pendant l'Exposition Universelle, une véritable usine à tuer et à torturer. Deux cents victimes environ. Il faut rechercher dans les ouvrages spécialisés pour découvrir sa trace. Jugé pour deux autres meurtres à Philadelphie, Holmes fut pendu avant qu'on ne découvre sa machinerie exterminatrice. Ceci explique sans doute qu'il n'ait pas droit de cité au palmarès des grands criminels.

Landru, lui dès le départ, a mis tous les atouts dans son jeu. Il n'aurait pu faire mieux s'il avait inventé de toutes pièces son destin. Il arrive au bon moment... la guerre 14-18. Il est le portrait presque robot du Français moyen de la Belle Époque. Sa grande barbe noire était celle de nos parlementaires. Il appartient un peu à l'univers de Labiche. Il est économe comme on l'était dans la France profonde de M. Poincaré. A son procès, il est poli devant la Justice avec une pointe d'humour, quelques sarcasmes qui réjouissent le lecteur du déjà *Canard Enchaîné*. Il n'avoue jamais... et il plaît aux femmes. On chuchote qu'il fait bien l'amour, comme s'en vantent la plupart des Français, mais dans son cas, on aura la preuve que c'est vrai.

Vous ne serez jamais une star masculine au cinéma si vous ne plaisez pas aux femmes... un auteur de best-seller si vous n'avez pas avant tout des lectrices, un homme politique qui bat les estrades – ou les petits écrans de télévision – si vous n'envoûtez pas les électrices... etc. Landru a su charmer les victimes de ses escroqueries et de ses meurtres, ensorceler ses maîtresses et ensuite, on le verra, toutes celles qui se pressaient à son procès et lui envoyaient des lettres enflammées.

Tout ça participe de l'irrationnel. Si vous consultez l'album de photos de l'affaire, Henri Désiré Landru apparaît comme un petit bonhomme chétif entre ses deux gendarmes courtelinesques. Il est typique de son époque en tant que petit bureaucrate, chef de rayon de la Belle Jardinière. Les séducteurs, on les imagine alors sous les traits de Guynemer, Maurice Chevalier, Max Linder, Douglas Fairbanks, Georges Carpentier, sans parler de Rudolph Valentino.

On évoque son regard envoûtant. Ce qui n'apparaît pas sur les images. Il a les yeux enfoncés dans leur orbite, de gros sourcils. On a du mal à comprendre. Pourtant ce renard souffreteux, comme dit un chroniqueur, ce mannequin pour magazine de confection, c'est Don Juan! Inimaginable, mais Landru est une nouvelle incarnation de Don Juan. Mis à part ses motivations premières qui sont vénales, il est le héros d'une chronique libertine. On oublie trop facilement qu'il a séduit deux cent quatre-vingt-trois femmes en quatre ans[1] et que celles-là, il ne les a fait tomber dans son lit que pour le plaisir. On a des témoignages... C'était, bien sûr, pendant une disette de mâles qui étaient tous dans les tranchées et se faisaient tuer pour une France qui deviendra une province de l'Europe un demi-siècle plus tard. Haut les cœurs! Pendant que les jeunes hommes s'enfourchaient à la baïonnette, Landru consolait les dames en les embrochant d'une autre façon.

Admettons. Pénurie d'hommes. Les femmes s'ennuyaient-elles au point de se précipiter dans la couche de Henri Désiré Landru? Vrai en tout cas pour deux cent quatre-vingt-trois d'entre elles, dont les dix qu'il a liquidées, sans oublier Fernande Segret, sa maîtresse de cœur. Ne parlons pas de sa femme. Elle, elle est dans l'ombre de son seigneur et maître. Elle s'écrase, elle est une épouse d'avant le féminisme. Elle tricote et elle élève quatre petits Landru.

Pour appâter ses victimes, celles du lit simple avec retour et celles du lit à la cuisinière, Landru utilise les annonces matrimoniales. Il promet le mariage. Je vous signale que Don Juan aussi promettait l'anneau nuptial à ses conquêtes. Lorsqu'un grand seigneur jouait de cette musique au XVIIe siècle, et parfois même à des bergères, ça diminue le mérite de ses succès. Le portrait qu'on vous fait de Don Juan n'est ni barbu, ni chauve, ni l'œil enfoncé sous de gros sourcils noirs. J'en conclus que Henri Désiré Landru est un Don Juan de premier ordre. Don Juan

1. D'après ses mémoires, Casanova n'aurait que cent quatre-vingt-deux femmes à son palmarès en trente-neuf ans. Landru me paraît le recordman toutes catégories.

emballe... il sait faire tomber ses proies. Après... mystère! Certains hommes ne sont que des séducteurs, ils ont l'art d'amener les femmes dans leur lit – ou dans un champ de luzerne, s'il s'agit d'un suborneur champêtre –, mais la suite n'est pas toujours à la hauteur des prémices. L'ensorceleur n'est pas forcément un foudre d'étreintes. Il peut être maladroit, égoïste, mol du chibre, monté moustique, fatigué au premier assaut, éjaculateur précoce! On prêtait ce grave défaut à un homme politique contemporain de premier rang, acharné trousseur de vedettes de cinéma, de secrétaires, de militantes. Au point que ses conquêtes le surnommaient *Atchoum!*

Landru n'était pas *Atchoum!* Ni avachi sur le sujet, ni mollasson de la zigoulette... amputé de la défonceuse! Il était au contraire ce qu'il est convenu d'appeler une affaire. Un redoutable bretteur en volupté qui laissait à ses maîtresses un souvenir impérissable et même une fois dans l'au-delà. En 1921, aux assises de Versailles, on faisait un peu l'impasse sur ce sujet. Les choses du sexe en ce temps-là ne s'étalaient pas au grand jour. Cependant le témoignage de Fernande Segret, la liaison préservée, le grand amour d'Henri Désiré, ne laisse aucun doute à ce sujet.

« *Malgré son âge*, répond-elle au président des assises en rougissant, *il avait la vigueur d'un jeune homme.* »

On ne peut être plus clair. Eh oui, malgré son âge, je vous avais omis dans le portrait de mon Don Juan qu'il avait la cinquantaine. *Allegro*, il surmontait tous ces handicaps pour attaquer toutes les places plus ou moins fortes. On verra qu'il ne lésinait pas sur les moyens, les déguisements... que toutes les proies lui étaient bonnes sans distinction d'âge ou d'attraits physiques. Le véritable homme à femmes, M. Landru!

Simplement ses moyens financiers ne lui permettaient pas de prospecter dans la haute bourgeoisie. Pour amorcer ses coups, il investissait le minimum puisque son but était, après les délices entre les draps, de soutirer à ses conquêtes de quoi subsister.

Mis à part ce détail, il est exactement Don Juan. Et même à cause de cela, il va en arriver au crime... donc, toutes proportions gardées, à la statue du Commandeur. Il défie Dieu et les hommes par l'assassinat.

*

Landru est né à Paris dans le XIXe, le 12 avril 1869, sous le signe du Bélier comme Hitler, je crois. On en tire l'enseignement qu'on veut. Son père travaille dans une fonderie et sa mère est couturière en chambre, un métier qui n'existe plus depuis que l'on consomme des fringues au rythme des saisons. Ce petit peuple de la fin du siècle dernier est économe, ravaudeur, conservateur du moindre bout de ficelle. Quiconque a été éduqué dans ce climat en garde quelques manies pour le restant de ses jours. La maman a dû lui apprendre à ne rien gâcher. Elle est pieuse Mme Landru mère, elle envoie Henri Désiré chez les frères des écoles chrétiennes. Il a donc été bien élevé, bien éduqué, il lui en resta cette politesse exquise toujours à la pointe des conversations. Si j'étais un anticléricaliste forcené, je dirais que Landru est un produit de l'école libre. Je ne suis pas anticlérical, mais je ne peux m'empêcher de livrer cet argument un peu spécieux aux tenants de la Laïque obligatoire.

Chez beaucoup de criminels, on a tendance à trouver l'origine de leurs forfaits dans une enfance malheureuse ou abandonnée moralement. Rien de tel chez Landru. Il aime ses parents, ses parents l'adorent et veillent à lui inculquer les bons principes qui fabriquent un honnête homme. Il est un enfant de chœur tellement dévoué qu'il fait à peu près office de bedeau. Il est même question qu'il entre dans les ordres. Que se serait-il passé si Landru était devenu prêtre? On se plaît, connaissant la suite, à imaginer je ne sais quelle rôtissoire de dames dans une sacristie. Peut-être serait-il devenu un de ces curés libidineux porté sur la pénitente en chaleur. Sans que ça aille beaucoup plus loin que *La Faute de l'abbé Mouret*. Était-il criminel de naissance? Pas plus qu'un autre, il me semble... il avait en lui quelques démons sournois et les circonstances l'ont amené à les extirper de son âme.

Landru ne me paraît pas un pervers-né comme le docteur Petiot. On n'a pas recueilli à son sujet de témoignage sur sa cruauté, sa vilenie profonde. Il faudra attendre qu'il soit adulte, marié, ayant accompli son service militaire d'où il revient sergent... ce qui prouve qu'il a donné satisfaction à ses chefs... attendre qu'il ait la trentaine pour l'épingler dans la délinquance.

Il a travaillé d'abord chez un architecte. Jeune, on le prétend plein de grâce... une chevelure noire abondante... l'œil de velours et il intéresse déjà les femmes. Il épouse la fille d'une blanchisseuse, Marie-Catherine Rémy, et lui enfourne gaillardement quatre enfants : Marie, Maurice, Suzanne et Charles.

Marie-Catherine serait bien surprise le soir de ses noces chrétiennes... si un devin lui prédisait que son Henri Désiré serait un jour aussi célèbre que Barbe-Bleue et pour les mêmes raisons.

Quoi qu'il en soit, après son mariage, Landru travaille à peu près une dizaine d'années sans anicroche. On le dit insatisfait, instable... il change souvent de place. Il est successivement comptable, vendeur, mécanicien. Tous ces changements indiquent qu'il ne sait pas trop où il va. En 1900, il lance sa propre entreprise... une fabrique de bicyclettes. Il ne gère sans doute pas très bien son affaire puisqu'au bout d'un an il dépose son bilan. (Il a existé des vélos de la marque *Landru.* Un musée possède-t-il un exemplaire d'une de ces bécanes extraordinaires?...) Après cet échec professionnel, Landru commence à quitter le droit chemin. Il devient aigri et en même temps, il perd ses cheveux. Ceux qui l'ont connu à cette époque le disent coléreux, arrogant. Il déménage sans cesse... sa famille est au bord de la misère. Ce qui explique sans doute sa première escroquerie. Elle est minable. Il passe une petite annonce pour demander un coursier possédant une bicyclette. Un jeune homme se présente et Landru s'arrange pour lui voler son vélo.

Coup d'essai loin d'être un coup de maître. Il n'empêche qu'à partir de ce moment-là il ne va plus vivre, et faire vivre sa famille, que d'expédients. Abus de confiance et escroqueries... avec bien sûr quelques condamnations à la clé, suivies de séjours en taule. Deux ans en 1904, treize mois en 1906 confondus avec une autre peine de trois ans pour abus de confiance. En 1910 il sévit à Lille et écope encore trois ans pour escroquerie. Cette dernière condamnation mérite qu'on s'y arrête. Motif : Henri Désiré sous un nom d'emprunt a fait passer une annonce matrimoniale. Ainsi il a pu piéger une dame Izoré et lui extorquer dix mille balles. La technique est au point... ou presque... L'impondérable de ce genre d'arnaque... la victime peut toujours réapparaître à un petit carrefour de la vie et faire coffrer son suborneur. Pour pallier ce douloureux inconvénient, un jour Landru ne verra plus qu'une solution... tout à fait finale!

Il purge sa dernière peine à la Centrale de Loos. Aucun rapport, aucune enquête ne donne de précisions sur son comportement en détention. Je le suppose détenu modèle. J'ai fort bien connu l'engeance escroqueuse en prison. Pas de mauvaise fréquentation, polie, voire servile avec le surveillant-chef... classée à la comptabilité, allant tous les dimanches à l'office divin... Il est de ceux qui obtiennent des remises de peine pour bonne conduite.

Pendant ce temps Marie-Catherine avait bien du mal à élever sa petite famille. Elle l'a installée à Clichy et elle travaille dans une blanchisserie. Voilà. Papa est en voyage. Le déshonneur, faut faire avec, et on finit par le gommer. Sauf le père de Landru qui ne supporte pas l'idée d'avoir un fils repris de justice et qui se pend... dans le Bois de Boulogne. S'il avait attendu un peu, le pauvre homme aurait eu des motifs encore plus sérieux pour mettre fin à ses jours.

A la décharge de Henri Désiré, il faut insister sur le fait qu'à travers toutes les vicissitudes de sa singulière existence il restera toujours d'une certaine façon fidèle à sa famille. Il retourne dans son foyer dès qu'il sort de taule... dès qu'il a un peu d'argent gagné en escroquant et plus tard en tuant... il participe aux frais du ménage dont il tient méticuleusement les comptes.

A la sortie de la prison de Loos que peut-il faire d'autre qu'une nouvelle arnaque? Il achète un petit garage qu'il se dépêche de revendre vingt mille francs avant d'avoir payé le propriétaire. C'est d'une telle simplicité qu'il est immédiatement poursuivi par le Parquet. Il a le temps de se mettre en cavale et il est condamné le 20 juillet 1914, par défaut, à quatre nouvelles années de prison... agrémentées, si l'on peut dire, de la relégation.

Peine accessoire selon l'article 56 du code pénal. Ça voulait tout de même dire que le condamné, une fois sa peine de prison accomplie, était déporté en Guyane. *A vie.* De la sorte, les législateurs avaient pensé à un moyen très simple pour peupler une colonie tout en se débarrassant des récidivistes indésirables. Les Anglais avaient pratiqué ce genre d'expérience, avec un certain succès, en Australie au XVIIIe siècle. Des femmes, elles aussi condamnées, avaient pu rejoindre les relégués. Trois générations plus tard, les descendants de cette souche maudite sont devenus de bons et loyaux serviteurs de Sa Majesté.

Avec la Guyane, la IIIe République s'est fourvoyée. Le climat est trop pénible... l'administration tatillonne s'en est mêlée... aucune femme n'alla rejoindre les relégués qui croupissaient aux abords du pénitencier, crevant de faim et de maladie.

La relégation était la terreur du délinquant. Elle a subsisté jusqu'aux environs de 1960 malgré la fermeture du bagne colonial. A la quatrième condamnation à plus de trois mois et un jour de prison, pour vol, escroquerie ou proxénétisme, la relégation s'appliquait automatiquement et le relégué finissait ses jours en taule. Quelquefois pour des peccadilles, des vols de poules et de lapins, des escroqueries au porte-à-porte.

La justice de la IIIe République, celle de la bourgeoisie absolue, ne badinait pas avec les atteintes à la Sainte Propriété.

Juillet 1914. Landru va profiter de quatre ans pendant lesquels les argousins auront d'autres lascars à rechercher que ce minable escroc qui à présent a laissé pousser cette jolie barbe noire qui va lui rester pour la postérité. A noter que Landru ne commencera à faire disparaître les dames qu'à partir du moment où il est relégable. Coïncidence... non! La faiblesse, je vous ai dit, de l'escroquerie au mariage provient du fait que la fiancée flouée représente toujours un danger : reconnaître l'aigrefin par hasard. Le cambrioleur agit de nuit le plus souvent... la victime ne voit pas son voleur. Son escroc oui, forcément. S'il s'agit d'une entourloupe bien ficelée, on n'a que peu de chances de le rencontrer... il se grime et on l'oublie, mais un escroc au mariage est forcé de courtiser sa belle – ou moins belle, n'importe –, de sortir avec elle... de se payer parfois une petite partie de jambes en l'air avant le passage promis à la mairie, histoire de montrer que le septième ciel, c'est pas des promesses à lurelure. Avec Landru, ça jouait un rôle important. D'après tout ce qu'on a pu savoir, il donnait toujours à ses futures (quoi au juste?) un admirable récital de braquemard.

Il redoutait doublement, triplement d'être un jour, au coin d'une rue, face à la femme séduite, abandonnée et dépouillée de ses économies.

D'où l'idée de supprimer cette éventualité fâcheuse qui signifiait pour lui la *relégation*. Il était un peu dans la situation du violeur connu de sa victime et qui l'étrangle. Le fait est si courant que, dès qu'une femme ou une fillette violée a été tuée, la police recherche le coupable parmi ses familiers ou du moins ses connaissances. Et le plus souvent elle le découvre... c'est un cousin, un voisin, un si bon ami qu'il a poussé son affection au-delà des limites de la bienséance.

Jusqu'à cette condamnation par défaut aggravée de la relègue, rien ne prédisposait Landru à devenir un assassin. Une loi trop dure, trop répressive provoquait des effets nocifs. Certains voyous tiraient sur les flics pour éviter d'être pris et envoyés en Guyane. Cette déduction m'intéresse si je me mets à comparer Landru avec la plupart des criminels de masse, de série. Ils relèvent en majorité de l'article 64 qui stipule qu'*il n'y a ni crime ni délit, lorsque le prévenu était en état de démence au temps de l'action, ou lorsqu'il a été contraint par une force à laquelle il n'a pu résister*. Exactement cette dernière proposition. On les dirait mus par des forces obscures... un instinct irrépressible qui les conduit à tuer dans une crise de paroxysme sexuel. C'est le cas de Jack l'Éventreur, de Peter Kürten, le vampire de Düsseldorf, de Joseph Vacher, l'étrangleur de bergères, d'Erik Pommerenke, le monstre de la Forêt Noire qui, après avoir jeté par la portière d'un train une jeune femme, tira le signal d'alarme et alla la rejoindre toute pantelante, toute sanglante, à demi morte, pour la violer.

Landru, à l'examen psychiatrique, sera reconnu tout à fait normal. Parce qu'il tue des femmes, on en tire une présomption de sadisme, de crime sexuel. Ça me paraît hâtif. Landru a éliminé ses victimes parce que, selon sa logique interne d'escroc, *il ne pouvait pas faire autrement*.

Comment les a-t-il supprimées? On ne saura jamais. On peut supposer, subodorer qu'il les a étranglées par exemple, qu'il a terminé de la sorte un coït, et qu'il a découvert une volupté sublime. Simple supposition. Il a pu tout aussi bien leur administrer ce qu'on appelait au XVIIe siècle de la poudre à succession et attendre que le poison ait fait son œuvre, en lisant le journal ou en faisant des réussites.

Revenons à juillet 1914. Ça va être la Grande Guerre... quatre ans de massacre européen. Landru est mobilisable... à l'époque, l'armée raclait les fonds de tiroirs pour fabriquer des héros dont les noms s'effacent aujourd'hui sur nos monuments aux morts. Landru déjà contumax devient en plus insoumis, déserteur en temps de guerre! Il quitte sa famille et, jusqu'à son arrestation en 1919, il va vivre sous des tocs, c'est-à-dire des faux papiers d'identité. On le pousse vraiment au crime ce brave homme! Il a besoin d'argent, d'autant qu'il n'oubliera jamais Marie-Catherine et ses quatre gosses. Très régulièrement ils recevront des mandats, il s'arrangera pour les rencontrer, leur faire des petits cadeaux, produits de « *ses héritages* ». Cohabitent en lui un père de famille et un criminel.

Marie-Catherine s'est habituée à ce mari escroc qui disparaît, revient, repart... sort de taule pour s'évaporer après une courte visite où il se montrait sans doute prévenant, prodigue de bons conseils aux enfants, papa gâteau. Toutes les femmes de délinquants habituels vivent de la sorte. Rien de très réjouissant mais ça évite peut-être l'affreuse routine conjugale.

Mme Landru s'attendait à ce que son mari retourne en taule pour de multiples malversations... qu'il soit un criminel en plus, on se demande comment cette malheureuse a vécu cette épreuve!...

Mise au point de l'entreprise. Les annonces matrimoniales. C'est la bouée de sauvetage des cœurs solitaires. Ils sont toujours plus nombreux qu'on ne le croit. Surtout les cœurs de femmes. L'annonce faite à la Marie en mal d'amour, rédigée par Landru qui va s'appeler de quatre-vingt-seize pseudonymes, est de bon aloi. *M. 47 ans traitement 4000 et économies, allant s'établir en jolie colonie saine, désire conn. vue mariage dame âge indif. situation même modeste si seule, qui consente à le suivre. Proposition sérieuse. Agence et interm. s'abstenir.*

Le fromage est dans la ratière, plus qu'à attendre. L'annonce passe dans quelques grands quotidiens de Paris et de province. C'est du bronze... Il y a le mariage, le fric, l'âge indifférent... toutes les portes sont ouvertes. Il est même question de *jolie colonie saine*. Il faut se replacer dans le contexte de cette France qui régnait sur cent millions de Noirs, d'Arabes et d'Asiates sans partage et sans mauvaise conscience pour savourer l'indication *jolie colonie saine*... les dames pouvaient rêver aux nuits câlines d'Indochine et aux oasis sous le soleil marocain.

Tout de suite les réponses vont affluer à des adresses, des noms divers... des hôtels où Landru habitait quelque temps sous une fausse identité... des meublés... ou simplement la poste restante. Sur toutes ses entreprises, ses démarches multiples, ses victimes, on aura un maximum de précisions grâce à ses carnets, à ses fiches. La police va pouvoir à peu près tout remonter, tout reconstituer. Une manie... Il note tout... ses dépenses, ses déplacements et des indications sur les femmes qui répondent à ses annonces... aussi bien celles qu'il va faire disparaître que les autres. Peut-être faut-il chercher dans son éducation première cette habitude de petit comptable, de minuscule bourgeois économe. Il note tout de la sorte, surtout dans un souci de gérer au mieux ses revenus. En cela aussi il est de son époque... le Français moyen d'avant 1914 est épargnant. Il a son bas de laine... le citadin d'alors est frais émoulu de sa cambrousse... un sou reste pour lui un sou. Il faudra plusieurs décennies pour qu'on en arrive au crédit, à la consommation reine.

Landru, tout le laisse supposer, est avare. Il investit un minimum pour appâter ses conquêtes... il compte ses dépenses avec parcimonie. Un peu moins regardant, il aurait pu viser plus haut dans son cheptel... s'aventurer dans une catégorie sociale qui pouvait le sortir de cette espèce de médiocrité dans laquelle il va toujours végéter. Les escrocs en général ont tendance à voir grand, à se prétendre sortis de toutes les cuisses de Jupiter possibles... ils ratissent large.

J'en ai fréquenté des tas au cours de mes vacances pénitentiaires. Il suffit d'entrer dans leur poker menteur pour les observer à loisir... certains m'ont réjoui, par leur faconde, leurs inventions, leur culot de tous les diables. L'un d'eux arriva même à arnaquer l'administration pénitentiaire par des jeux d'écritures alors qu'il était classé à la comptabilité de la prison.

Landru est bien à part dans la catégorie. Son plus gros défaut à vrai dire... ce côté gagne-petit, ramasse-miettes, bout de ficelle. Peut-être cela rassurait-il les dames esseulées qui répondaient à ses annonces. Un type donnant dans la magnificence... le grand d'Espagne, les auraient rendues plus méfiantes. Celles qui répondent à ses annonces matrimoniales pour la plupart appartiennent à une classe sociale indécise... comme lui d'ailleurs. En cela il est prudent, il sait comment se comporter en leur présence... il possède les clés de leur langage.

On trouvera au cours de l'enquête tous ses dossiers dans un garage loué à Clichy. Il classe les lettres et leur adjoint une fiche correspondante. Il s'est fabriqué un petit code que l'on déchiffre facilement. La dame est sans R (revenus) ou elle a un soupçon de F (fortune). Il n'y a rien à en tirer et c'est R.A.F.S.F. (rien à faire sans fortune)... Tant mieux pour elle. Certaines sont en *Réserve* ou *Intéressantes* ou à *Creuser*.

Il répond à celles qui lui paraissent en valoir la peine... toujours la même lettre. « *Je voudrais un amour durable, des sentiments qui puissent assurer un bonheur durable. Je suis assez indépendant pour vous déclarer tout de suite que, de mon côté, les conditions d'avoir financier n'entreront en rien dans le choix d'une épouse.* »

Bonheur durable... son indépendance financière... il sait où il vise. S'il veut tirer de ses entreprises un bénéfice, il y a lieu de puiser dans un vivier de femmes déjà mûres ayant quelques biens au soleil... quelques économies. Les autres, il en rencontrera beaucoup, certes, mais pour sa consommation sexuelle personnelle... gratuitement en quelque sorte.

Les rescapées – nombreuses puisqu'il n'en a estourbi que dix sur deux cent quatre-vingt-trois – ont été entendues par la police. C'est ainsi que nous avons eu des détails sur son comportement sexuel.

A-t-il prémédité d'envoyer quelques-unes de ses

conquêtes dans un monde qu'on dit meilleur? Il semble... les dossiers et les lettres viennent à l'appui des présomptions. Parmi les *élues* de sa correspondance, il s'efforce de sélectionner celles qui ont le moins d'attaches possible, familiales ou autres, dans l'existence. Les véritables *cœurs solitaires*. On comprend pourquoi. Il est plus facile de faire disparaître une personne sans parents, sans enfants, ayant peu de relations.

Il prend son temps avant de passer à l'action. Chacune a sa fiche détaillée. Mme D. est un peu bouffie... Mme A. est brune appétissante... Mme B. vulgaire, voix éraillée et elle a un chien... une telle est peu causante, l'autre rigide... etc.

Il les rencontre toutes et son carnet de rendez-vous nous prouve qu'il est consciencieux. Il n'arrête pas. Dans une même journée il est place Saint-Georges, à la Concorde, à la gare de Lyon, au square de la tour Saint-Jacques... à la gare Saint-Lazare pour des rendez-vous avec Mlle L., Mme G., Mme R. Il ne ménage jamais sa peine.

*

Landru restera pour l'Histoire le sire de Gambais mais il a commencé ses exploits d'escamoteur de dames à Vernouillet près de Dreux, où il a loué la villa *The Lodge* à la fin de l'année 1914.

La femme qui va pendre la crémaillère s'appelle Jeanne-Marie Cuchet. Celle-là, Landru ne l'a pas recrutée par les petites annonces. Il l'a draguée dans les jardins du Luxembourg. Elle a trente-neuf ans mais elle a su rester jeune. Dans la collection Landru, elle est une des plus consommables pour le seul plaisir. Des photos, pourtant peu enjoliveuses, nous laissent d'elle un visage régulier, des traits fins, un petit nez... du charme incontestablement.

Lorsque Landru l'aborde, il se présente sous le

nom de Raymond Diart, commis ambulant des Postes... c'est-à-dire fonctionnaire, ce qui rassure tout de suite. Ça se passe en juillet 1914... à l'époque où sa condamnation à quatre ans de prison et à la relégation l'a obligé à quitter sa famille, qui habite alors à Malakoff, et à se métamorphoser en l'un de ses premiers pseudonymes. Après Raymond Diart, il s'appellera Dupont, Guillet, Prunier, Dumont, Forest de Bergieux, excusez du peu!... Frémyet... etc. Il utilisera même Tartempion qui vaudra à ce patronyme de passer à la postérité à travers l'almanach Vermot.

Jeanne-Marie Cuchet, pour son double malheur, est veuve depuis quatre ans. Son mari était commerçant et ils habitaient Limoges. Elle a un fils de dix-sept ans – mauvais point, ça! – et pour se sortir d'une situation pécuniaire difficile, elle est venue à Paris où elle a trouvé un emploi de représentante en confection. A priori, ça ne paraît pas être une proie très intéressante. Elle ne doit avoir que quelques petites économies et un modeste mobilier rue du Faubourg-Saint-Denis.

Peut-être ne l'attaque-t-il tout d'abord que pour voir, comme ça... se faire une idée! Elle est belle femme et c'est toujours bon à cueillir. Il sait se faire enjôleur Landru-Diart.. il a une connaissance innée du cœur féminin.

Les choses ne traînent pas. Il est rapidement dans son lit où il déploie son savoir-faire étayé d'un chibre de démonstration. Jeanne n'en peut plus de plaisir. Raymond Diart vient la voir chaque soir les bras chargés de fleurs. Les voisins en témoigneront. Il promet le mariage et il offre une bague à sa promise moins d'une semaine plus tard. Bien sûr, il y a ce fils de dix-sept ans, André, qui est vendeur dans une chemiserie. Landru-Diart n'en a cure, ça ne change rien à ses projets, il prend la femme et le fils. Rien ne doit faire obstacle à leur amour!

Jeanne-Marie le présente aux siens, sa sœur et son beau-frère. On fixe la date du mariage. On la retardera par la suite parce que Raymond Diart, originaire des régions envahies par les Allemands – nous sommes au moment du grand recul de l'armée française –, n'a pu recevoir des papiers indispensables pour convoler officiellement.

Avec cet alibi, il va gagner le temps nécessaire pour bien tenir Jeanne dans ses filets. Il l'éloigne d'abord de sa sœur. Elle quitte son travail. Elle le suit aveuglément lorsqu'il lui demande de venir habiter avec lui dans l'Oise à La Chaussée-Gouvieux en laissant son fils à Paris. Elle amène avec elle... ses économies... l'essentiel... cinq mille francs qu'elle confie, n'est-ce pas naturel, à son futur époux. Sa dot en quelque sorte.

Simple escroc au mariage, il se serait contenté de disparaître avec les cinq mille balles. Ce qu'il fait dans un premier temps... il va éponger quelques dettes à la traîne et donne le reste à Marie-Catherine pour son ménage légitime.

Il a laissé Jeanne-Marie dans l'appartement loué à La Chaussée en prétextant un voyage d'affaires. Deux, trois jours au plus. Jeanne vit dans la hâte de son retour, une pareille histoire d'amour, elle ne croyait plus que c'était possible! Landru a commis une faute qui aurait pu mettre un point final à ses exploits avant même qu'ils ne débutent. Il est arrivé à la Chaussée avec pour tout bagage une vieille malle-cantine. Pendant son absence, Jeanne-Marie, curieuse comme la femme de Barbe-Bleue, ouvre et fouille dans le bagage de son futur. Elle tombe sur un livret de famille qui lui apprend que Raymond Diart s'appelle en réalité Henri Désiré Landru, qu'il est marié et père de quatre enfants. Avec de surcroît un relevé bancaire indiquant que ce Landru est à découvert! Et puis des lettres... celles de sa femme et de ses enfants... celles aussi d'autres fiancées-maîtresses qui lui prouvent noir sur blanc qu'elle n'est pas seule à partager les ardeurs de son merveilleux barbu. L'abomination! Jeanne-Marie passe de la félicité au désespoir. Une telle désillusion est-elle concevable? Elle se pose des tas de questions et retourne en vitesse à Paris pour faire part de sa mésaventure à sa sœur et à son beau-frère, M. Friedmann. Pour celui-ci, pas besoin de lui donner davantage de preuves, Diart-Landru est un escroc et il conseille à sa belle-sœur de porter plainte.

Jeanne-Marie ne veut pas s'y résoudre avant d'avoir eu une explication avec son fiancé. La malheureuse joue là son sort, sa vie. Landru de retour à La Chaussée s'est tout de suite rendu compte que Jeanne avait fouillé dans sa cantine et découvert le pot aux roses. Il a commis une erreur de débutant mais il va déployer un savoir-faire inouï pour retourner la situation alors qu'il pourrait tout simplement prendre la tangente.

Carrément, il se pointe chez Jeanne, rue du Faubourg-Saint-Denis. Il lui faut un sacré sang-froid pour tenir de bout en bout le rôle qu'il va jouer. Il prend le risque que Jeanne-Marie pousse des cris, ameute le voisinage, appelle les flics.

Pourtant il va s'en sortir de main de maître. Imaginez un peu la scène. « Je te chasse, infâme... odieux personnage! » Dans le ton des mélodrames d'époque. « Mon amour... ma chérie, laisse-moi t'expliquer... te dire la vérité! » Voilà, il s'est jeté à genoux dans le vestibule... il lui a serré les jambes à travers sa longue jupe... il a pleurniché dans sa grande barbe et Jeanne-Marie déjà était cuite... on ne peut trouver meilleure métaphore! Il raconte, se justifie. Il est insoumis, il avoue... il fuit la guerre... n'est-ce pas une chose normale... toute cette tuerie épouvantable! Il ne lui a pas confessé qu'il était déjà marié parce qu'il est en instance de divorce. Sa femme, si elle apprenait l'existence de Jeanne-Marie, risquerait de ne plus accepter la séparation... d'être un obstacle à leur union!

– Si je t'ai menti, c'est pour mieux sauver notre amour!

Comme on dit, il met le paquet. Il viendra même quelques jours plus tard jusqu'à présenter à Jeanne-Marie deux fillettes qu'il prétend être les siennes et dont un premier jugement lui a confié la garde. Les deux véritables filles de Landru sont déjà des adolescentes. Où a-t-il été dégotter celles-là qu'il dit avoir placées dans un pensionnat de religieuses?

Il en rajoute... Pourtant, dès la première séance de repentir, il a gagné la partie. Vraisemblable qu'il a réussi à placer ses meilleurs arguments en entraînant Jeanne-Marie dans une fabuleuse partie de jambes en l'air. Certaines naïvetés de femmes vis-à-vis d'un homme s'expliquent autrement que par la raison. Landru de toute façon est fortiche... il sait jouer ce qu'il faut de comédie pour faire accepter à Jeanne-Marie ses histoires de divorce cousues de fil blanc. Et il sait aussi qu'il est préférable d'exercer son pouvoir sexuel en l'enrobant d'une phraséologie sentimentale rassurante. En tout cas c'était l'usage en ces temps qui nous paraissent un autre monde quant aux mœurs.

Passé l'étreinte (ou les étreintes) Mme Cuchet pourrait tout de même retrouver sa lucidité... mais Henri Désiré la tient et ne la lâchera plus. Il est si retors, si habile qu'il va l'amener à rompre avec sa sœur et son beau-frère, ces abominables personnages qui l'avaient poussée presque à la rupture... à passer ainsi à côté du bonheur qui l'attendait. Ils lui écrivent encore pour l'inciter à rompre, mais Landru empêche Jeanne-Marie de lire leurs lettres.

Nous arrivons vers la fin de l'année 1914. C'est à ce moment que Landru loue la villa *The Lodge* à Vernouillet. Tout donne lieu de penser qu'à partir de ce moment il sait très bien ce qu'il va faire de sa fiancée. Il a choisi une maison suffisamment isolée pour tuer en toute quiétude, si l'on peut dire.

Il présente l'endroit à Jeanne-Marie comme une sorte d'étape avant leur voyage de noces. La pauvre femme est sans doute encore traversée par le soupçon au sujet de son futur... qu'il est tout de même un aigrefin? Peut-être chasse-t-elle cette idée pour ne pas renoncer à ses nuits d'ivresse. Savoir? Elle ne peut imaginer que cette villa de Vernouillet va être sa dernière demeure. Elle déménage son mobilier de la rue du Faubourg-Saint-Denis mais elle exige que son fils André les accompagne.

Le trio prend le train un samedi de février 1915... Le lundi, Landru rentre seul à Paris. Nous voilà au cœur du mystère. Ni Jeanne-Marie, ni son fils ne réapparaîtront dans ce monde. On s'apercevra au cours de l'enquête qu'il avait déjà pris quelques précautions pour apaiser les curiosités du voisinage. A l'agence qui lui avait loué la villa, il avait expliqué à la directrice que sa femme travaillant dans la haute couture devait partir prochainement pour les États-Unis. A toutes fins utiles.

A Vernouillet, pas de cuisinière comme à Gambais, dans laquelle l'on trouvera des débris d'ossements humains. Comment Landru a-t-il opéré pour faire disparaître les corps de Jeanne-Marie et d'André? Les voisins ont parlé d'épaisse fumée sortant de la cheminée de la villa... d'odeurs épouvantables. On l'a aussi aperçu faisant un grand feu dans le jardin dans lequel il aurait fait brûler une malle en osier. Les témoins ajouteront que l'odeur ressemblait à celle de la graisse brûlée. Ont-ils été influencés en 1920 par tout ce que la presse rapportait sur l'affaire?

Qu'il ait découpé, dépecé ses victimes, pour les faire brûler ou les transporter, on ne sait au juste, dans les étangs des alentours, c'est le plus répugnant de son entreprise. Les meurtres de ce genre, avec cette préméditation méticuleuse, nécessitent de la part de leur auteur une détermination sans faille, une absence de sentiments hors du commun. Il faut tout de même avoir à l'esprit que Jeanne-Marie (et les suivantes) est une femme qu'il a tenue dans ses bras, qu'il a fait jouir, qui lui a prouvé sa passion. Comment l'a-t-il liquidée?... Tout est possible, mais peu probable avec une arme à feu ou une arme tranchante puisqu'on ne trouvera à Gambais aucune trace pouvant appuyer cette thèse. On doit se rabattre sur la strangulation. Pour l'empoisonnement, on n'a jamais relevé d'achat d'arsenic ou de mort-aux-rats dans ses carnets de comptes où il n'aurait pas manqué d'en faire état. Les enquêteurs ont interrogé tous les pharmaciens et droguistes des environs de Gambais ou de Vernouillet... en vain.

Il étrangle donc – puisqu'on ne voit guère d'autre possibilité – une femme qui a confiance en lui. Posément. Il choisit le lieu et l'heure. Peut-être, je vous ai suggéré, pendant l'amour... la petite mort qui se métamorphose en grande.

La suite est horrible. Il est seul dans sa villa aux prises avec le cadavre. On a su qu'il avait acheté de nombreuses scies – toujours grâce à son carnet – pendant ses quatre ans d'activité... scies à métaux, scies circulaires, égoïnes, etc... par paquets de douze en général. Tout laisse à penser qu'il a dû s'en servir pour charcuter ses victimes.

S'il n'accomplit pas cette affreuse besogne de nuit, de jour il doit se calfeutrer... faire en sorte qu'on ne puisse pas le surprendre avec un tablier de boucher. Je suppose qu'il est bien obligé d'avoir quelques vêtements de travail. Il semble qu'il n'est pas pressé. Après la disparition d'une fiancée, souvent il rentre le lendemain à Paris pour s'occuper de liquider son mobilier ou négocier quelques titres dans une banque. Il fait aussi un petit tour à Issy-les-Moulineaux pour embrasser son épouse et ses enfants, leur porter un peu de fric... quelques babioles, petits cadeaux provenant des dernières *affaires*. Entre autres, il offrira à Marie-Catherine la montre en or de Mme Cuchet. Les visites à sa famille indiquent par parenthèse que la maréchaussée n'était pas très active pour rattraper cet insoumis, ce condamné en cavale.

Pensant à l'avenir, il a aussi quelques rendez-vous avec des postulantes au mariage qu'il va tester... voir si elles correspondent à ce qu'il cherche... Sans doute en honore-t-il quelques-unes pour le simple agrément de la chose. Et il reprend son train après avoir acheté quelques scies.

Imaginez-le un peu, ce barbu sémillant, qui rentre dans la villa de Vernouillet ou de Gambais, qui retrouve sa dernière dulcinée... où ça au juste... dans un placard? sur une table?... peut-être encore au creux du lit, bien froide et raide? Il faut penser à tout cela en reconstituant la scène avec les images, les odeurs. Landru devait avoir des nerfs d'acier... une insensibilité absolue. Oui... mais pourquoi diable ce bonhomme, non seulement reste fidèle à sa famille, mais par la suite aura une liaison amoureuse tout à fait normale, sans aucune idée criminelle, avec une Fernande Segret qui va apparaître un peu plus tard?

Chez certains assassins on parle de dédoublement de la personnalité. Ce qui serait le cas de Jack l'Éventreur ou du vampire de Düsseldorf.

Landru bon père de famille d'un côté et Barbe-Bleue de l'autre serait-il un personnage de la même espèce? Une sorte de fou? Ça me paraît très hasardeux de spéculer dans cette direction. Landru ne donne jamais l'impression de dérailler, de sortir de sa logique interne. Il ne ment pas à proprement parler, il a des *sincérités successives*. Et il ne se pose certainement aucun cas de conscience. C'est un monstre froid et petit-bourgeois. Il est peut-être en négatif la résultante de son époque. Les autres hommes, pour gagner leur vie, font de la spéculation et vont s'apaiser les fantasmes au bordel.

Dans le cas de Jeanne-Marie Cuchet, sa première victime répertoriée... il ajoute à son tableau de chasse le petit jeune homme, le fils de dix-sept ans. Lui n'aura même pas eu les plaisirs sexuels avant la disparition en fumée.

La semaine qui suit ce week-end de Vernouillet, on sait que Landru a négocié des titres et touché différentes sommes à la place de Mme Cuchet. Son mobilier a été entreposé à Clichy... on le retrouvera presque complet en 1919.

*

Déjà la deuxième fiancée est, si l'on peut dire, en préparation culinaire. Elle figure dans le fichier sous le nom de *Brésil*. Simplement parce qu'elle est née à Buenos Aires et que Landru, fâché avec la géographie, confond le Brésil avec l'Argentine. Pour les délices du péché de la chair, Henri Désiré sera moins à la fête qu'avec Mme Cuchet. Cette dame *Brésil* n'a rien d'une Sud-Américaine à la séduction explosive. Elle est née par hasard quarante-cinq ans plus tôt à Buenos Aires. Elle est veuve, elle est fanée, elle n'a pas beaucoup d'argent, elle cherche du travail. N'empêche, notre gaillard barbu l'a déjà sélectionnée avant même d'en avoir fini avec Jeanne-Marie Cuchet. Elle s'appelle Thérèse Laborde-Line et c'est en lisant un journal à la page des offres d'emploi que son regard a dévié vers l'annonce de Landru en bonne place dans la rubrique matrimoniale. Elle ne cherche pas spécialement à se remarier. Elle est séparée d'un mari brutal, elle a un fils majeur qui travaille à Nancy. Elle se sent peut-être un peu trop seule et elle répond au *M. 47 ans. Traitement 4000*, un peu comme on joue à la loterie. Le gros lot est garanti mais elle est loin de se douter lequel. Landru répond immédiatement et vient lui rendre visite rue de Patay, dans le XIIIe arrondissement, où elle végète dans un petit appartement. Il mène son affaire à la hussarde. Mme Laborde-Line possède quelques meubles d'assez bonne allure. Elle ajoute dès la première rencontre que si elle n'a pas de rentes, elle possède néanmoins quelques valeurs d'État assez solides.

Deux mois plus tard, en juin 1915, Thérèse Laborde-Line aura disparu. Entre-temps elle a annoncé à ses amis qu'elle va se marier avec un ingénieur, un homme distingué et qui possède une automobile. Elle n'apparaîtra pas souvent l'automobile dans l'affaire Landru. Elle n'a pas la vedette comme avec la bande à Bonnot. Landru sait conduire, il a été dans sa jeunesse mécanicien. Je note ça parce que ce n'était pas si courant, avant 1914, les gens qui avaient leur permis de conduire.

Mme Laborde-Line visite la villa de Vernouillet avant de s'y installer. Avec ses meubles, ce qui veut dire que sa liaison avec l'ingénieur est prévue pour durer. Elle quitte son domicile de la rue de Patay en demandant à la concierge de garder son courrier. Elle ne reviendra jamais le chercher!

On l'apercevra dans le jardin de la villa *The Lodge* durant deux ou trois jours. Après ça, on reparle de fumée et de mauvaises odeurs qui ne reviendront à la mémoire des voisins que cinq ans plus tard. Son mobilier, on en retrouvera une partie dans la remise de Clichy et un secrétaire ancien fort joli dans l'appartement de Marie-Catherine. Encore un cadeau de son cher et tendre époux.

Les bénéfices de ce deuxième meurtre... si l'on s'en réfère aux conclusions de la justice... sont maigres. Landru dans sa comptabilité note la vente de deux titres pour six cent douze francs. Même en monnaie d'avant 14, c'est faire bon marché de la vie humaine.

*

La suivante sur le code Landru est appelée *Crozatier*. Tout simplement parce que cette dame Guillin habite rue Crozatier dans le XIIe. Elle a cinquante-deux ans et s'efforce de faire croire qu'elle en a moins. Marie-Angélique s'évertue par tous les artifices possibles à réparer l'irréparable outrage des ans. Il semble qu'ils soient sévères puisqu'elle porte une moumoute. Elle est boudinée, la malheureuse, dans un de ces corsets qui torturaient les femmes d'avant le couturier Poiret et Mlle Chanel. Elle pousse au maximum sur les fards, le maquillage, les pommades, les onguents, massages, frictions, etc.

Au début de 1915 elle fait la connaissance d'un certain M. Georges Petit... barbu, on se doute... bien de sa personne dans son petit costume strict... réfugié de Lille et qui va rejoindre bientôt un poste de consul en Australie... à Melbourne, a-t-il précisé.

Marie-Angélique bavarde dans la rue Crozatier chez les concierges, les commerçants, auxquels elle laisse entendre que bientôt elle sera Mme le Consul de France. Cet admirable M. Petit lui a promis le mariage. Et même il l'a emmenée deux jours dans sa villa de Vernouillet où elle a connu, pour la première fois à son âge, le *vrai bonheur*. Ce qu'elle minaude... plus tard les confidentes en témoigneront.

Inutile de faire un dessin... le faune Landru s'est mis à l'ouvrage et, comme d'habitude, il n'a pas laissé sa compagne en carafe de volupté. Considérant la photographie de cette Marie-Angélique, on se dit : quel zèbre! Probable avait-il reçu du ciel (ou du diable) le don exceptionnel de l'érection sur commande. Il est vrai que l'imprudente quinquagénaire s'est vantée d'avoir mis à gauche une petite fortune...

quarante mille francs hérités d'un vieux célibataire mort dans ses bras. De quoi rendre Landru particulièrement roide à la besogne.

A remarquer que Mme Guillin se chevauche – excusez l'expression – avec Mme Laborde-Line. Elle aurait pu presque retrouver quelques restes de celle-ci... quelques ossements, quelques cendres. Pour ce qui est du cinoche, Landru se met en quatre. Il fait miroiter à Marie-Angélique une vie de rêve aux antipodes! Les bals chez le gouverneur... les serviteurs noirs... les parties de chasse! Il donne de son Australie des scintillements de mines d'or du Pérou.

Certain soir, il loue chez un fripier un costume de marquis Louis XV... habit brodé, culotte de satin, souliers à boucle, épée au côté et il se présente, affublé de la sorte, rue Crozatier

– Chère amie, je n'ai pu m'empêcher de venir vous saluer en passant. Je suis pourtant très pressé. On m'attend à l'ambassade de Grande-Bretagne.

Des apparitions de ce genre frappent l'esprit d'une femme vaniteuse. A Vernouillet cependant Marie-Angélique, lors de son week-end amoureux, s'était permis de regarder par le trou de la serrure d'une pièce fermée à clé. Elle y avait aperçu des vêtements de femme... ceux de Mmes Laborde-Line et Cuchet sans doute. Sursaut... avait-il une autre maîtresse? Elle ne put s'empêcher d'interroger son fiancé. Ça serait mal le connaître que de s'imaginer qu'il va se démonter pour si peu. Il prend une mine de circonstance pour répondre, à cette trop curieuse Marie-Angélique, qu'il s'agit là des vêtements de sa mère décédée deux ans auparavant et qu'il conserve comme des reliques. Il a des larmes dans les yeux, la voix, la barbe... Marie-Angélique ne sait comment s'excuser et pour se faire pardonner se laisse basculer sur le sofa.

Pourquoi Landru attend-il pour faire disparaître Mme Guillin? Mystère... peut-être veut-il tout mettre au point pour mieux dépouiller sa victime... ne rien laisser au dépourvu. Le 2 août c'est le dernier voyage. Marie-Angélique quitte définitivement son domicile pour Vernouillet avec ce cher M. Petit. Le 4 celui-ci, redevenu Landru, rentre seul à Paris et il inscrit dans un cahier le détail d'une liste de bijoux. Ceux de Mme Guillin. On n'imagine pas un coupable préparant aussi consciencieusement le travail de la police. Il déménage les meubles de la rue Crozatier et il va vendre des titres pour onze mille sept cent cinquante francs. Marie-Angélique lui avait menti, la coquine, elle n'avait pas quarante mille francs de rentes. Avec la refourgue des meubles, il ne s'en sort pas trop mal notre faux consul en Australie. On l'a déjà vu et on le reverra s'escrimer en comédie et prouesses bandatives pour des bénéfices beaucoup plus modestes.

*

Rendons-nous maintenant à Gambais. Cette petite localité dans les Yvelines doit sa célébrité à Landru. On a oublié qu'il fit ses premières armes à Vernouillet. La villa *The Lodge* pouvait devenir dangereuse, elle n'était pas assez isolée et Mme Guillin avait des enfants, une fille, en particulier, qui savait que sa mère était partie à Vernouillet avec son fiancé, ce consul barbu qu'elle avait rencontré une ou deux fois et qui lui avait laissé, dira-t-elle, une impression bizarre. La dernière lettre de sa maman date du 2 août 1915. Elle a même droit en *post-scriptum* à un petit mot affectueux de son futur beau-père.

Certes, officiellement, Mme Guillin était partie pour l'Australie, mais la fille pouvait avoir des doutes et venir fureter à Vernouillet. Landru se méfie, donne congé à la propriétaire et se met à la recherche d'un pied-à-terre à la campagne plus à la convenance de ses projets criminels.

L'Ermitage à Gambais lui paraît idéal. J'ai été visiter les lieux. Depuis la guerre de 14, des habitations se sont construites... surtout depuis une vingtaine d'années... des résidences style Castor. Au moment où Landru choisit cette villa, elle était plus isolée. Rien à moins de quatre cents mètres. *L'Ermitage* est au milieu des champs. C'est une bâtisse sans doute édifiée sous Napoléon III... assez spacieuse... quatre pièces au rez-de-chaussée, plus la cuisine... deux chambres au premier. Les gens qui en sont les propriétaires actuellement, M. et Mme Chicha, ont modifié, on se doute, l'agencement du logis. Ils sont habitués aux touristes, aux autocars qui s'arrêtent devant la maison du crime. Eux, ça ne les impressionne plus du tout. Ils ont acheté cette maison comme résidence secondaire sans savoir que c'était la villa de Landru. Ils rentraient d'Algérie en 1962 après les événements que l'on sait. En faisant faire des travaux M. Chicha, un jour, s'est inquiété... Gambais, ça lui disait quelque chose. Même au-delà de la Méditerranée, on avait reçu des échos. Il a demandé aux ouvriers si ce n'était pas dans ce village que ce fameux Landru avait brûlé ses femmes.

– Mais, vous êtes dans sa maison... ici même.

Ce que lui a répondu l'entrepreneur qui dirigeait les travaux. Du coup M. Chicha ne remit plus les pieds dans la villa pendant deux ans. Jusqu'à ce que sa femme le persuade qu'ils pouvaient très bien venir passer leurs week-ends à Gambais. S'il fallait ne plus habiter les endroits où des crimes furent commis, on ne pourrait plus vivre que dans des bâtiments neufs.

Finalement, les époux Chicha se sont coquettement installés dans la maison du... ou plutôt des crimes. Sans mauvaise intention, le barbecue est situé à l'emplacement où était la fameuse cuisinière du cher M. Landru.

Une pelouse, un jardin, un verger, beaucoup de

verdure. On imagine que les dames arrivant là devaient être enchantées. Henri Désiré cultivait particulièrement les roses, ses fleurs préférées. Deux cœurs, une maison. Un feu aussi sans lequel l'histoire de Landru eût été changée. Dès qu'il eut loué *L'Ermitage* à un M. Tric, à Melun, sous le pseudonyme de Dupont, il achète cette cuisinière qui va s'attacher à sa légende, comme le cheval blanc d'Henri IV ou le chapeau de Napoléon, et il se fait livrer trois cents kilos de charbon. L'isolement de la villa, la cuisinière, le charbon, les achats de scies, de binettes, de serpes et de tenailles constituent des éléments de préméditation assez évidents pour nourrir plus tard le dossier de l'accusation.

*

L'Ermitage de Gambais va être inauguré par la veuve Berthe-Anna Héon, cinquante-cinq ans. Celle-là, Henri Désiré se la tient en réserve depuis août 1915, c'est-à-dire au moment où il s'occupait d'abréger l'existence de Mme Guillin.

Il ne tape pas dans les prix de Diane, notre Barbe-Bleue, ni dans les opulentes veuves. Berthe Héon est femme de ménage. On dit qu'elle paraissait plus que son âge... que la vie l'avait durement marquée. Elle avait perdu son mari, un amant, deux filles et dernièrement son fils tué sur le front. N'oublions pas la toile de fond historique de l'affaire Landru : la France sacrifiait chaque jour des milliers d'hommes en Champagne ou à Verdun. Une boucherie effroyable!

A l'avant, c'est donc la guerre de tranchées, la souffrance, la mort, la misère et à l'arrière, pour ceux qui savent profiter des circonstances, c'est le prolongement de la Belle Époque. On dîne chez *Maxim's*, et à Auteuil les élégantes se pendent aux bras des officiers planqués dans les bureaux.

Landru profite à sa façon de la conjoncture. Les hommes dans la force de l'âge sont en bleu horizon, postulants de la croix de guerre ou de la croix de bois. Ce barbu insignifiant, qui paraît hors d'état de servir la patrie, peut circuler à loisir... prendre des rendez-vous... se multiplier en galanteries... personne ne s'intéresse à lui.

Mme Héon, pour ajouter à son malheur, répond à la petite annonce de Landru. Il la sélectionne, catégorie *Intéressante... A répondre.* Inscrit de la sorte dans son carnet. Nom de code : *Havre...* Parce que cette triste Mme Héon est née là en 1860, sous le Second Empire.

Ce qu'elle a pour elle... aux yeux de ce pseudo Monsieur Petit, ingénieur?... Juste un mobilier. Dans son appartement rue de Rennes, elle a entassé les meubles de tous ses défunts. Landru se dira, par la suite, brocanteur, négociant en meubles. Pour sa défense, il expliquera que toutes ces dames volatilisées l'avaient chargé de revendre leur salle à manger et leur chambre à coucher. D'où cette remise à Clichy où l'on trouvera tant de pièces à conviction.

Landru pour Mme Héon est donc ingénieur. Il travaille en Tunisie et il dit être à Paris quelques semaines en congé. Avant de rejoindre son poste, il voudrait se marier. Donc c'est à prendre ou à laisser, si madame veut profiter de cette magnifique occasion! La malheureuse n'hésite pas, elle suit les instructions de son prétendant à la lettre. Elle lui confie ses maigres économies et ses meubles pour les vendre. Landru fait même appel à l'un de ses fils pour l'aider au déménagement avec une charrette à bras.

Ensuite on prend le train pour Houdan. « *Un Aller et Retour 3,85 francs. Un Aller 2,40 francs.* » Mme Héon va inaugurer la célèbre cuisinière. Nul ne la reverra plus vivante.

Sur les lieux, à Gambais, je me suis posé quelques questions. La villa est située environ à six kilomètres de la gare d'Houdan. Landru prenait donc un moyen de transport pour faire ce petit trajet. Une voiture à cheval sans doute, à l'époque il n'y avait pas de taxi. On n'a recueilli aucun témoignage du propriétaire de cette carriole qui aurait pu trouver étrange ce voyageur – avec lequel il bavardait forcément – qui venait à chaque fois avec une femme différente qui, elle, ne repartait jamais.

On a parlé aussi d'une automobile de Landru. Aux archives, il existe une photographie. S'il disposait de cette guimbarde pourquoi prenait-il le train? Et à supposer qu'il ait eu cette voiture uniquement pour faire le trajet gare-villa, où la laissait-il lorsqu'il retournait à Paris? Questions qui ne sont pas évoquées dans le dossier. Nous verrons, il est vrai, que celui-ci a sept mille pages. Les enquêteurs ont eu un tel travail qu'ils n'ont pas pu s'arrêter à tous les détails.

*

Cinquième gazelle au tableau de notre incomparable chasseur... Anne Collomb. Elle a quarante-quatre ans mais elle n'en avoue que trente-neuf, tant elle est mince, charmante et ne fait pas son âge.

A l'annonce du *M. seul et sans famille situation 4000, désire épouser femme ayant sit. en rap.*, elle a répondu qu'elle était veuve, sans enfant, qu'elle gagnait deux mille cent francs par mois et avait huit mille francs d'économie. Cette correspondance date de mai 1915, alors que le *M. seul* commençait à plumer la volaille Héon en attendant de la mettre au four. Toujours la même technique, préparer une affaire avant que la précédente ne soit terminée. On procède de la même façon lorsqu'on écrit pour le cinéma. Avant qu'un film ne soit tourné, il est préférable d'avoir signé un contrat pour un nouveau scénario.

Landru se présente à la sortie du bureau où Anne Collomb est employée dans une compagnie d'assurances. Pour faciliter les choses, il a pris le nom de sa première victime. Voilà... il est devenu M. Cuchet... toujours ingénieur... réfugié du Nord. (L'occupation des départements du Nord par l'armée du Kaiser facilite la tâche de l'escroc. Impossible de vérifier quoi que ce soit de ses affirmations.) La situation d'Anne Collomb est moins simple qu'elle ne l'avait laissé entendre dans ses lettres. Elle a un amant, mais celui-ci va très rapidement être écarté par Landru, ensorceleur patenté et champion toutes catégories des ébats sexuels. Plus grave... elle a une famille : mère, frères et surtout une sœur qui va jouer un rôle important dans le dernier chapitre de notre Barbe-Bleue modern style.

Urgence... écarter, éloigner la belle de tous ces gêneurs. Landru loue un appartement rue de Châteaudun. Il y entraîne Anne et lui montre ce qu'il sait faire dans un lit. Devenue folle d'amour, il n'a pas de mal à la persuader de quitter son domicile rue Rodier en emportant ses meubles et ses bibelots.

Deuxième temps... sur l'oreiller, entre deux folles étreintes, il lui murmure... il a du mal à lui avouer une chose pareille... mais il a actuellement quelques difficultés financières! Qu'à cela ne tienne, les économies d'Anne sont les siennes puisqu'ils vont se marier... que le chéri, le bel étalon, étouffe ses scrupules!

Pour la récompenser d'être si généreuse, Landru lui propose alors d'aller passer les fêtes de Noël dans un petit pied-à-terre, une bonbonnière de campagne qu'il possède en Seine-et-Oise.

Anne se pâme... quelle merveilleuse idée! Un Noël pour deux cœurs unis dans un grand amour.

Elle part le 24 décembre avec son Roi Mage qui reviendra à Paris le 27, seul avec son melon, son pardessus raglan pour aller distribuer les étrennes à sa famille... un peu d'argent, quelques cadeaux... un pendentif pour maman et quelques bricoles pour les petits... Papa est vraiment un chic type!

En dehors du mobilier, la conquête d'Anne Collomb a rapporté à Landru deux mille francs. Jamais il ne visera beaucoup plus haut. Beau faire, il restera un gagne-petit du crime... un besogneux.

*

Avec Andrée-Anne Babelay, on se demande si notre héros (ou anti-héros comme on dit dans nos rubriques cinématographiques) ne s'est pas converti au crime gratuit.

Elle ne lui rapporte rien celle-là. Pour cause, elle n'a pas dix-neuf ans et elle est bonniche chez une cartomancienne, rue de Belleville (que ne lui a-t-elle prédit l'avenir!). Elle n'a pas un rond, elle ne lit pas les annonces matrimoniales. Landru tout simplement l'a draguée dans la rue... il a fait ça dans les formes dont la petite n'a pas l'habitude. « Lucien Guillet. Votre serviteur! » En levant son chapeau.

A quoi rêve une petite bonne de cartomancienne en 1917? A un beau mariage, bien sûr! Gravitent autour d'elle du futur prolétaire, de l'apprenti boucher... des petits mectons de Belleville qui se donnent le genre voyou de barrière. M. Lucien Guillet, ah! c'est autre chose! S'il n'est pas, quant au physique, le prince charmant des romans de gare, lui, c'est un monsieur distingué. Il est ingénieur et il a même une maison de campagne. Landru enveloppe la gamine rapidos. Il l'a abordée dans la rue le 17 mars et le lendemain elle s'installe dans sa nouvelle garçonnière, rue de Maubeuge. A la bignole fureteuse comme toutes les préposées au gardiennage, il a cru bon de la présenter comme sa nièce. Landru sait qu'il vaut toujours mieux donner un os à ronger aux commères, même sous forme d'un gros mensonge, plutôt que de les laisser sur leur soif ragotière. On s'étonne qu'avec une telle psychologie, une telle acuité dans la connaissance des êtres, et surtout des femmes, il se soit contenté d'une carrière aussi peu reluisante.

Andrée-Anne quitte sa patronne, la tireuse de cartes, deux jours plus tard. Elle a rencontré quelqu'un de très bien... très riche... un vrai « *monsieur* »... un homme plus âgé qu'elle... N'empêche qu'il a dû bien la régaler puisqu'elle s'en dit amoureuse folle alors qu'elle ne l'a expérimenté que deux nuits.

Elle n'aura guère le temps d'en jouir davantage. La suite se résume par *l'Aller et Retour et l'Aller simple* dans les carnets du major Landru. La petite Andrée-Anne s'envole en fumée au paradis des jeunes filles trop crédules.

On se pose tout de même la question... le pourquoi de cet escamotage de Mlle Babelay? Pas un centime de bénéfice pour notre sordide séducteur. Un mystère... s'il ne s'agissait pour lui que de s'offrir un peu de chair fraîche après plusieurs menus un peu faisandés, pourquoi avoir conduit cette jeunette à Gambais? A-t-elle sur place découvert quelques indices ne lui laissant aucun doute sur les activités criminelles de son *vrai Monsieur*? Il se serait vu alors contraint de l'envoyer elle aussi se rendre compte si la cuisinière tirait bien!

On est d'autant plus surpris au sujet de cette sixième femme de Landru que c'est à peu près à cette époque qu'il rencontre Fernande Segret dans un tramway et qu'il va vivre avec elle, pendant plus de deux ans, un véritable roman d'amour. Il aura désormais trois comportements parallèles avec les femmes. Avec sa légitime celui d'un mari, sinon fidèle, du moins attentif à sa vie matérielle. Avec ses fiancées, on sait de quoi il retourne... ou du moins, on peut se permettre toutes les suppositions où l'horreur se mêle à la ladrerie... la vénalité la plus basse. Et puis voici Fernande et notre tueur se métamorphose en Tristan, en Lamartine au bord du lac. Pas question de *voyage sans retour* à Gambais, Fernande va avoir droit à toutes les générosités possibles de la part du grand méchant loup. Elle est couverte de fleurs, de petits cadeaux, de soupers fins, de sorties à l'Opéra et l'on découvre à cette occasion qu'Henri Désiré adore le *bel canto* et les poèmes d'Alfred de Musset.

Fernande, il est vrai, est une jolie femme. Les photos d'elle qu'on possède ne donnent peut-être qu'une faible idée de son charme. Aux assises, les chroniqueurs la dépeindront mince, les yeux tristes et rêveurs... la peau diaphane comme les hommes l'aimaient chez les femmes avant la mode du bronzage forcé.

Elle voulait faire une carrière de chanteuse, elle n'a pas réussi et lorsque Landru entre dans sa vie, elle est secrétaire dans une maison de commerce. Elle a déjà un fiancé mais il est au front comme tant d'autres. Landru aura tôt fait de la détourner de son pauvre soldat qui risque chaque jour sa vie pour la France. On est dans *Le Diable au corps* de Radiguet... Fernande se laisse prendre, cajoler, enjôler! Littéralement, Landru l'ensorcelle. Elle dira aux juges qu'il avait une force de persuasion extraordinaire... qu'il obtenait toujours tout ce qu'il voulait. Les confidences de Fernande Segret nous donnent quelques clés du personnage... les raisons qui ont pu conduire ses victimes jusqu'au terminus de Gambais. Cette volonté de puissance exceptionnelle.

Nous retrouverons la jolie Fernande un peu plus loin. Pour l'instant, elle est devenue la maîtresse privilégiée de notre Henri Désiré qui s'est présenté à elle sous le nom de Lucien Guillet, avec une profession pour le moins surprenante : inspecteur de police. Il jouait là avec le feu puisque c'est chez Fernande Segret que les véritables policiers viendront lui passer les menottes.

*

Numéro sept : Mme Célestine Buisson. La grande passion avec Fernande ne l'empêche pas de poursuivre sa série rose bordée de noir. Landru a toujours besoin de fric, chacun de ses crimes ne lui rapporte jamais assez pour qu'il puisse se mettre longtemps en roue libre.

Il est en relation épistolaire avec cette dame depuis deux ans, mais il l'a placée en R... c'est-à-dire en réserve. Elle n'est pas bien belle, Célestine. Elle a quarante-six ans... un peu d'argent à gauche... douze mille francs, écrit-elle... un magot qu'elle n'écorne pas puisqu'elle vit en faisant des ménages. Elle a écrit au *Monsieur 47 ans désireux d'épouser une femme sérieuse*, et celui-ci la rencontre et l'inscrit dans son fichier avec ces indications : *A un fils, 19 ans au front. Une ou deux sœurs. A été mariée à un hôtelier. A emporté le magot et les meubles au décès du vieux. Jalousie de famille.*

Le ton de la note laisse présager la suite. En tout cas, il est brutal, cynique. Là, l'influence d'Alfred de Musset n'est plus très perceptible.

Une des deux sœurs de Célestine s'appelle Mlle Lacoste. Elle va jouer un rôle néfaste pour notre héros. Malgré toute sa prudence, il ne pourra l'écarter comme une fiancée. Au cours d'un petit voyage, elle suivra même sa sœur jusqu'à Gambais.

Peu de temps après leur première rencontre, Mme Buisson rapplique avec son mobilier dans un nouvel appartement, boulevard Ney, que Landru a loué sous le nom de Lucien Frémyet.

On s'y perd un peu avec tous ces domiciles et ces pseudonymes. Comment Landru arrivait-il à ne jamais se couper, confondre un prénom, une situation sociale? Il faut croire qu'il était attentif comme un agent du contre-espionnage.

En août 1917, il est à sec... il a un besoin urgent des douze mille francs d'économies de Célestine. Alors, il précipite le mouvement. Le 19 août son carnet indique : un « *A et R 4,95 francs, un A 3,10 francs* ». Il revient quelques jours plus tard, met de l'argent sur son compte en banque, rend visite à sa famille à laquelle il donne la becquée et emmène sa belle Fernande à l'Opéra-Comique, histoire de se changer les idées.

Pour Louise-Joséphine Jaume, le diable va se faire sinon ermite, tout du moins excellent catholique. L'éducation chez les bons pères finit toujours par porter ses fruits.

Louise-Joséphine a trente-six ans. Elle n'est pas veuve mais *séparée* d'un mari fruste qui s'était comporté bestialement pendant leur nuit de noces. Au point que dès le lendemain Louise-Joséphine s'enfuyait du domicile conjugal. Mais elle reculait devant le divorce en raison de ses convictions religieuses. Très pratiquante elle ne ratait jamais sa messe dominicale. Elle s'efforçait depuis dix ans d'obtenir de Rome l'annulation de son mariage. En prévision d'un heureux dénouement de ce problème, elle lisait tout de même les annonces matrimoniales. Elle recherche un époux digne d'elle pour fonder un foyer chrétien. On peut dire qu'elle a la main heureuse, que le ciel protège cette sainte femme le jour où elle répond à notre barbu lubrique!

Premier rendez-vous au Bois de Boulogne. Landru se présente comme Lucien Guillet, enseignant. Comme il a bien lu la réponse de la dame, il comprend de quoi il retourne et il sait exactement de quelle musique il doit jouer. Religieuse. Il est enseignant, oui, mais dans les écoles chrétiennes. Il attend d'ailleurs un poste au Canada... l'occasion pour Mme Jaume de quitter sa famille pour longtemps en laissant une adresse qui peut se perdre pendant le voyage.

Ah! ils communient en Jésus-Christ tous les deux! Elle lui laisse entendre qu'à part cette nuit de noces où son affreux époux l'a déflorée comme un taureau le fait à une vache... n'est-ce pas, elle est pure. Lucien Guillet, aveu pour aveu, lui raconte qu'il a eu autrefois la vocation et a été séminariste... que longtemps il a hésité à devenir prêtre et qu'il a renoncé dans un souci d'exigences profondes... un conflit intérieur douloureux. Landru sait qu'il lui faut prendre son temps avec cette femme pieuse et investir dans des dépenses inattendues. Dans son petit carnet, il note à la rubrique *Jaume* qu'il désigne dans son code sous le nom de *Lyane : Quête église : 0,10 francs... Lyane, tronc Sacré-Cœur : 0,15 francs... arrêt au Sacré-Cœur : 0,15 francs.* Ils prient ensemble, ils visitent les édifices religieux... ils se tiennent par la main devant l'autel du Seigneur, mais ça finit tout de même au plumard! Lucien a reçu sa nomination au Québec, Louise-Joséphine est rassurée et elle succombe au péché de la chair avant que le Seigneur ait béni son union. Landru a dû nager dans les eaux bénites pendant plus de six mois pour aboutir à ses fins. Il n'est pas un bovidé en rut comme M. Jaume... il a de la technique, ça, on en est certain. De quoi vous métamorphoser une dévote en prêtresse d'un temple d'amour. Pas le temps de parvenir jusqu'à de pareilles dépravations. Son amant est maintenant pressé de partir au Canada... qu'elle vende donc ses meubles, liquide son compte de chèques postaux et vienne à Gambais passer encore une nuit folle avant de s'embarquer pour le Québec. Et l'âme pure de Louise-Joséphine s'envola vers le Seigneur, dans les fumées de la cuisinière maudite un jour de fin novembre!

*

Changement de registre avec Anne Pascal. Elle, c'est la veuve joyeuse! Une Méridionale au tempérament volcanique. L'enquête trouvera trace de ses nombreuses liaisons. Elle est employée dans une maison de confection du Sentier et elle a, comme les précédentes fiancées, des meubles et quelques économies.

A trente-six ans, elle pense maintenant à se caser... à se trouver un mari pour les années à venir qui vont la conduire à la vieillesse. Elle se plonge alors dans les petites annonces matrimoniales. Celle d'un M. Louis de Barbezieux l'accroche. Elle le rencontre, il est barbu, il a l'œil conquérant avec un rien de mystère qui pique sa curiosité. En outre, il se dit propriétaire d'un garage à Djibouti... actuellement en congé colonial. Djibouti ajoute un brin d'exotisme à l'aventure.

Le soir même de la rencontre, Anne Pascal n'en finit plus de jouir dans les bras de M. de Barbezieux. Question orgasme, comme disent nos compagnes libérées, elle est servie à satiété, mais c'en est fait d'elle. Gambais l'attend avec son petit verger, ses roses et la cheminée de la villa qui tire si bien. Butin de l'opération Pascal : *Un parapluie 5 frs; un lit en fer 35 frs; un tapis 12 frs; un dentier 15 frs.* On tombe carrément dans le marché aux puces et ce dentier refourgué quinze balles indique tout de même que la pétulante Anne Pascal n'avait pas conservé toutes les grâces de sa jeunesse. Ces indications sont consignées dans les carnets de Landru à la date du 15 juin 1918. Il y est précisé qu'elle avait pour partir à Gambais un tailleur et un sombrero.

J'aurais pu citer la dernière fiancée de Landru dans *La Fermeture*, mon livre sur les maisons closes.

Marie-Thérèse Marchadier est une ancienne pute devenue taulière à trente-sept ans, ce qui est assez jeune dans la profession. Elle est surnommée *la Belle Mithèse* et elle tient une petite maison de passe plutôt qu'un véritable bordel rue Saint-Jacques. Prise d'envie de respectabilité, *la Belle Mithèse*, en douce, lit elle aussi les annonces matrimoniales. Elle en a marre d'exploiter le vice... de toutes ses filles qui vont et viennent dans son hôtel avec des clients quelquefois un peu désaxés. Il lui faut un type sérieux avec lequel, après avoir quitté le monde du proxénétisme, elle pourrait finir ses jours. Tout comme Mme Pascal et Mme Jaume dans un autre style.

La suite s'appelle Gambais. Elle a rencontré, dit-elle, à ses amies :

– Un vieux très chic qui possède plusieurs châteaux. Je vais partir avec lui pour vivre dans un de ses domaines en Ile-de-France!

Comme quoi on peut être une femme qui a l'expérience des hommes... une bonne mère maquerelle et se faire avoir comme une débutante par le premier escroc venu... mais il est vrai que Landru n'est pas d'une espèce si courante! Marie-Thérèse, qui en a pourtant vu d'autres, tombe sous son baratin et sous son pouvoir sexuel comme n'importe quelle *honnête femme*. Elle s'enthousiasme si rapidement qu'en quelques jours elle vend son hôtel, son mobilier et prend le chemin de Gambais le 13 janvier 1919 avec ses huit mille francs d'économies et trois petits chiens, Rita, Cléo et Aramis dont elle ne peut se séparer.

Eux, on les retrouvera, les clébards... enfin leurs cadavres enterrés dans le jardin de *L'Ermitage*. Landru avouera contre toute vraisemblance les avoir tués à la demande expresse de Mme Marchadier qui ne pouvait plus les nourrir parce qu'ils lui revenaient trop cher. Il ajoutera et c'est significatif :

– Je les ai étranglés, c'est la plus douce des morts.

Réponse qui appelle la réflexion. On est en droit de se demander s'il n'a pas donné à toutes ses fiancées cette même mort si douce!

*

Maintenant la Première Guerre est finie et déjà s'agite en Bavière un futur grand criminel à petites moustaches qui, celui-là, va nous faire passer de l'artisanat de Landru à la grosse industrie des fours crématoires d'Auschwitz.

Landru avec Marie-Thérèse Marchadier a mis fin à sa carrière. Ce n'était pourtant pas son intention puisque les policiers intercepteront, après l'arrestation de Landru, un pneumatique, adressé à M. Lucien Guillet, d'une certaine Nini qui lui donnait rendez-vous aux Invalides et se faisait une joie d'aller passer quelques jours à Gambais. J'allais écrire Nini a eu chaud... c'est le contraire, elle n'a pas eu le temps. Toute sa vie sans doute fut marquée par cette anecdote.

Landru, début 1919, file le parfait amour avec Fernande Segret. On se demande ce qui lui trotte dans la tête, il n'est pas si inconscient pour ne pas imaginer que le moindre hasard malencontreux peut mettre fin à sa petite entreprise de liquidateur de dames. Fernande rapportera à l'instruction que son amant lui a dit un jour : « Pour moi, la guerre a fini trop vite. » Il n'est pas le seul, toutes sortes de trafiquants, de profiteurs ont vu le 11 novembre 1918 s'envoler de jolis négoces qui leur permettaient de s'enrichir à l'arrière des champs de batailles.

Mlle Lacoste, depuis la disparition en 1917 de sa sœur Célestine Buisson, s'inquiétait de plus en plus. Elle lui avait écrit à Gambais chez M. Frémyet, et n'avait jamais reçu de réponse. Pourtant elle était venue un dimanche voir sa sœur et son fiancé dans cette villa éloignée du centre, au bord de la route... non loin du cimetière, entourée d'un jardin, etc.

Ce qu'elle expliquait dans une lettre au maire de Gambais en janvier 1919 au moment où *la Belle Mithèse* s'envolait au paradis où, comme chacun sait, les filles repenties vont à la droite du Père éternel.

Quelque temps auparavant, le maire avait reçu une lettre du même genre. Une famille Pillot s'inquiétait du sort d'une dame Collomb. Il répond donc à Mlle Lacoste qu'il ne connaît ni M. Frémyet, ni Mme Buisson. La villa qu'elle a décrite en bordure de la Nationale 183 ne peut être que celle que M. Tric a louée à M. Dupont.

A toutes fins utiles, il signale à Mlle Lacoste qu'il a reçu d'une famille Pillot une lettre semblable à la sienne au sujet d'une Mme Collomb. Il ne peut rien faire de plus, M. le maire de Gambais, que de mettre ces gens-là en rapport les uns avec les autres. Avec ses sentiments dévoués et républicains... etc.

Tenace, Mlle Lacoste va voir les Pillot et on s'aperçoit alors que Mme Collomb a le même fiancé que Mme Buisson... un barbu chauve, mince et courtois. Un même homme avec deux noms différents et deux fiancées disparues, c'était de plus en plus angoissant et ça devenait du ressort de la police.

En conséquence, les deux familles vont porter plainte contre X au Parquet de la Seine. Au service des recherches dans l'intérêt des familles, c'est-à-dire des personnes disparues sans laisser d'adresse.

Là, on a toujours eu du boulot sur la planche aussi bien en 1919 qu'en 1989. Des barbus, on en voyait à tous les coins de rue à cette époque. Barbus : Poincaré, Doumer, le général Gouraud, Fallières, trois cents députés, quatre cents sénateurs... un signalement pareil, c'était celui d'un mouton frisé dans un troupeau. C'est Landru qui sera responsable du déclin de la barbe dans la mode masculine.

On refile l'affaire à Jules Belin, jeune inspecteur à la Sûreté nationale. C'est un consciencieux Belin, un tenace... grâce à l'affaire Landru, il va se trouver sous les projecteurs de la célébrité, mais de toute façon, il n'était pas flic appelé à végéter au contrôle des garnis...

Il reçoit les plaignantes et ensuite se prend lui aussi un aller et retour pour Gambais. Il découvre *L'Ermitage* au toit d'ardoise, protégé des regards indiscrets par une haie de fusains. Les volets sont clos, la grille fermée. Au village, il glane quelques renseignements. Oui, on a bien remarqué la barbe du locataire de la villa. Un homme petit et maigrichon qui ne parle à personne. (Mauvais point à la campagne, les gens qui ne parlent pas!) Il a toujours un melon et une gabardine genre anglais. Il arrive d'Houdan quelques fois avec une femme, jamais la même et il repart sans elle. Il n'ouvre pas les volets et il fait toujours du feu, même en plein été.

Certains ajoutent que la fumée qui sort de sa cheminée est noire, épaisse et qu'elle pue.

Belin note tous ces renseignements et se rend à Melun chez M. Tric, le propriétaire de la villa. Celui-ci n'a jamais rencontré son locataire qui paie ses termes par mandat... Le bail est au nom de M. Dupont... Route de Carnetal à Rouen.

On ne connaît pas de Dupont barbu, à Rouen... l'adresse est bidon. Belin respire cette fois le coup fourré. Il va se mettre en chasse, persuadé qu'il tient sans doute un bel escroc au bout de sa canne à pêche... voire une sorte de proxénète qui expédie les femmes découvrir les joies de l'amour en Argentine. Un commerce qui se pratiquait beaucoup entre 1910 et 1935, on appelait ça *la remonte*[1]. Les prostituées françaises étaient très largement représentées sur le marché sud-américain. La clientèle des pampas les appréciait particulièrement.

Au fond, Belin ou pas... le limier de la Sûreté aurait pu rester en expectative sur ses pistes sans la collaboration du hasard. Une amie de Célestine Buisson avait rencontré Landru, *alias* Lucien Frémyet... une Mme Bonhoure avec laquelle elle était très liée. Ce fiancé n'avait pas produit sur elle un effet aussi foudroyant de séduction que chez les autres femmes. Quelque chose en lui l'inquiétait sans qu'elle sache dire très exactement pourquoi. Affaire d'intuition.

Sans nouvelles de Célestine, elle nourrissait à son sujet des présomptions plutôt sombres.

Et voici que Mme Bonhoure, passant rue de Rivoli le 11 avril 1919, retapisse le fiancé de Célestine qui sort d'un magasin de faïence et de porcelaine. Toujours fringant... le melon... la barbe fière. Aussitôt, elle le prend en filature. Ce travail de flic est difficile pour une femme, surtout comme elles s'attifaient encore juste après la guerre de 14, avec des jupes longues, des chapeaux invraisemblables perchés sur de savants chignons, enserrées dans un corsetage de supplice.

Landru s'aperçoit-il qu'il est suivi? Possible, il est comme un animal toujours aux aguets... n'importe, au Châtelet il saute dans un autobus et Mme Bonhoure reste sur le trottoir. Elle rage et se précipite néanmoins chez la sœur de Célestine, Mlle Lacoste, qui habite tout près, rue du Plâtre. Cette dernière vient justement d'être entendue la veille par l'inspec-

1. *Faire la remonte* : pour un proxénète recruter des pensionnaires de maisons closes. Argot en désuétude depuis la fermeture des bordels en 1946.

teur Belin qui lui a laissé son numéro de téléphone à toutes fins utiles.

Belin, prévenu, envoie un collègue aux *Lions de faïence*, le magasin d'où sortait le suspect. Et là, coup de pot!... ce client si distingué, si chauve, si barbu s'appelle Lucien Guillet et il a laissé quatre-vingts francs d'arrhes pour un service de table qu'on doit lui livrer à son domicile, 76, rue de Rochechouart dans le IXe arrondissement.

La machinerie policière, cette fois, se déclenche. Belin en réfère à son supérieur, le commissaire Dautel. L'affaire est vraisemblablement assez grave pour justifier une descente en règle, rue de Rochechouart.

Seulement, il est déjà tard ce jour-là et la loi interdit les arrestations à domicile après le coucher du soleil. Qu'à cela ne tienne, Belin et un collègue, l'inspecteur Brandeberger, vont planquer dans l'immeuble. Ce qui veut dire passer la nuit dans l'escalier qui conduit à l'appartement de ce soi-disant M. Guillet. Par la concierge, on a su qu'il vivait là depuis octobre 1917 en compagnie d'une jeune femme.

A six heures du mat, l'heure légale, les condés sont là avant le laitier ou le facteur. M. Guillet ouvre sans faire trop d'histoires. Face à Belin qui décline sa fonction, Landru reste calme. Il a l'air d'un tout petit bonhomme dans son pyjama trop grand. Sa barbe est si belle qu'on la dirait fausse. Apparaît derrière lui la silhouette d'une jeune femme blonde, mince, aux yeux étonnés.

La scène a été maintes fois rapportée. Les versions diffèrent. On a dit que Fernande s'était évanouie... Que Landru avait menacé les enquêteurs de porter plainte pour violation de domicile. Les uns le disent furieux, les autres ne se départant pas de son flegme. La suite penche en faveur du sang-froid. Dès qu'il sera dans les locaux de la première brigade mobile, le sire de Gambais paraîtra indifférent à ce qui lui arrive.

Aucun sentiment chez lui d'une chute, d'une déchéance. Il est imperturbable, sûr de son innocence qu'il proclame envers et contre tous, mais sans en rajouter, sans faire d'esclandre. Dans le bon ton, si l'on peut dire. Landru n'est pas un romantique du crime, c'est un classique. Il a joué, il a perdu, il n'a pas le temps, ni le tempérament à avouer ni à se repentir. Il acceptera le châtiment comme un mauvais moment à passer.

On parle de son sens de l'humour noir. Il a certes quelques belles reparties, mais elles viennent comme ça, il ne recherche pas l'effet... Tout à fait naturellement il engage ce petit dialogue avec l'inspecteur Belin dans le vestibule de l'appartement.

– Veuillez nous suivre, Monsieur, au siège de la brigade mobile.

– Pour quel motif?

– Assassinats.

– Vous faites erreur, monsieur l'inspecteur.

– Je ne pense pas... Assassinats au pluriel.

– Alors, avec un « s », conclut Landru.

Belin l'embarque ainsi que Fernande au sujet de laquelle il se pose la question de savoir si elle est là comme future victime ou comme complice. Landru demande pour lui et sa compagne un moment pour s'habiller décemment. Pendant le trajet jusqu'à la rue Greffulhe, Landru ne dira plus rien. Il s'est juste contenté de chantonner à l'adresse de Fernande en quittant la salle à manger : *Adieu notre petite table*, un air de *Manon*, qu'ils avaient vu ensemble à l'Opéra-Comique.

Le commissaire Dautel, le patron de la brigade, conduit personnellement le premier interrogatoire. Landru commence par tout nier. Il n'a rien à voir avec messieurs Frémyet, Cuchet ou Dupont. Il déclare s'appeler Lucien Guillet, né à Rocroi en 1874 (il s'est rajeuni de cinq ans pour Fernande). Il sait pourtant que cette fausse identité ne tiendra pas la route longtemps mais en vieil escroc, il sait aussi qu'avec la police, il faut toujours gagner du temps.

Au sujet de mesdames Collomb et Buisson, il admet tout de même les avoir connues...

– Oui, je les ai rencontrées.

Il parle d'elles comme de personnes qu'il aurait entr'aperçues. A peine des relations.

– Que sont-elles devenues? demande le commissaire.

Landru se cabre et, jusqu'au bout, il gardera la même attitude lorsqu'il s'agit de ses victimes.

– Ces dames ne m'ont pas été confiées. Si elles ont disparu, c'est à la police de les rechercher.

Certes, il va très vite être obligé de reconnaître ses mensonges puisqu'il a même dit à Fernande qu'il était inspecteur à la P.J. Il met ça sur le compte de la diplomatie. « Avec les femmes, il ne faut jamais dire ce que l'on fait exactement. » Dans son cas, il s'agit tout bonnement d'une nécessité.

La première partie de l'interrogatoire est courtoise. Les flics laissent à Landru l'impression qu'il mène un peu le jeu, et, tout à coup, on passe aux choses sérieuses : la fouille. Le suspect est prié de se mettre à poil... C'est un vieux procédé de police qui place celui qu'on interroge dans une situation d'infériorité propice aux aveux. On va aussi relever ses empreintes digitales. Bien vite, un sondage aux sommiers judiciaires va ramener dans les bureaux de la première brigade la fiche d'un escroc récidiviste en cavale nommé Landru Henri Désiré. Pas un très gros gibier *a priori* mais un personnage qu'on va avoir le temps de décortiquer.

Et maintenant ça va être d'une facilité incroyable pour les enquêteurs... Dans ses poches, ils ont trouvé un agenda et ce fameux petit carnet qui va le conduire à la guillotine plus sûrement que des aveux arrachés dans le feu d'un passage à tabac.

Cuchet, J. idem, Brésil, Crozatier, Havre, Collomb, Babelay, Buisson, Jaume, Pascal, Marchadier... tous ces noms sont dans le carnet. Stupéfaction des flics. Il y a là les noms de Mmes Collomb et Buisson au milieu de cette liste d'une calligraphie appliquée. Le commissaire Dautel lance tout à trac :

– Ces noms sont ceux de vos victimes? N'est-ce pas? Vous avez tué onze personnes?

– Avouez, monsieur le Commissaire, que je serais un assassin bien imprudent si j'avais ainsi noté tous mes crimes.

Ce que Landru répond et qui semble le bon sens même. Seulement, on est dans une histoire à la fois sordide, invraisemblable... avec un coupable qui défie toutes les explications rationnelles. Tout a été dit sur cet aspect... Certains criminels laissent des traces évidentes de leur culpabilité pour attirer sur eux le châtiment d'une façon inconsciente mais dans une démarche qui s'apparente à celle de Raskolnikov. Mais Landru, lui, a tout noté, tout mis en fiches parce qu'il était avant tout un petit bureaucrate comme d'autres criminels sont artistes ou vagabonds.

Astucieusement, en répondant de la sorte au commissaire, de cette faiblesse, cette manie stupide, après en avoir subi les conséquences qui vont le confondre sur toute la ligne... il en tire une espèce de défense.

« Je ne suis pas si bête... C'est trop absurde! »

Cependant il ne saura jamais trop dire le pourquoi cette liste... et ces fichiers qu'on va bientôt découvrir en perquisitionnant rue de Rochechouart... puis, par la suite, cette réserve de meubles à Clichy. Il ne daignera pas donner l'once d'une explication.

D'autres policiers ont interrogé Fernande Segret à part dans un autre bureau. Elle n'y comprend rien. Son amant est un homme de qualité, un poète... un mélomane. Tout ce qu'on raconte est inimaginable. On le calomnie. C'est une machination!

Le commissaire Dautel, convaincu de sa bonne foi, va la relâcher le soir même. A ce moment, il n'a pas encore très bien compris qu'elle était une exception dans la collection du Barbe-Bleue de Gambais. Il pense qu'elle l'a échappé belle... qu'un jour ou l'autre elle aurait rejoint les autres sur le petit carnet.

Fernande restera fidèle à Landru jusqu'au bout. Elle mourra très vieille et sans renier son roman d'amour.

Les flics la libèrent peut-être un peu hâtivement. Elle est tellement attachée à son amant qu'on peut imaginer qu'elle était capable d'aller effacer quelques traces... escamoter quelques pièces compromettantes. Pourquoi pas? Une femme folle d'amour est capable de tout. A-t-elle cru vraiment que Landru pouvait être innocent? Peut-être n'en était-elle pas si convaincue, ce qui ne l'empêchait pas de l'adorer. Toutes ces choses du sentiment et du sexe sont toujours difficiles à démêler.

Ce premier jour d'enquête passe inaperçu dans la presse... quelques lignes, en dernière page, annonçaient dans *Le Petit Journal* l'arrestation d'un escroc plusieurs fois condamné, qui utilisait de nombreuses identités pour gruger ses victimes. Un certain Henri Nandru, né à Paris en 1869.

En quelques jours la faute allait être corrigée. Le *L* rétabli, le nom de Landru s'étalera à la une de tous les quotidiens et bientôt on le chansonnera... puisqu'en France tout finit par des chansons. On le comparera aux plus illustres criminels... la légende s'emparera de lui... il deviendra un mythe comme Mandrin, Cartouche ou le marquis de Sade. Et surtout, fait unique dans les annales de la criminalité, il fera rire.

A la première brigade, les indices s'accumulent. On a la preuve qu'il a usurpé plusieurs identités, qu'il est un vieux cheval de retour, qu'il a promis le mariage au moins à Mme Collomb et à Mme Buisson. Les témoignages des familles l'accablent. Il fait marche arrière devant toutes ces évidences. Escroc il l'a été, il l'est, il l'admet... mais on sait bien que les escrocs sont trop intelligents pour tuer. Fatigué, il coupe court à l'interrogatoire... il ne parlera qu'en présence de son avocat et, en attendant, il décide de se taire. « Faites la preuve que j'ai tué et bon courage. »

Les flics eux aussi sont fatigués, ahuris par tant d'énigmes, de contradictions et ils sentent qu'ils ne sont pas au bout de leurs peines, alors ils acceptent cette trêve.

Landru a faim... d'ordinaire ce n'est pas un gros mangeur, mais il a besoin de reprendre des forces. Il mange de bon appétit un demi-poulet froid, il boit un café et, à la stupéfaction des hommes de la première brigade mobile... il pose les bras sur la table... puis la tête et s'endort comme un voyageur dans la salle d'attente d'une gare. Au bout de quelques minutes, il ronfle.

A partir du lendemain, la police fait du forcing. Elle n'en finit plus de perquisitionner, de convoquer les témoins et l'on va de surprise en surprise.

Bien entendu, Landru a été inculpé... les motifs ne manquent pas... usage de fausse identité... escroqueries... abus de confiance... etc. Pour ce qui est des meurtres, on a la préméditation mais on manque de cadavres. On en manquera jusqu'au bout. Le nœud de l'affaire, jamais vraiment dénoué, est là.

Le juge Bouin chargé de l'instruction envoie des commissions rogatoires partout. On fait une première perquisition à Gambais. *L'Ermitage* est fouillé minutieusement. Sous un tas de feuillages, on découvre trois cadavres de chiens. A ce moment-là on ne sait pas encore que ce sont ceux de Marie-Thérèse Marchadier, la dernière victime de Landru. Celui-ci ne daigne pas s'expliquer, il attend toujours son avocat, maître de Moro-Giafferi qu'il a choisi pour assurer sa défense.

*

Finalement cette première perquisition à Gambais le 13 avril n'apporte rien de très positif pour la police, elle se contente pour le moment de ces trois cadavres de chiens et le commissaire Dautel commet l'erreur de ne pas apposer les scellés à la grille de la villa.

Pendant douze jours, des curieux venant du pays ou même de Paris vont visiter la villa du crime pour emporter des souvenirs... une poignée de porte, des fleurs... des bouts de tenture. Ce qui permettra à la défense de jeter un doute sur les résultats de la deuxième perquisition le 25 avril où l'on trouvera des débris d'ossements humains dans la cuisinière. Landru parlera de machination policière où l'on aurait introduit des fragments de squelettes humains dans les cendres pour le confondre.

– Une nouvelle affaire Dreyfus, dit-il au juge d'instruction.

Une quittance de loyer au nom de Frémyet trouvée rue de Rochechouart a conduit la police dans la remise de Clichy, 28, rue Morice. C'est là qu'il entrepose tout, Landru, depuis plus de quatre ans... ce qui reste du pillage de ses victimes. Un fourre-tout dans lequel on va retrouver des chaises, des lits, des fauteuils, armoires, tables de nuit... ayant appartenu à Mmes Jaume, Pascal, Collomb, Cuchet, etc. Dans les commodes s'entassent des paperasses, livrets de caisse d'épargne, acte de mariage et de baptême... toutes sortes de pièces d'identité. De quoi reconstituer comme un puzzle toute la tapisserie criminelle de celui qui va devenir en quelques jours le plus grand assassin de France. On ajoute au sordide en répertoriant dans le bric-à-brac de Clichy... des fringues... robes, jupes, chemisiers, des corsets, soutiens-gorge, fers à friser... une moumoute et le dentier d'Anne Pascal.

Landru fourguait petit à petit tout ce qui pouvait se revendre. Pas de petit profit. Il dira que ces dames l'avaient chargé de liquider leurs biens. Pourquoi? Il se retranchera derrière ce qu'il appelle « les secrets de la vie privée ». Bien piètre argument de défense.

Tout le confond... les présomptions s'accumulent. M. Bouin, le juge d'instruction, l'inculpe de onze meurtres. La presse tient maintenant son grand fait divers. « *Un nouveau Barbe-Bleue* », « *Le mystère de la villa de Gambais* », « *L'ingénieur Landru soupçonné d'avoir assassiné plusieurs femmes* ».

L'affaire va tellement accaparer la une des journaux qu'on ira jusqu'à soupçonner Georges Mandel, le chef de cabinet de Clemenceau, d'avoir monté un véritable roman policier pour masquer l'incapacité du gouvernement à obtenir des conditions dignes du sacrifice des Français (un million cinq cent mille morts) au traité de Versailles. Certes, les discussions avec nos alliés – surtout les Américains – sont difficiles, la suite nous prouvera que la paix de Versailles porte en gestation un nouveau conflit, mais il relève de la plus haute fantaisie de penser que le gouvernement se serve de Landru comme fumigène.

L'évidence, c'est que le public en redemande. Tout y est, la villa maudite... la fumée qui s'échappe de la cheminée... le barbu tueur de femmes qu'on imagine plus ou moins sadique. Dans le style *Fantomas*, les chroniques de l'époque vont s'en donner.

*

Arrive sur l'avant-scène maître de Moro-Giafferi. En 1919, il a la quarantaine... il est déjà un des plus grands avocats du barreau de Paris. Son nom est attaché à bien des causes célèbres, entre autres celle d'Eugène Dieudonné, l'innocent de la bande à Bonnot. L'affaire Landru va lui donner une audience internationale. Pour toujours il restera l'avocat du sire de Gambais, au point que lorsqu'on suggérera en 1945 à Pétain de le prendre comme défenseur, le vieux maréchal répondra, indigné : « Vous ne me prenez pas pour Landru! »... Moro va donner toute la mesure de son talent avec une défense aussi difficile que celle de Landru.

Le 29 avril, il est là avec son jeune stagiaire, maître Novière du Treuil, pour la grande perquisition à Gambais. Tout le Parquet s'est déplacé, outre le juge d'instruction, il y a là le substitut du procureur de la République, le docteur Paul, célébrité de l'Institut médico-légal, le directeur de l'identité judiciaire, le patron de la Criminelle et ses assistants parmi lesquels l'inspecteur Belin.

Cette fois, on va tout fouiller minutieusement, on va retourner la terre, on va ratisser les moindres parcelles du jardin...

On vide soigneusement la cuisinière de ses cendres et on recueille de minuscules débris d'or calcinés. Les cendres passées au crible donneront un kilo quatre-vingt-seize d'ossements humains... cent trois débris de crânes, de phalanges, de rotules et de pieds. On peut penser alors que Landru ne brûlait dans son fourneau que des têtes, les mains et les pieds. Sans doute afin qu'on ne puisse pas identifier ses victimes. Ce qui implique qu'il se *débarrassait autrement* des troncs et des membres. De là toutes les suppositions. On a dragué tous les étangs du voisinage de Gambais et de Vernouillet comme on a fouillé le cimetière jouxtant la villa... les champs... les bois. On a pensé, en dernier ressort, qu'il avait pu revêtir les cadavres de capotes de soldat (on en avait trouvé un stock dans le garage de Clichy) pour aller ensuite les déposer dans les charniers militaires... ceux de la bataille de la Marne en particulier. Simple suggestion... mais le transport paraît glandilleux dans cette entreprise de pompes funèbres. Landru véhiculant ses victimes dans une vieille guimbarde était à la merci de contrôles militaires assez fréquents pendant cette période de guerre.

De toute façon, il se livrait à un travail de boucher cuisinier peu ragoûtant, monstrueux. Le gentleman barbu se métamorphosait alors en personnage de cauchemar. On a beau lui trouver une silhouette comique, s'amuser de ses reparties pendant le procès, on ne peut oublier ce petit dépeceur sinistre avec ses scies, ses marteaux... le sang qui dégouline, les odeurs. Sous quel éclairage se déroulaient ces scènes d'épouvante?

Difficile qu'on ait pu faire brûler des têtes sinon des corps dans une cuisinière d'aussi petites dimensions.

Pourtant le docteur Paul va se livrer à des expériences qui seront concluantes. Une tête de mouton brûlera en une heure avec moins de deux kilos de charbon. Il affirmera qu'un cadavre d'environ cinquante kilos pouvait être calciné en vingt-quatre heures. Un gigot de mouton de deux kilos cinq cents sera consumé en un peu plus d'une heure.

Bien sûr, on a retrouvé dans toute la paperasserie de Landru les traces de ses séjours à Vernouillet, les quittances de loyer de la villa *The Lodge*. Les experts de la police scientifique s'y rendent avec leurs instruments d'investigation. Il est un peu tard, la dernière victime disparue à Vernouillet, Mme Guillin, y a fait son dernier voyage en août 1915. On ne récolte dans le jardin que des épingles à cheveux... des morceaux de corset et des chaussures féminines à demi brûlées. Toujours ça... la police ne néglige rien! Elle entend surtout toutes sortes de témoins qui, tout à coup, se souviennent de tas de détails... que le barbu venait avec beaucoup de femmes... des jeunes, des vieilles, des grosses, des maigres... et dans son jardin il faisait du feu et que la fumée sentait la graisse brûlée.

L'instruction va durer deux ans. Peu à peu, on reconstitue toutes les péripéties de l'affaire. Les preuves s'amoncellent... les présomptions les plus terribles... de multiples indices... les plus affreux doutes... un réseau de témoignages, de charges, de pièces à conviction. Mais il manquera l'essentiel... les cadavres et les aveux du coupable. A toutes les questions, Landru oppose toujours ce fameux mur de la vie privée qu'un homme d'honneur ne peut violer. Toute sa défense reposera en définitive sur l'idée que c'est à la Justice d'apporter la preuve de sa culpabilité. Et sans le corps de ses victimes, il sait qu'il n'y a pas de preuve absolue.

*

Sa célébrité, maintenant, dépasse celle des plus grandes vedettes. Il est presque tous les jours à la une des journaux, au fur et à mesure que l'enquête découvre de nouveaux éléments pour l'accabler. Aux élections législatives de 1919 plus de quatre mille bulletins de vote portent le nom de Landru. On chante encore aux coins des rues en s'accompagnant à l'orgue de Barbarie *La complainte des assassins* comme dans la France du XVIIIe siècle :

A m'sieur Landru qu'a des passions
Que lui faut-il comm' distraction
Une femme...

L'opinion se passionne, se divise à son sujet et un clan se forme de landruistes... ceux qui soutiennent la thèse de son innocence. Phénomène curieux qui prolonge sa carrière de don juan... les landruistes les plus acharnés sont en grande majorité des femmes. Le procès va en attirer lui aussi de nombreuses. Elles seront là chaque jour devant le Palais de Justice comme pour un chanteur de charme. Que s'attendent-elles à voir sinon ce petit bonhomme à la barbe noire, au teint cireux? Les chroniqueurs vont parler de son regard mais dans une salle de cour d'assises peu de gens sont bien placés pour apprécier l'œil d'oiseau de proie du sire de Gambais.

Le Tout-Paris des grands procès sera là... les vedettes de l'époque... Dranem, Maurice Chevalier, Mistinguett, Polaire, la princesse Hélène de Grèce, l'ambassadeur de Chine, le prince héritier de Perse, Silvain, le doyen de la Comédie-Française... Sem, le caricaturiste, va immortaliser notre nouveau Barbe-Bleue qui va orner le menu de chez *Maxim's.* Au banc de la presse, Roland Dorgelès, l'auteur des *Croix de bois*, le livre le plus célèbre (on ne disait pas alors best-seller) sur la guerre de 14, André Salmon, Colette, Henri Béraud.

*

Landru devait être jugé à Paris. A la suite d'un vice de forme dans la procédure, il comparaît devant les jurés de Seine-et-Oise à Versailles, le 7 novembre 1921. Malgré le froid, il fait jusqu'à douze degrés au-dessous de zéro cet hiver-là... la foule se presse. Durant les trois semaines que vont durer les audiences, les trains pour Versailles à la gare Montparnasse seront bondés... *les trains Landru,* diront les humoristes. Aux abords du Palais de Justice on attendait des heures pour entrer... les clodos venaient prendre place dans la queue dès six heures du matin et cédaient leur tour moyennant un bon prix.

Landru faisait de plus en plus recette... des camelots vendaient une petite brochure. « *Le Grand Testament de Landru* »... « *Je me sens cuit... je vais m'éteindre... De Profundis... Grillez pour lui.* » Le plus mauvais goût était aussi au rendez-vous.

Pour un tel spectacle, la salle des assises de Versailles est exiguë. Un millier de personnes s'écrase dans un espace prévu pour trois cents.

Landru entre dans l'arène. Comme toujours la prison a rendu l'accusé un peu pâle... il reste un instant comme un oiseau nocturne surpris par la lumière. Il commence par décevoir ceux qui attendent un monstre de démonstration. On souhaitait voir je ne sais quel ogre, quel vampire sorti de l'imagerie populaire et on aperçoit dans le box, entre deux gros gendarmes moustachus, une sorte de rentier... Le petit fonctionnaire aux vêtements un peu démodés, en définitive, correspond parfaitement à ses carnets de comptes, ses petites économies... sa méticulosité maladive.

Colette est assise au premier rang. Elle entend une femme derrière elle chuchoter : « Il a vraiment l'air d'un monsieur! » Exactement ce qu'avait dit Andrée-Anne Babelay à sa patronne la cartomancienne. L'éloge suprême, à cette époque, venant du populaire. A son âge, il jouait de cette impression en priorité pour apprivoiser ses futures victimes... Un monsieur!... pour les dames Collomb, Cuchet, Guillin ou autres, tout était dit... le reste n'était qu'une question de patience pour les conduire à la rôtissoire.

Premières impressions de Colette : « *Je cherche en vain, dans cet œil profondément enchâssé, une cruauté humaine, car il n'est point humain. C'est l'œil d'un oiseau, son brillant particulier, sa longue fixité, quand Landru regarde droit devant lui. Mais s'il abaisse à demi ses paupières, le regard prend cette langueur, ce dédain insondable qu'on voit au fauve encagé.*

« *Je cherche encore, sous les traits de cette tête régulière, le monstre, et ne le trouve pas. Si ce visage effraie, c'est qu'il a l'air, osseux mais normal, d'imiter parfaitement l'humanité, comme ces mannequins immobiles qui présentent les vêtements d'hommes aux vitrines.* »

Le dernier paragraphe correspond encore à l'impression que l'on a en regardant les photos du procès... Landru a l'air d'un personnage du musée Grévin.

Et pourtant il va s'animer. Pendant l'acte d'accusation... interminable nécessairement, il prend quelques notes et il reste immobile... le regard lointain. Mais lorsque le président Gilbert attaque l'interrogatoire, on commence à découvrir un Landru qui n'a rien d'un mannequin de cire. Le président n'est pas décidé à s'en laisser conter, il traque Landru, l'enserre de questions pièges. Landru ne se départ jamais de son calme, il met un certain esprit dans ses réponses... une certaine logique aussi. Si on lui rappelle qu'il est un repris de justice et qu'on ne peut de ce fait ajouter foi à ses paroles, il répond :

– Allons, monsieur le Président, si je vous disais : « Je suis coupable, j'ai tué dix femmes »... vous savez bien que vous me croiriez.

– De tout temps vous avez paru rechercher la compagnie des femmes, dit le président.

– Je n'ai jamais eu de mœurs spéciales, si c'est ce que vous voulez dire, répond Landru et il ajoute à m'adresse du public : Si les femmes que j'ai connues ont quelque chose à me reprocher, elles n'ont qu'à déposer plainte!...

Il déclenche souvent les rires et le procès tourne parfois à la Courteline. Si bien que le président menace :

– Si les rires continuent, je vais demander à chacun de rentrer chez soi.

Et Landru d'intervenir :

– Pour mon compte, monsieur le Président, ce n'est pas de refus.

Dès qu'il est question de ses conquêtes féminines, il se rengorge... un sourire s'esquisse dans sa barbe. Il sent certaines ondes féminines qui frémissent au récit de ses exploits galants dans la salle.

Il affirme n'avoir jamais su allumer proprement du feu.

– Alors comment les avez-vous tuées? demande le président.

– J'ai déjà répondu à cette question.

– Répondu quoi?

– Que je n'avais rien à répondre.

On n'en obtiendra pas davantage sur ce sujet. Il dit simplement avoir reçu mission des dames disparues de vendre leurs meubles. Il touchait pour cela une commission de dix pour cent mais n'était pas chargé en plus de les surveiller. « Je n'étais, que je sache, ni leur père, ni leur tuteur, ni leur garde-malade, encore moins leur mari. Elles étaient libres de leurs faits et gestes. On affirme que je les ai tuées? Qu'on le prouve. »

Il explique toutes ses démarches, les petites annonces, sa correspondance, uniquement dans un but commercial. Beaucoup de femmes victimes de guerre étaient sans ressources, alors elles revendaient leurs meubles, leurs bibelots pour avoir de l'argent liquide. Landru a eu recours aux annonces matrimoniales uniquement par délicatesse... pour vaincre les scrupules de ces dames qui mettaient un point d'honneur à cacher leur misère. Il a donc été de la sorte en rapport avec deux cent quatre-vingt-trois femmes et il fait remarquer qu'il n'y en a que dix de disparues, ce qui lui paraît un pourcentage normal de femmes qui tout bonnement avaient le besoin de changer de vie.

L'avocat général lui parle du carnet. Landru répond : « Oh, je sais, ce carnet c'est la Bible de l'accusation. » Oui, il reconnaît avoir amené en week-end quelques femmes à Gambais ou à Vernouillet. S'il prenait un aller et retour pour lui et un simple pour elles, voyons, c'est simplement par politesse.

– Si j'avais pris pour elles un aller retour, ces dames se seraient crues obligées de repartir tout de suite.

La réplique est faible, ça ne vaut pas du Michel Audiard. Il argumente ensuite que toutes ces femmes disparues se cachent sans doute quelque part à l'étranger. Elles avaient des raisons à elles pour cela. Raisons qu'il n'est pas en mesure d'expliquer, ni d'apprécier. En tout cas, il nie les avoir tuées jusqu'à ce qu'on lui présente leurs cadavres.

– Mme Guillin a disparu? Et après? Il y avait bien un Landru qui avait disparu en 1914, on a mis cinq ans pour le retrouver. Tout est une question de temps. Dans cinq ans peut-être, vous retrouverez Mme Guillin.

Le défilé des témoins de l'accusation se révèle pénible. On s'aperçoit en voyant les parents des victimes qu'il s'agit de petites gens... Landru profitait d'une certaine façon de leur dénuement, leur quasi-pauvreté... leur peu d'instruction. Anne Pascal, par exemple, qui lui écrit « *Si j'ai perdue votre estime c'est tampis pour moi.* »

– Je sens, je sais, dit à la barre Mme Friedmann, la sœur de Mme Cuchet, la première fiancée de Landru, que Jeanne-Marie a été tuée.

L'accusé proteste, indigné.

– Madame, il ne suffit pas d'affirmer. Sur quelles preuves étayez-vous votre conviction?

Le témoin se tourne alors vers lui et lui rétorque d'une voix triste, bouleversante :

– Monsieur, ma sœur vous aimait tellement que, si elle était vivante, elle serait venue ici pour essayer de vous sauver.

Landru reste muet... cloué sur place. Suit un long silence dans la salle. On sent, là, qu'il a perdu la partie. Toute l'affaire peut-être se résume dans cette réplique. Landru rendait les femmes amoureuses pour mieux les tuer... l'évidence éclate.

Les autres témoins défilent. On va en entendre cent cinquante-trois. Landru ergote toujours... On l'accuse sans preuve. Il répond inlassablement, très poli, sans forcer la note :

– Montrez-moi le cadavre!

Seulement, depuis la déposition de Mme Friedmann, cette défense est devenue purement théorique.

On a calculé, et on en a fait état au procès, que ses crimes lui ont rapporté 35642,50 francs... En quatre ans, ce qui lui faisait un revenu de sept cent quarante-cinq francs par mois. Vraiment pas le pactole. En travaillant normalement, Landru à son âge, en fin de carrière, aurait gagné à peu près autant dans une administration.

Le docteur Paul, le médecin légiste, est un personnage qu'on dirait aujourd'hui médiatique. A un tel point que certains journalistes parlent de son *tour de chant*. Pendant quelques décennies, il sera de tous les grands procès. C'est un petit homme rond, l'air d'un bon vivant qui pourtant passe la plus grande partie de son temps à disséquer les cadavres à l'Institut médico-légal, plus communément appelé la Morgue.

Il a le sens de la repartie... il fait des mots et ses interventions dans le prétoire sont toujours attendues.

A Versailles, il va faire un cours sur la technique de la combustion d'un corps devant la cuisinière de Gambais qu'on a amenée dans la salle, face aux jurés. Il rapporte en détail toutes ses conclusions sur l'incinération d'une tête humaine entière avec le cerveau, les yeux, les cheveux, la langue.

– Il faut trente-huit minutes, dit-il, pour brûler une tête vide et cent minutes pour une tête entière avec le cerveau, les yeux, les cheveux, la langue.

Une discussion s'ensuit sur le fait de savoir si Landru ôtait les cervelles du crâne de ses fiancées. Et quelqu'un dans la salle crie : « Oui, pour les manger au beurre noir! » On expulse le plaisantin.

Le docteur Paul poursuit son cours sur la combustion en concluant que le plus difficile à brûler, ce sont les intestins.

On ouvre les scellés d'une petite boîte qui contient les débris osseux retirés de la cuisinière. Le second expert, le docteur Antony, vient affirmer qu'il s'agit de quatre kilos cent soixante-seize grammes de débris osseux dont un kilo quatre-vingt-seize grammes pour lequel on peut dire avec certitude qu'il s'agit de débris humains.

– C'est bien peu, intervient maître de Moro-Giafferi, si l'on songe au nombre de victimes que l'on impute à mon client.

Le président lui fait remarquer que c'est beaucoup trop. Si l'on y ajoute la somme de présomptions qui pèsent sur lui.

Arrive le moment attendu où l'on va entendre Fernande Segret que la presse appelle « la rescapée ». Depuis deux ans, rien n'a pu modifier ses sentiments à l'égard de son amant. Elle le croit innocent, elle l'aime toujours, elle ne le renie pas un seul instant.

Lorsqu'elle arrive à la barre, Landru reste immobile et il va l'écouter en fermant les yeux. Il est vrai qu'elle est séduisante, frêle... elle ressemble d'après les photos à l'une de ces héroïnes pour lesquelles

Charlot cueille des roses dans ses films... elle a ce charme un peu désuet... ces yeux candides.

Elle tremble au début de sa déposition... elle répond, à l'avocat général qui dit que Landru n'a jamais cessé de lui mentir, que le cœur d'une femme ne dresse pas de barrière entre la vérité et le mensonge. Pour elle, Landru est toujours Lucien Guillet... elle n'emploie que ce prénom pour parler de lui.

– Lucien m'a menti au début, comme mentent tous les hommes pour arriver à leurs fins. Mais ensuite une entente profonde, sincère, une confiance absolue et réciproque s'est établie entre nous. Il était merveilleux. Souvent, le soir, il me conduisait à l'Opéra-Comique. Avec lui la vie était une fête. Il était toujours d'humeur égale, il parlait doucement, poliment. Il dormait comme un enfant. J'aimais à le regarder dormir.

En écoutant cette jeune femme, nous sommes à des années-lumière du dépeceur de cadavres... de la cuisinière et de toutes les petites combines assassines et misérables de Landru. Fernande Segret est écoutée dans le plus grand silence. Elle poursuit :

– C'est de mon propre chef que j'ai décidé de vivre avec lui car je ne désirais rien d'autre que ce que j'avais et qui me comblait. J'étais heureuse, comprenez-vous? Pleinement heureuse.

Le juge lui demande si elle a été à Gambais. Oui, plusieurs fois et elle n'a rien remarqué de louche, tant elle était toute à son bonheur. Dès qu'elle en a l'occasion, Fernande célèbre les vertus de son amant. Il était poète... lui a fait découvrir les œuvres les plus délicates du romantisme... Lamartine... Vigny... Alfred de Musset, son auteur favori. La musique le laissait dans une émotion dont il avait du mal à se remettre.

– Il pleurait en écoutant certains airs.

Certes... le personnage est un comédien extraordinaire, mais une question reste en suspens... on aimerait en savoir davantage sur son comportement sexuel.

En 1921, les travaux de Freud n'étaient pas encore très connus. La sexualité ne s'étalait pas partout comme aujourd'hui. Dans les salles de cour d'assises, certaines questions ne s'abordaient qu'avec réticence, circonspection... métaphores soigneusement choisies. Avec un coupable pareil... un tueur de dames, on ne peut éviter le sujet. Le président finit par demander à Fernande si Landru était bien normal dans leurs rapports intimes. La belle se récrie :

– Tout à fait normal. Il était très passionné et d'une vitalité exceptionnelle.

C'est là qu'elle ajoute en rougissant :

– Malgré son âge, il avait la vigueur d'un jeune homme.

Inutile d'en dire davantage. Fernande, avant de quitter la barre, se retourne et regarde longuement son amant. Elle est prise de tremblements et elle vacille, s'évanouit. Les gardiens l'emportent hors de la salle sans connaissance. Landru la regarde disparaître debout, puis se rassoit et ferme les yeux.

Après le défilé des témoins, les démonstrations à la limite du supportable des experts... cet intermède d'amour fou a de quoi nous laisser songeurs. Landru n'est vraiment pas un criminel ordinaire. On ne peut même pas parler avec lui d'un dédoublement de la personnalité... d'un être qui ne peut pas en certaines circonstances maîtriser ses impulsions.

Le témoignage de Fernande Segret ne s'inscrit pas dans le procès comme un élément de circonstances atténuantes pour Landru. Il est au-delà de ce genre de débat. Maître de Moro-Giafferi ne pourra plaider que la non-culpabilité de son client. Avant lui, la partie civile et l'avocat général Godefroy n'ont pas ménagé leur cible. Landru, au cours des débats, a déjà répondu à ce dernier cette réplique restée fameuse :

– Vous parlez toujours de ma tête, monsieur l'Avocat général. Je regrette de n'en avoir pas plusieurs à vous offrir !

Morceau par morceau, l'avocat général fait sauter toutes les défenses de Landru. Rien ne tient de toutes ses explications teintées de courtoisie.

Nous sommes en 1922 à la grande époque de Charlie Chaplin dans le cinéma muet. M. Godefroy va dire que Landru ne doit pas être considéré comme un Charlot du crime parce qu'il a fait rire pendant les débats. L'argument prend tout son sel lorsque l'on sait que vingt-cinq ans plus tard Charlie Chaplin lui-même créera en 1946 *M. Verdoux*, transposition cinématographique de Landru. De très loin d'ailleurs l'œuvre qui a le mieux cerné le personnage. Le film de Claude Chabrol avec Charles Denner ne donne qu'une suite de séquences où l'effort de reconstitution historique ne pallie pas la simplicité trop paresseuse du scénario. Chaplin a compris Landru. Sans s'appuyer sur la caricature, dans son film, il a tout dit.

L'avocat général qualifie Landru d'être infernal et abject. Il demande bien sûr aux jurés un verdict de mort, « Le seul châtiment en rapport avec d'aussi grands crimes ».

Landru avant son exécution a tenu à répondre à l'avocat général Godefroy. Tout était joué, il n'avait plus qu'une improbable grâce présidentielle à attendre. Il se permet d'écrire une lettre bien dans sa manière faite de politesse, d'ironie et d'argutie.

« *N'est-ce pas qu'elle vous a bien fait peur, ma petite cuisinière, toute seule dans votre grand prétoire ? Non pas la peur que certains pourraient croire, mais une autre, tout à votre louange. Vous m'avez reproché d'être dur. L'ai-je été ce jour-là ? J'aurais pu demander qu'on montre son foyer, grand, tout au plus, comme une gamelle de poilu, où vous voulez m'avoir fait brûler tant de victimes. Tout le monde aurait souri...*

« Je continuai à vous observer, voulant connaître non plus les débats de l'audience, mais ceux, autrement curieux, d'un magistrat sincère aux prises avec sa conscience et ses fonctions. De temps en temps, vous me jetiez un coup d'œil, car vous sentiez aussi le drame muet qui se jouait entre nous et, je crois, connu de vous seul.

« Pourquoi, pendant la lecture du verdict, avez-vous fui mon regard?

« Vous sentiez le besoin de vous rassurer vous-même. C'était fini. La sentence est tombée. J'étais calme. Vous étiez bouleversé. Il y a donc une conscience qui trouble les juges incertains comme elle doit torturer le coupable? Adieu, monsieur. Notre commune histoire se terminera demain sans doute. Je meurs l'âme innocente et tranquille. Veuillez recevoir, avec mes respects, mes souhaits que la vôtre soit de même. »

Landru se paie ce petit morceau de bravoure comme pour parfaire son personnage. Il a le goût de la postérité. Dans l'épopée du crime, Landru tient une place bien à part. Il a du style, une certaine crânerie... En cela encore, il est à sa façon un homme d'une époque où les bonnes manières étaient essentielles.

Moro lui aussi a un sacré style. Aujourd'hui sa façon de plaider, son lyrisme paraîtraient peut-être un peu emphatiques. N'oublions pas que ces avocats savaient surtout qu'il leur fallait toucher les jurés de ce temps... des gens qui voyaient la vie avec le sens du bien et du mal. Une vue manichéenne des choses comme il sied peut-être au bon fonctionnement de n'importe quelle société.

Il est de la race des grands tribuns, Moro... je l'ai entendu dans les dernières années de sa vie. Il m'a fait encore une forte impression. Il s'était fait une réputation de défenseur des causes nobles... ce qui l'avait amené à plaider pour Eugène Dieudonné, qu'il considérait comme innocent dans l'affaire de la bande à Bonnot. Pourquoi a-t-il accepté d'être l'avocat de Landru? Il va plaider la non-culpabilité de son client... y croit-il vraiment? En tout cas, il y va avec toute la force de sa conviction, de son talent. Pour obtenir un acquittement, une sorte de miracle, il n'a qu'une chance infime... insinuer le doute dans l'esprit des jurés. On a bien sûr accumulé les présomptions, mais la défense de l'accusé qui consiste à dire « Montrez-moi les cadavres » est imprenable. Moro argumente aussi que son client multipliant les notes, les fiches, conservant des lettres, des vêtements de femmes, serait un fou s'il était coupable d'avoir tué.

Petite ouverture vers une atténuation de sa responsabilité. Il ne néglige pas cette médiocre carte, mais surtout il s'attaque à ce qu'il appelle un étrange sophisme : la *conviction du jury*.

Sur ce terrain, il va placer un effet d'audience qui reste dans les annales des procès criminels.

– Non, proclame-t-il, votre conviction n'est pas faite, messieurs les jurés... Et si je vous dis maintenant : « Regardez cette porte! Elles sont là, dans l'antichambre du prétoire, elles attendent pour rentrer, les prétendues victimes de Landru, elles vont apparaître... La porte va s'ouvrir... »

Alors, bien sûr, à ce moment, toutes les têtes se sont tournées vers la porte... Tout le monde a cru, ne serait-ce qu'un tout petit instant, qu'au moins une fiancée de Landru allait entrer dans la salle d'audience. Moro-Giafferi tendait le bras vers la porte. Tout le monde retenait son souffle et, là, il poursuivait... assenant aux jurés :

– Vous voyez bien que votre conviction n'est pas faite!

L'ennuyeux, c'est que l'accusé, lui, était le seul

dans la salle qui ne se soit pas retourné. Pour une fois il avait manqué de présence d'esprit. L'avocat général, qui ne l'avait pas quitté des yeux, se permit d'en faire la remarque au grand Moro.

Il faut croire que ces avocats célèbres... ces ténors du barreau ne sont jamais aussi éblouissants qu'avec les causes perdues. Moro-Giafferi s'est surpassé dans une plaidoirie fabuleuse, mais Landru ne pouvait être sauvé. Trois heures de délibérations pour répondre à quarante-huit questions et les jurés vont revenir avec un verdict de mort. Cependant, il faut croire que les exhortations à la clémence de Moro-Giafferi les avaient touchés... on sut plus tard qu'ils avaient signé en faveur de Landru un recours en grâce auquel se joignait la sœur d'Anne Pascal, une de ses victimes. La démarche resta sans effet, le président de la République Alexandre Millerand n'était pas porté à l'indulgence et il redoutait l'opinion publique que la grâce d'un tel criminel aurait pu perturber.

Landru a accueilli la sentence qui le condamnait à avoir *la tête tranchée sur une place publique* sans broncher. Il remercie Moro : « Si quelqu'un avait pu me sauver, c'était vous. » La foule se presse autour du box.

Landru s'adresse à Henri Béraud : « Que voulez-vous, dans toutes les batailles il y a des morts! » Il fait demander un autographe à Colette, et puis il quitte la salle entre ses gardes... ou plutôt la scène!

Oui, il a joué le jeu jusqu'au bout comme pour nous apporter la preuve qu'il s'agit toujours d'un spectacle avec la Justice. Elle ne peut pas ne pas être rendue, mais elle reste avant tout la forme la plus accomplie du théâtre. Tous nos théoriciens, metteurs en scène d'avant-garde, n'inventeront jamais rien de comparable sur le plan de la dramaturgie.

Landru ne rate pas sa sortie... il a conscience que ses crimes l'ont différencié du commun des mortels. Il a bravé les lois les plus sacrées. La foule est là qui le trouve à la fois haïssable et admirable, qu'on le veuille ou non.

Les grands criminels nous font nous poser quelques questions essentielles. Qu'est-ce que la vie? La valeur exacte de la vie? Landru répond qu'elle n'est rien et qu'elle n'a même pas de valeur pour lui.

*

Avant la guillotine, que Céline appelle le prix Goncourt des assassins, Landru va attendre près de deux mois à la prison Saint-Pierre à Versailles. On rapporte que le soir du verdict, dans sa cellule de condamné à mort, chaînes aux pieds et aux mains, il a dormi du sommeil qu'on prétend être celui du juste. Il va rester d'humeur égale, toujours très poli avec les matons. S'il ne mange plus beaucoup, il continue à faire de bons mots lorsque l'occasion s'en présente. Le directeur qui n'a pas l'habitude d'avoir des pensionnaires de ce calibre lui rend visite assez souvent et s'inquiète de son confort.

– Vous lisez beaucoup. Auriez-vous besoin d'une lampe supplémentaire?

– J'ai plutôt besoin de lunettes, mes verres sont faibles.

– Le médecin de la prison passera vous voir demain. Nous les commanderons à votre vue.

– Ne prenez pas cette peine, monsieur le Directeur. Le bourreau, M. Deibler, va se charger de m'en apporter une de lunette.

Une autre fois, le brave directeur lui demande si quelque chose lui ferait plaisir.

– Puisque vous me mettez à l'aise, monsieur le Directeur, répond Landru... une femme me serait agréable. Vous savez la réputation que m'a faite l'avocat général. Je la préférerais rousse, avec une forte poitrine.

Il cultive son personnage de don juan. Au coiffeur

de la détention, il recommande une coupe de cheveux à la dernière mode pour plaire encore à ces dames avant d'aller à l'échafaud.

Vrai qu'il plaît encore par-delà les murs de sa cellule de condamné à mort. Il reçoit un abondant courrier... surtout venant de femmes. Celles qu'il a connues et d'autres... des personnes du sexe, comme on disait alors, qui fantasment à son propos.

J'ai eu communication de documents tout à fait inédits sur Landru. Une dame qui a voulu garder l'anonymat.

Les pièces en question sont surtout des lettres que notre Barbe-Bleue recevait en prison, avant et après sa condamnation... des photos aussi et quelques dessins qu'il griffonnait sur du papier d'emballage... des bandes d'expédition postale pour les journaux... des croquis pris pendant son procès... une dame qui fait sa toilette intime et surtout une sorte d'autoportrait où il est nu et nous dévoile son grand phallus... un engin peu ordinaire qui a joué le rôle que l'on sait dans ses entreprises de séduction. Des psychiatres verraient peut-être là un signe d'obsession sexuelle... difficile d'en tirer une conclusion. Ce genre de dessins tapisse les murs de chiottes dans les casernes où les assassins ne sont pas plus nombreux qu'ailleurs.

Dans ce courrier, bien entendu, les lettres de femmes dominent. Certaines l'exhortent au repentir, lui conseillent la prière avant de comparaître devant le Seigneur Dieu... mais la plupart l'innocentent et lui parlent encore d'amour.

Mon chéri, écrit une Bruxelloise, *jusqu'à ce jour j'ai tenu parole. Tu m'avais dit de me tenir cachée, je l'ai fait, mon chéri, mais maintenant, vu les circonstances, je ne peux plus tenir mon secret. Je souffrirais trop en te voyant condamné pour des atrocités que tu n'as pas faites. Te rappelles-tu que sans cesse tu me murmurais que j'étais ton unique amour? J'ai frémi à l'idée de 283 femmes que tu aurais bercées dans tes bras. Les juges sont trop cruels, ils ne respectent rien. Ils ne respectent même pas l'espace où nous abritions nos amours. Ne pourrais-tu pas, mon chéri, me renvoyer mes chichis que j'ai laissés chez toi. Tu comprends que je n'aime pas qu'ils continuent à se promener au tribunal.*

Au revoir, mon chéri, je reste pour toi ta cruchette aimée. Bons baisers et courage. J'écris par la même occasion au tribunal pour attester que je vis...

On se perd en suppositions égrillardes à propos de ces « *chichis* ». Là, il s'agit d'une femme qui a été dans le lit de Landru. Sa réputation pour ses exploits sexuels était telle... déjà bien avant son procès, au temps où il prospectait ses victimes par le biais des petites annonces... qu'une dame du monde, une personnalité de la meilleure société avait été le voir... à Gambais même... pour *l'essayer.*

L'anecdote est certifiée dans les mémoires du commissaire Belin. Bien avant qu'il ne soit chargé de l'enquête sur Landru, un de ses informateurs lui a raconté que cette femme du monde – qu'il surnomme l'hystérique – ayant appris par une maîtresse de Diart (un des pseudos de Landru) que celui-ci était un extraordinaire *debater* aux jeux de l'amour, elle se rend à Gambais au volant de son automobile. Ce jour-là, Landru est seul dans son *Ermitage.* L'hystérique se présente, venant de la part de son amie, et lui dit sans ambages : « J'ai envie d'être aimée de vous. » Elle était belle et richement parée. On imagine la surprise intéressée du faune assassin.

– Il paraît que vous êtes un amant parfait. Prouvez-le.

Landru la prend dans ses bras, l'embrasse fougueusement, puis il l'invite à monter dans sa chambre à coucher. La femme du monde est au comble de l'excitation. Elle va connaître enfin *le feu de lave* dont lui a parlé sa confidente.

Pour quelle raison Landru la laisse-t-il seule dans la chambre? Belin ne le dit pas. En tout cas, cette petite trêve va permettre à notre fofolle de se ressaisir. Tout d'abord, elle trouve l'endroit sinistre et glacé. Néanmoins, elle se déloque... se glisse dans le lit et, là, elle découvre cachée sous l'oreiller une cordelette disposée en nœud coulant. Prise d'une trouille épouvantable, elle enfile ses chaussures, son manteau et réussit à s'enfuir avant que son étalon barbu n'ait eu le temps de la rejoindre.

Je ne pense pas que le commissaire Belin ait inventé cette histoire. En tout cas, la dame du monde nymphomane ne s'est pas présentée pour témoigner au procès.

Autres exemples de lettres. Celle-là d'une rêveuse :

« *Je voudrais vous voir. Votre cellule a-t-elle une fenêtre sur la rue? Pensez-vous que si je passais un matin devant la prison, vous pourriez mettre la tête aux barreaux et me sourire?...* »

Une dingue carrément :

« *Je mets sur ce papier tout ce que je peux, je t'aime parce que ton nom enflamme tous les cœurs et que tu es devenu une étoile célèbre qui éclaire le ciel d'une lueur encore inconnue, ignorée.*

Adieu homme de fer, homme de feu.

Je te préviens, je ne veux pas me faire incinérer.

Ta poète affolée... Liliane Reveull. »

On a même une femme malheureuse... émouvante... qui envoie sa lettre comme une bouteille à la mer... simplement pour dire qu'elle existe encore :

« *Je suis si seule, mon mari me bat, tous les amants que je rencontre me dégoûtent. Je vous écris parce que je pense que vous êtes seul, vous aussi.* »

Les lettres d'hommes sont, elles, d'une inspiration carrément misogyne. Landru y est célébré, complimenté pour ce que ses correspondants appellent son œuvre :

« *Car la femme sur terre est faite pour plonger l'homme dans la misère... Si un jour tu sors de ta triste cellule, tu trouveras encore quelques brunes, quand tu les auras baisées toute la nuit, alors tu leur feras voir ce que c'est qu'un Landru, dans le plus grand fourneau nous les entasserons et quand elles seront réduites en une fine poussière, nous les enverrons à ton ancien bourreau de juge pour qu'il voie que Landru n'a pas fini sur terre à la débarrasser de toutes ses donzelles.* »

Ce morceau de bravoure est signé : « *Les ex-associés du four crématoire de Gambais et admirateurs.* »

La tradition dans ce domaine s'est perpétuée. Il existe un Landru Club, sur le modèle des clubs Claude-François ou Luis-Mariano. Des hommes d'une misogynie exacerbée se retrouvent chaque année pour célébrer Landru. Et il ne s'agit pas de vieillards nostalgiques, parmi les adeptes en 1989, il y a des jeunes. Leur club reste très fermé, très secret, il m'a été impossible d'assister à une réunion de cet étrange cénacle.

De Sidi-bel-Abbès, le 10 novembre 1921, un nommé Nicoli *alias* Desmet, légionnaire au 1er Étranger, expédie à la prison de Versailles une épître à Landru, en respectueux hommage de solidarité masculine :

« *Vous êtes un martyr et vous êtes un maître, souffrez donc qu'à vos pieds je mette cette lettre. Depuis trois ans, je suis l'affaire avec passion, malgré les sombres jours, j'ai gardé l'espérance que l'on reconnaîtrait, Landru, votre innocence. Eve sournoise-*

ment prépare votre croix... La femme du monde entier compte imposer sa voix et lui faire oublier qu'elle a cueilli, la pomme... perdu le paradis et le bonheur de l'homme. Oh, Jésus de Gambais! les poètes divins accableront la femme, cloueront au pilori le sexe faible infâme, déifieront Landru, force et virilité... tout homme ira brûler un cierge, à notre belle-mère à tous, la Sainte Verge. »

Si Landru a été reconnu responsable de ses actes par les experts psychiatres, il a tout de même suscité pas mal de manifestations délirantes... Un dernier exemple... là, c'est un admirateur qui ne paraît pas bien net du côté mental, à moins que ce ne soit un plaisantin :

« *De t'écrire me trouble et me met en appétit. Un parfum de cochon grillé me monte au nez et je jouis de sensations qui m'étaient encore inconnues, oh! la divine volupté de ta dernière étreinte!* »

Que pensait Landru de toutes ces lettres plus ou moins démentes? Il ne s'est pas exprimé à ce sujet. Un horticulteur de Saint-Émilion lui a même proposé de donner son nom à une nouvelle spécialité de roses qu'il venait de créer : « *Elles rappelleront votre souvenir dans les campagnes et dans les villes où elles iront s'épanouir.* »

Le temps presse, Landru n'a sans doute plus trop le cœur à répondre à ce genre de missives. Il sait que l'heure de la guillotine approche. L'aumônier vient lui rendre visite, lui demande s'il croit en Dieu.

– Vraiment, monsieur l'aumônier, croyez-vous que ce soit le moment de me poser des devinettes?

Il a maintenant bien oublié son enfance dans les écoles chrétiennes. Jusqu'au bout il va tenir... tenir son rôle d'homme bien élevé, caustique... d'un sang-froid inimaginable. Le bourreau, Anatole Deibler, dira après l'exécution qu'il n'a jamais rencontré de toute sa carrière un client aussi poli.

Le 23 février 1922, on vient réveiller Landru pour le conduire à l'échafaud. Le cortège habituel est là, magistrats, matons, le bourreau et ses aides, les avocats.

L'avocat général Godefroy n'a pas eu le courage de venir. Il a envoyé M. Béguin, son substitut. C'est lui qui met la main sur l'épaule du condamné en lui disant : « Landru... Ayez du courage. »

Landru se redresse, s'étonne simplement que l'avocat général ne soit pas là en personne. Ce qui semble une incorrection, il le fait remarquer au substitut et il ajoute :

– Du courage? N'ai-je pas montré que j'en avais? Messieurs, je suis à votre disposition. Veuillez me passer mes vêtements.

Il s'habille, range ses objets personnels comme s'il allait revenir après la promenade et lorsque l'aumônier, l'abbé Loisel, lui demande s'il veut entendre la messe, Landru répond :

– Ce serait avec plaisir, monsieur l'abbé, mais je ne veux pas faire attendre ces messieurs.

On laisse maître de Moro-Giafferi le prendre à part un instant. A voix basse, il l'adjure de lui dire enfin la vérité. Landru sourit et il réplique :

– Ça, Maître, c'est mon dernier petit bagage, je pars avec.

... puis il le remercie encore de l'avoir défendu avec autant de talent.

– Mais je vous avais confié une cause bien difficile. Enfin, ce n'est pas la première fois qu'on guillotine un innocent.

Il refuse le verre de rhum et la cigarette traditionnels, comme Callemin de la bande à Bonnot, en disant :

– Merci. Vous savez bien que je n'ai jamais été ni buveur, ni fumeur.

Dernière coquetterie... il recommande aux aides de Deibler au moment de la toilette :

– Ne touchez pas à ma barbe.

Dehors la foule attend, piétine. Parmi les journalistes qui sont là, il y a un tout jeune homme, Marcel Montarron, qui est là pour son premier reportage. Soixante-six ans plus tard, le souvenir lui en est resté chevillé au corps et je ne peux faire mieux que de lui laisser la parole.

« ... *l'atmosphère était pesante. On avait d'abord appris que le fourgon viendrait par la route. C'était le grand secret. On l'a vu arriver devant la prison de Versailles. C'était encore en pleine nuit. Les aides avaient revêtu leur cote bleue et ils sortaient du fourgon les pièces numérotées de la machine. Tout ça se passait sans bruit. On aurait dit des ombres qui étaient en train de monter une baraque de fête foraine. Plus précisément un jeu de fête foraine. Ce qui surprend lorsque l'on voit la guillotine pour la première fois, c'est son étroitesse. Les montants ont 4,50 m, mais ils font 37 centimètres de large. C'est tout petit une guillotine.*

« *Le bourreau a sorti le couperet d'une boîte plate, oblongue, qui avait l'air d'un écrin d'instrument de musique. C'est une lame d'acier d'un centimètre d'épaisseur, taillée en biseau à 45°. La masse de ce couperet, ajoutée au mouton qui tombe, s'abat à la vitesse de quatre mètres à la seconde.*

« *A cette époque il y avait encore des tramways à trolley. Je revois toujours les visages de ces hommes dans un tramway qui passait... des travailleurs du matin... collés contre la vitre et qui regardaient fascinés cette guillotine dont le couperet luisait dans la pénombre. Les aides s'assuraient avec des niveaux d'eau que les montants étaient bien d'équerre. Tout à coup on a éteint les becs de gaz. C'était le moment crucial, on a entendu la diane sonner dans une caserne proche. Puis un silence surnaturel est tombé d'un bloc sur les assistants qui étaient agglutinés en demi-cercle autour de l'échafaud.*

« *Comme toujours quand on ne veut rien perdre d'un spectacle impatiemment attendu, je n'ai pu saisir que la silhouette furtive d'un petit homme barbu, chauve, cireux, voûté qu'on traînait comme un pantin sans consistance vers la bascule.*

« *Alors c'est le han! sourd, ce bruit que fait le marteau... le couperet au bout de sa chute sur les coussinets en caoutchouc, qui nous a indiqué que Landru avait cessé de vivre.* »

*

Existe-t-il une chance pour que Landru ait été innocent? Peu de gens l'ont pensé mais certains juristes prétendent qu'avec la loi anglo-saxonne il aurait pu être acquitté, faute de cadavres identifiables.

En 1984, à la suite d'une de ses émissions historiques à la télévision consacrée à Landru, Alain Decaux reçut une communication du garde des Sceaux, maître Robert Badinter. Aux archives de la cour d'appel de Versailles, dans le dossier Landru se trouvait un dessin de l'accusé qui pourrait constituer des aveux.

Ce document avait été offert par Landru à l'assistant de maître de Moro-Giafferi, maître Navières du Treuil. Il s'agit d'un dessin de sa main à l'encre représentant la cuisinière de Gambais. Il ne manque pas un détail. On sent que l'auteur du croquis a bien l'objet en mémoire.

Au dos du dessin Landru a écrit au crayon ceci : « *Ce n'est pas le mur derrière lequel il se passe quelque chose, mais bien la cuisinière dans laquelle on a brûlé quelque chose.* » C'est signé et daté de Versailles le 28 octobre 1921. Le mot *brûlé* est souligné trois fois. Landru aurait demandé à maître Navières du Treuil de ne faire état de ce dessin qu'au bout de quelques années.

L'avocat est mort en 1967 sans avoir rendu public ce texte qui peut évidemment être considéré comme un aveu mais aussi comme une sorte de blague.

Landru, polichinelle du crime, fait une pirouette de plus. Une pirouette posthume.

Je pense que si ce dessin était tombé aux mains des juges de Versailles, il n'aurait constitué qu'une présomption de plus, non un aveu formel.

Après avoir été inhumé aux Gonnards dans le carré des condamnés à mort, le corps coupé en deux de Landru a été rendu à sa famille. On ne sait dans quel cimetière il repose. Si l'on connaissait sa tombe, gageons que de nombreuses femmes iraient encore la fleurir de roses.

Plus personne n'a entendu parler de l'épouse légitime de Landru. Ses enfants ont eu le droit de changer de nom patronymique. Comment imaginer qu'un des onze Landru du Bottin téléphonique soit un descendant du don juan criminel?

La fameuse cuisinière, devenue une pièce de notre patrimoine, a été achetée aux enchères en 1923 par le directeur du musée Grévin pour quatre mille deux cents francs... une coquette somme pour l'époque. Cédée par la suite à un amateur anonyme, les escrocs en profitent pour en revendre de nombreux modèles. La véritable serait en Italie dans la collection secrète d'un admirateur misogyne.

WEIDMANN

ou

En attendant Adolf

Neige fondue de la Voulzie
neige des bottes de sept lieues
neige du Mauser
neige fondue
en robe noire des Tropiques
tu reviendras
plus belle que toutes les danseuses
neige qui met le cœur en berne
belle neige des almanachs.

Léo Malled
Le Frère de Lacenaire

DANS la série française des meurtriers de masse, assassins de victimes en série, Weidmann sert de trait d'union entre Landru et Petiot. C'est un Allemand qui vient tuer en France en 1938. Il aurait pu attendre un peu. Avec des fonctions adéquates, deux ans plus tard, il pouvait se livrer à son sport favori sans trop encourir les foudres de la loi. Les périodes troubles de guerre ou de révolution permettent à ceux qui supportent mal le vernis civilisateur, plaqué sur leur nature profonde, de se réveiller pour donner libre cours à leurs instincts.

L'homme a gagné patiemment sur sa sauvagerie naturelle grâce à ce qu'on appelle la civilisation qui lui permet de se conduire de façon raisonnable en société. Qu'il ait peur de Dieu ou de la gendarmerie, le résultat seul compte. Toutes les guerres nationales, civiles, religieuses ou idéologiques sont des périodes de régression, de retour à la loi de la jungle la plus sanglante. Les hommes acceptent la guerre parce qu'elle les libère. Elle justifie, glorifie le crime. Les meilleurs soldats sont ceux qui ont le plus de mal à reprendre la vie civile lorsque la guerre est finie. « La guerre fait les héros, dit Machiavel, la paix les pend. »

L'histoire retiendra le nom de Weidmann surtout parce qu'il fut le dernier condamné à mort à être exécuté en public. En 1939, il ne s'agit déjà plus de la place de Grève. On a lu le récit de Marcel Montarron racontant la fin de Landru. La peine de mort est appliquée à la va-vite... sournoisement entre chien et loup, comme si la société avait honte. Le châtiment suprême se refusait déjà au grand jour.

Si la peine de mort est une nécessité, alors elle doit être appliquée en place de Grève au cours d'une cérémonie expiatoire quasi religieuse. Elle ne se justifie que sous la tutelle d'un monarque de droit divin. La religion catholique est à l'agonie, c'est une vieille chose percluse de tous les rhumatismes de la tolérance. Elle s'est métamorphosée en une espèce de société de bienfaisance où les droits de l'homme ont remplacé les devoirs du croyant.

La peine de mort, qu'on n'appliquait déjà plus qu'en cachette derrière les murs d'une prison, a été abolie en 1981. Elle n'avait plus sa place dans notre monde occidental de la fin du XXe siècle, où le crime tient davantage, pour nos justiciers, de la maladie mentale que du libre arbitre devant Dieu. Il ne s'agissait en définitive ni d'humanitarisme, ni de principes, mais d'une *certaine logique*.

Nos assassins, et particulièrement ceux qui font du meurtre une sorte de sacerdoce du mal, aspirent tous plus ou moins consciemment à la peine de mort. A de rares exceptions, ils l'acceptent comme une conclusion légitime. Les plus lucides, ceux qui ont compris l'enjeu profond du crime, comme Pierre François Lacenaire, dandy assassin, guillotiné en 1836, la célèbrent comme une espèce de récompense sulfureuse... l'ordination du diable. Même les tatouages naïfs autour du cou des jeunes voyous d'avant-guerre... « *A couper selon les pointillés* » « *Promis à Deibler* » participaient de cette liturgie. Comment expliquer Eugène Weidmann autrement. Il ne s'agit pas d'un dément. Il n'est pas idiot non plus. Il pourrait être un simple malfrat, un maquereau quelconque puisqu'il plaît aux femmes et qu'il n'aime pas travailler. Il va dévier, on ne sait trop pourquoi, vers une série de crimes dont la nécessité est aléatoire...

l'exécution hâtive, le bénéfice nul. Et j'ajoute que, d'après les experts, il ne s'agit pas d'un détraqué sexuel qui éprouve du plaisir à tuer.

Au début, si l'on peut dire, de sa carrière, c'est simplement un délinquant, Weidmann. Il est né à Francfort-sur-le-Main en 1908. Parents de petite condition, d'honnêtes gens qui bouffent de la choucroute et décorent le sapin de Noël... *im grünen Wald.*

Le petit Eugène est un peu kleptomane, fugueur, capricieux. Un enfant difficile mais intelligent. Il fera de bonnes études et deviendra un bel adolescent à la chevelure brune bouclée, aux grands yeux noirs. Mince, élancé, il est néanmoins d'une force physique extraordinaire.

Le vol d'un portefeuille et d'une montre dans un établissement de bains lui vaut à l'âge de seize ans de rester jusqu'à sa majorité dans un centre de redressement. Il est probable que dans l'Allemagne de Weimar les maisons de correction n'étaient guère plus reluisantes que celles de la République française... des lieux comme Saint-Hilaire, Montesson, Eysses, Belle-Ile-en-Mer où les adolescents subissaient les pires sévices, croupissaient dans une promiscuité favorable à toutes les déviations morales, les perversions sexuelles, la contagion de la violence. En cinq ans, Weidmann se métamorphose en jeune dur, en véritable délinquant. Tout indique à ce moment-là qu'il va devenir un truand. Il s'exile au Canada, s'acoquine avec des gangsters avec lesquels il fait quelques casses. Naturellement il se fait prendre et il est condamné à un an de taule. Il s'y fait, pour son avenir de voyou, des relations intéressantes mais le gouvernement canadien l'expulse à l'expiration de sa peine.

Retour en Allemagne, en 1930. Il donne l'impression de rentrer dans le droit chemin, mais très vite il s'est remis à la malfaisance. Avec deux complices, il tente un kidnapping qui rate. Il se spécialise dans le braquage, l'attaque à main armée. Il réussit quelques coups, puis se fait cravater. L'engrenage est inéluctable, avec cette fois huit ans de prison à la clé.

A la Centrale de Prengesheim, Weidmann est un prisonnier modèle, ça lui permet de respirer l'air libre cinq ans plus tard après une remise de peine.

Nous sommes maintenant dans l'ère hitlérienne, Eugène n'y trouve pas sa place et il débarque à Paris en 1937, au moment de l'Exposition Universelle. Weidmann parle couramment l'anglais et le français, il se fait embaucher comme interprète. On pense qu'il va en profiter pour se livrer à quelques belles opérations arnaqueuses.

Ça serait cohérent. Weidmann, après ses séjours en taule et avec les fréquentations qu'il a dans la pègre, devrait poursuivre son mauvais chemin de délinquant. En dehors des règlements de comptes entre voyous, à ce moment-là rien ne le prédispose à devenir un assassin éperdu.

En Centrale à Prengesheim, il a connu deux Français, Roger Million et Jean Bu. Il les retrouve à Paris et ils vont former une équipe. Ça, c'est encore du tout-venant dans le monde de la truanderie.

Ils commencent par louer près de La Celle-Saint-Cloud une villa baptisée *La Voulzie*. Weidmann paie le loyer sous un faux nom : Karrer. Leurs projets : enlever des gens riches, les séquestrer pour extorquer du fric à leur famille. Avec ce genre d'activités, les risques de devenir criminel deviennent plus grands, mais on reste encore dans le banditisme ordinaire.

Première victime... Jean de Koven, une ballerine américaine. Belle fille, vingt-quatre ans, famille aristocratique et fortunée... un brillant avenir de danseuse s'ouvre devant elle. Idée malheureuse, elle veut voir l'Exposition de Paris et dans le hall de l'hôtel Ambassador boulevard Haussmann, elle va, pour parfaire son infortune, rencontrer un jeune homme brun, aux yeux noirs, aux traits réguliers, grand, élancé... etc.

Presque le coup de foudre. Eugène Weidmann se présente sous le nom de Bobby... Jean est en compagnie de sa tante, Mrs. Sackheim, qui trouve que ce jeune homme a vraiment de bonnes manières. Un gentleman, cette Américaine quinquagénaire s'y connaît.

Simple prise de contact autour d'un verre. Le lendemain, Mrs. Sackheim apprendra par le chasseur de l'hôtel que sa nièce est sortie avec ce jeune homme brun. Elle trouve qu'il va vite en besogne, mais nous sommes en 1937 et les mœurs ne sont plus ce qu'elles étaient naguère.

Et voilà. Jean de Koven est kidnappée. Weidmann a exécuté son plan. Il expédie une lettre à Mrs. Sackheim pour lui demander une rançon de cinq cents dollars. Ce qui ne paraît pas une somme en rapport avec la prise. Seulement, la lettre ne dit pas que Jean de Koven est déjà morte. Weidmann est venu la chercher à l'hôtel et lui a proposé une promenade champêtre. Jean fut ravie de cette idée, décidément ce Bobby était un garçon délicieux. Direction La Celle-Saint-Cloud, villa *La Voulzie*. Weidmann racontera, après son arrestation, comment les choses se sont passées avec une précision, une insensibilité, qui vont stupéfier les enquêteurs...

« *En arrivant à* La Voulzie, *elle s'apprêta à enlever son manteau. Je passai derrière elle sous prétexte de l'aider. En réalité, pour la tuer, car j'avais vu dans son sac des dollars et des traveller's cheques. J'avais d'abord l'intention de lui tirer une balle dans la nuque. Mais quand j'ai vu son cou si frêle, si menu, j'ai pensé que c'était inutile. Alors j'ai serré ce cou dans une de mes mains, tandis qu'avec l'autre je lui enfonçais son foulard dans la bouche. Elle s'est beaucoup débattue. J'ai dû l'achever en l'étranglant avec une serviette.*

Puis la nuit venue, je l'ai enterrée sous le perron de la villa. »

Tout cela va de soi pour Eugène Weidmann, et c'est seulement après le crime qu'il essaiera de négocier avec Mrs. Sackheim pour obtenir une rançon. Mais il se méfie, il redoute que les flics lui tendent un piège, alors il renonce à la rançon et il se contente d'écouler les traveller's cheques.

Naturellement, la disparition de Jean de Koven fait grand bruit. C'est une fille de la haute société, déjà renommée dans le monde de la chorégraphie. La piste du jeune homme qui est venu la chercher à l'hôtel Ambassador paraît sérieuse, mais on n'a aucun autre élément que ce signalement passe-partout pour l'identifier. On n'exclut pas non plus la thèse d'une fugue. La police patauge... la presse échafaude des romans noirs ou roses, et puis le temps passe et on oublie Jean de Koven.

Personne ne sait encore qu'elle a été tuée le 26 juillet. Une exécution préméditée, froide, le fait, dirait-on, d'un tueur des plus frustes. Weidmann le trafiquant, le pilleur de banques, devient un assassin pour une somme dérisoire. Quelque chose ne colle pas dans cette affaire. Le personnage déraille... il va poursuivre dans la voie du crime d'une façon stupide, atroce et quasi gratuite.

*

Le 8 septembre 1937 : deuxième victime. Joseph Couffy, un chauffeur de grande remise à qui il a demandé de le conduire en Sologne. Il l'exécute en route d'une balle dans la nuque pour lui voler sa voiture, une Vivastella, et deux mille cinq cents francs. Anecdote... sur la Nationale 20, l'après-midi du 8 septembre, un paysan passe avec sa charrette et aperçoit la Vivastella. Sur le talus, à côté de la voiture, deux hommes sont allongés sur l'herbe. L'un d'eux a la tête recouverte d'un journal déplié. L'autre sifflote. Le paysan plaisante... « Vous allez réveiller votre ami. » « Pas de danger, il a le sommeil profond », répond l'homme qui siffle et qui n'est autre que Weidmann. Le soir, en repassant, le cultivateur retrouve le dormeur toujours à sa place. Il s'agit de M. Couffy dont la tête, sous le journal, est ensanglantée.

On enquête. On piétine. Bien sûr, on ne fait pas de rapprochement avec l'affaire Jean de Koven. Il n'y a aucune raison pour qu'on fasse un lien entre les deux affaires.

Ensuite, on a l'impression que Weidmann va tuer pour n'importe quel butin chaque fois qu'il se trouve à sec... comme un être rudimentaire, un criminel des plus primitifs.

Résumons. Le 3 octobre, avec la complicité de Roger Million, il va entraîner une malheureuse infirmière, Janine Keller, à la caverne des brigands, une grotte dans la forêt de Fontainebleau. Pour l'exécuter elle aussi d'une balle dans la nuque. Butin partagé avec Million : cent francs et un mandat-poste de mille cinq cents francs. Puis c'est Roger Le Blond, un imprésario, secrétaire général du Théâtre de la Gaîté-Montparnasse, toujours une balle dans la nuque. Pour cinq mille francs. Le 16 octobre... treize jours après Janine Keller.

Cinquième victime : Fritz Frommer, un réfugié allemand que Weidmann avait connu en prison. Il a droit lui aussi à sa balle de 7,65 dans la nuque, le 22 novembre. Bénéfice : trois cents francs.

On comprend qu'avec un aussi maigre butin il s'empresse de choisir une nouvelle victime, soit cinq jours plus tard, le 27 novembre. Il s'agit de M. Raymond Lesobre, un agent immobilier dont on retrouve le corps dans la cave d'une villa à Saint-Cloud qu'il faisait visiter à son assassin. Celui-ci l'a dépouillé de son portefeuille contenant cinq mille francs et il est parti avec sa voiture, une Celtaquatre. La série aurait pu continuer longtemps si Weidmann n'avait pas laissé tant d'indices susceptibles de conduire la police jusqu'à lui. Entre autres, la Vivastella de M. Couffy, grossièrement maquillée.

Passons sur les détails de l'enquête menée tambour battant. Weidmann ajoute à son mauvais cas une tentative de meurtre en blessant un des flics venus pour l'arrêter à *La Voulzie*. Jusque-là, mis à part le nombre de crimes, six en quatre mois, commis à un rythme crescendo, rien ne distingue Weidmann de bon nombre d'assassins multirécidivistes. C'est à partir de son arrestation que notre anti-héros va se distinguer de ses congénères.

A peine dans les locaux de la police, il se confesse. Il avoue ses six crimes avec force détails, alors qu'on ne l'arrêtait que pour l'assassinat de Raymond Lesobre. Il balance Million et quelques comparses qui l'ont aidé dans une phase de ses entreprises sans savoir qu'il s'agissait de meurtres. Il n'arrête plus d'avouer, de *tout dire,* au point qu'on se demande s'il n'est pas un peu mythomane. La suite de l'enquête prouvera malheureusement qu'il n'en est rien.

La presse, depuis Landru, n'avait jamais eu un monstre pareil à se foutre dans les rotatives. Ça lui fait une nouvelle affaire du siècle, en tout cas de la décennie.

Maître de Moro-Giafferi a un peu vieilli mais il n'a rien perdu de sa verve, de sa présence à la Raimu lorsqu'il est dans le prétoire. Naturellement, il est tout désigné pour être l'avocat du nouveau monstre puisqu'il a été l'extraordinaire défenseur du sire de Gambais. Cette fois, il est assisté d'une jeune femme, maître Renée Jardin. Une chrétienne fervente et qui va avoir une influence déterminante sur Eugène Weidmann. Au moment où elle va lui rendre visite à la prison de Versailles où on l'a enfermé, délicate attention, dans la cellule occupée quinze ans plus tôt par Landru, elle trouve un homme effondré, une loque. Il a tout avoué, jusqu'à la lie, comme on vide un abcès de son pus.

Sa mère est venue d'Allemagne pour le voir et il a eu avec elle un entretien pathétique. Maître Renée Jardin lui conseille de mettre ses confessions par écrit... comme pour faire une sorte de psychanalyse. Plus tard, elle va revenir le voir en lui apportant une Bible et la *Vie de Jésus*.

Weidmann, l'assassin froid, l'homme des balles dans la nuque, devient peu à peu une sorte de Raskolnikov. Et en cela il ne s'apparente plus du tout ni à Landru ni à Petiot, hommes du refus des aveux. Pendant l'instruction, lui, il va s'efforcer d'aider de son mieux le juge, de ne rien laisser dans l'ombre. Mis à part ses motivations. Certes il a tué par vénalité, mais pour des sommes de trois fois rien. Il n'a violé ni Jean de Koven, ni Janine Keller. Il ne peut expliquer son comportement que par l'*emprise des forces du mal*. Il ne cherche pas à en tirer des circonstances atténuantes, mais des raisons d'expier honorablement. Georges Bernanos, le grand écrivain catholique, l'auteur du *Journal d'un curé de campagne*, mis au courant des dispositions d'esprit de Weidmann, écrit à maître Renée Jardin une lettre d'une haute élévation d'esprit qui va donner un éclairage chrétien de l'affaire. Bernanos a un style d'une telle générosité que le plus incroyant lecteur est toujours remué au plus profond de lui-même.

« *Je n'ai aucune prévention romantique en faveur des assassins. Mais il me semble que, passé un certain degré dans l'horreur, le crime se rapproche de l'extrême misère; aussi incompréhensible, aussi mystérieux qu'elle. L'une et l'autre mettent une créature humaine hors et comme au-delà de la vie. J'ignore tout du misérable que vous assistez. Mais il est impossible de regarder sans une espèce de terreur religieuse les admirables photographies de* Paris-Soir, *particulièrement celle du mardi 14, qui est, entre deux braves têtes de gendarmes, quelconques, l'image même de la solitude, d'un surnaturel abandon...* »

*

Avant le procès, il ne reste plus qu'à déterminer la part de responsabilité de Roger Million dans l'affaire. Weidmann d'abord le charge, l'accuse d'avoir tué l'imprésario Le Blond. Million proteste, minimise son rôle. Les deux hommes s'affrontent pendant la reconstitution du meurtre de Janine Keller dans la forêt de Fontainebleau. N'importe, ils vont se retrouver dans le même box devant les assises de Versailles. Un lieu que les truands d'autrefois dans leur argot appelaient le saloir. N'était l'attitude de pécheur repenti de l'accusé, le procès Weidmann serait un remake du procès Landru. Un tueur en série, maître de Moro-Giafferi au banc de la défense avec treize de ses confrères, vingt audiences prévues, une centaine de témoins, des journalistes venus de tous les pays du monde... et les personnalités du Tout-Paris dans la salle, Maurice Chevalier au premier rang, et sur les gradins réservés à la presse, Colette qui s'émeut en voyant pleurer Weidmann : « *Il sanglotait la tête sur son bras plié. Je pouvais, de ma place, apercevoir l'abondance des pleurs qui lui furent si longtemps refusés, et les profonds spasmes qui font des sanglots virils un spectacle frappant pour les femmes.* » Et elle dira à maître Renée Jardin après le procès : « *Dommage qu'il faille le guillotiner : il a une jolie tête!* »

Nous sommes en mars 1939, la guerre approche. L'armée allemande, au mépris des accords de Munich, vient d'annexer la Tchécoslovaquie. Avec un accusé d'origine germanique, maître de Moro-

Giafferi ne manquera pas d'évoquer le nazisme dans sa plaidoirie.

– Hitler n'a-t-il pas dit, au dernier Congrès de Nuremberg : *La nature ne connaît d'autre justice que la force*? La politique d'une nation a son retentissement dans la conscience des individus. Je plaide pour l'enfant à qui on a enseigné que la force prime le droit, pour l'enfant qui a été le témoin de milliers d'assassins et qui a vu renaître les vestiges de la barbarie antique. Les monstres créent les monstres!

Le talent de Moro ne peut pas plus sauver Weidmann qu'il n'a sauvé Landru. Le ton du procès a été tout autre. De la part de l'accusé, ni mot d'esprit, ni attitude provocante. Weidmann tient sa place d'accusé sans chercher de vaines circonstances atténuantes. Il est résigné au sort qui l'attend.

– Dans ma cellule, dit-il aux jurés, j'ai trouvé Dieu. Le Dieu de mon enfance, celui dont ma mère me parlait le soir en me bordant dans mon lit. Et à Dieu, on ne ment pas. Je ne vous demande pas de me plaindre, ni de m'épargner. En rentrant dans cette salle, j'avais accepté ma mort.

A un tel accusé, les psychiatres n'apportent pas d'élément permettant l'application de l'article 64, mais il reste évident que Weidmann est un perversné... un être qui porte en lui des forces maléfiques irrépressibles.

Verdict sans surprise... le châtiment suprême. Million, lui aussi condamné à mort, sera gracié par le président Lebrun. Un personnage falot, devenu criminel parce qu'il a rencontré Weidmann sur son chemin. Celui-ci d'ailleurs écrit, après le procès, au chef de l'État pour rétracter ses accusations contre son complice.

*
**

Le 17 juin, à l'aube d'une belle journée d'été, on

va exécuter Weidmann. Naturellement, il est stoïque. Il a entendu la messe, bu le petit verre de rhum, tiré quelques bouffées de la dernière cigarette. En ces gestes ultimes, il est à l'opposé de Landru qui a refusé le rituel.

Dehors, devant le portail de la prison Saint-Pierre, la foule piétine depuis le milieu de la nuit comme pour Landru. Et comme pour le don juan barbu, beaucoup de femmes. Weidmann est beau et il séduit... toujours cette fameuse fascination du criminel sur le sexe faible.

Ce qui n'était pas prévu... M. Deibler, le fameux bourreau, est mort quelques jours avant sur les marches d'un escalier de métro d'une attaque cardiaque. Son neveu, M. Desfourneaux, lui a succédé au pied levé. Il va commencer très mal sa carrière d'exécuteur des Hautes Œuvres. La guillotine a été mal ajustée. On projette le condamné sur la bascule mais sa tête ne se place pas exactement dans la lunette. Les aides sont obligés de la tirer par les cheveux et les oreilles pour arriver à l'insérer dans le carcan en bois. Spectacle insoutenable. Lorsque M. Desfourneaux finira par presser le bouton et faire tomber la tête de Weidmann, maître de Moro-Giafferi dira :

– Il a vécu comme un monstre et il est mort comme un saint!

La foule, qui a suivi toutes les phases de cette étrange exécution, finit par déborder le service d'ordre... des femmes se précipitent vers la machine pour tremper leur mouchoir dans le sang du supplicié. Pour tout arranger, l'exécution a eu lieu un peu après le lever du jour, ce qui a permis à un photographe de presse de prendre des clichés de la scène. Ils seront publiés le lendemain. On crie au scandale et il est vrai que c'en est un.

Des députés interpellent le gouvernement à la Chambre et, par le décret-loi du 24 juin 1939, le président de la République décide que désormais les exécutions capitales se feront dans l'enceinte des établissements pénitentiaires.

La peine capitale s'appliquera désormais comme un vice caché et elle allait s'en accommoder pendant encore près d'un demi-siècle.

LE DOCTEUR PETIOT

ou

L'enfer est à lui

« Après tout, ce n'est pas le premier médecin dont les clients sont morts! »

Maître Floriot

Le docteur Petiot, lui, ne risquait pas de se confondre en repentir, de s'en remettre à Dieu en implorant son pardon. D'abord parce que le docteur Petiot plaidait non coupable. Un non-coupable assez rare qui se réclame de ses crimes. Ça mérite tout de même qu'on s'y arrête, qu'on en débatte, comme on aime à le faire dans nos médias autour d'une table ronde et à propos de n'importe quoi.

Tout le problème était de savoir si Petiot avait trucidé vingt-sept ou soixante-trois personnes pour son compte personnel ou pour celui de la Patrie. Qu'il ait pris du plaisir à empoisonner, étrangler, piquer ou flinguer, puis ensuite à dépecer les cadavres, est secondaire. Dans le premier cas, c'est un monstre et dans le second c'est un héros. Qu'on retourne la question comme on veut, on en revient à ce dilemme qui me ramène à des considérations délicates entre le meurtre de droit commun qui répugne à l'honnête homme et l'homicide (terme moins violent) patriotique, religieux ou idéologique. Une marge étroite. Petiot a contre lui une série de mystères non éclaircis et ce charnier de la rue Lesueur qui nous envahit, par-delà le temps, d'une très mauvaise odeur.

On a déjà beaucoup écrit sur le docteur Petiot et

pourtant je me suis aperçu au cours d'une conversation de table qu'il était moins connu que Landru (Landru a fait sa réputation auprès des femmes, ce qui lui donne une espèce d'assurance tous risques pour la postérité). Certaines personnes les confondent. « Mais pourquoi l'appelait-on Landru? » m'a demandé une charmante dame. J'ai dû lui expliquer hâtivement que l'un avait une barbe, l'autre pas. Et j'aurais pu ajouter quelques explications sur la guerre de 14 qui permettait au barbu de faire disparaître les femmes... après tout, les soldats payaient un lourd tribut au Moloch franco-allemand... alors dix femmes!... tandis que la guerre de 39 permettait aux antisémites de se réjouir près des fours crématoires... Vingt-sept ou soixante Juifs de plus ou de moins, liquidés par un docteur imberbe à nœud papillon, pouvaient passer inaperçus.

Landru est un tueur bien éduqué, une sorte de boulevardier du crime. Il fait des bons mots et il aime les roses. Le docteur Petiot est un sarcastique... il n'a que foutre de ce qu'on pense de lui. La brutalité de ses propos... pendant le procès... ne joue pas en sa faveur. Sauf, bien sûr, s'il s'avère qu'il a travaillé pour la Résistance... qu'il est un épurateur de choc. Un homme qui s'est livré à une pareille besogne, trucider puis découper en petits morceaux et incinérer soixante-trois traîtres, a bien le droit d'être un peu grossier. On ne fait pas d'omelette patriotique sans casser quelques crânes, quelques tibias.

Je vous la résume en quelques lignes cette affaire Petiot. Il a été reconnu coupable de crimes de droit commun... Il reste dans notre histoire du fait divers en quelque sorte le maillot jaune... le champion toutes catégories... mais il ne me déplaît pas que ce criminel hors classe ait été peut-être un combattant d'une noble cause.

Je ne me complais pas dans une sorte de sophisme,

maître Floriot, l'avocat du bon docteur, a plaidé cette thèse devant les assises.

Curriculum : Il est né à Auxerre en 1897, Petiot... Modeste extraction... son père était employé des postes. On le prénomme Marcel comme Proust. On dit, on dira aux assises qu'enfant il montrait déjà des signes de perversité. Il aurait ébouillanté un petit chat avec une joie inquiétante. Sous condition. Il est à remarquer qu'on ne prête qu'aux riches et que les futurs criminels ont toujours crevé les yeux des oiseaux tandis que les bambins bienheureux en voie de canonisation ont donné leur tablette de chocolat au misérable qui passait.

Une photo tout à fait inédite parue dans *Paris Match* nous montre un Petiot de sept ou huit ans à l'école. Il est assis par terre, jambes croisées, devant un monsieur à col cassé arborant de très belles moustaches, qui doit être son instituteur. Eh bien, Petiot a une bonne tête sur ce cliché. C'est un joli petit garçon brun avec un très beau regard intelligent et ce qui ne gâche rien, en guise de cravate, un superbe foulard noué savamment sur son plastron. Le gamin derrière, juste à sa droite, a plutôt, lui, une gueule de futur assassin. Nul n'irait imaginer que cette agréable frimousse du petit Marcel finira le 25 mai 1946 au matin sous le couperet de la guillotine.

A l'école, on lui reconnaît une intelligence au-dessus de la moyenne. Il est bon en français, en mathématiques, en géographie, en histoire, en sciences naturelles... presque un surdoué! On ne disait pas le mot à l'époque, on était plus circonspect. Seulement, le hic... la conduite! Plus que déplorable. Un mauvais exemple pour tous ses camarades. Pensez, il leur montre des images pornographiques! Aujourd'hui, n'est-ce pas, ça ne tirerait pas à conséquence... au cours d'éducation sexuelle, je suppose qu'on en a fait voir à nos chérubins de plus gratinées que celles qu'on pouvait se procurer à Auxerre au début du siècle.

Plus significatif... on rapporte aussi qu'il chapardait, qu'il ouvrait les lettres préalablement sorties de leurs boîtes avec un bâton enduit de glu. Ça lui permettait d'envoyer au mari les lettres de l'amant de sa femme par exemple. Délicate intention... précoce en tout cas pour un garçon de treize ans.

Et, là, on a des preuves. Il s'est fait piquer, Marcel. Il a été traduit devant un tribunal pour enfants... et puis renvoyé du lycée.

En 1915, il est néanmoins bachelier et il s'inscrit à la faculté de médecine. Petiot, diront des amis, des gens qui l'ont connu, est un jeune homme assez étrange... d'une *essence différente...* On remarque déjà sa froideur, son mépris pour ses semblables.

A quel moment se situe l'histoire des chats à l'anus cousu pour empêcher leur défécation? Avant son engagement dans l'armée ou à sa démobilisation, on ne sait au juste! En tout cas, il s'est livré à cette atrocité par esprit scientifique, dira-t-il, pour expérimenter une pompe aspirante et foulante de matière fécale afin de soigner la constipation. Les malheureux minous ont ameuté tout le quartier de l'Observatoire de Paris par leurs cris déchirants.

Les témoignages sur cette période de la vie de Petiot sont contradictoires, certains de ses anciens condisciples le tiennent pour un dingue, un méchant, hypocrite... etc., d'autres pour un petit génie.

Toujours est-il que le futur génie, ou le futur docteur Satan, s'engage en 1916, devançant l'appel, au 89e régiment d'infanterie. 1916 c'est l'année de Verdun. S'engager dans la biffe à ce moment-là relève ou de l'héroïsme ou de la folie. Marcel Petiot dira plus tard qu'il ne voulait pas passer à côté de cette expérience du front, de la guerre. Un peu comme Ernest Hemingway ou Blaise Cendrars.

Il est aide-major en Artois... quinze mois d'une période sanglante dans la boue des tranchées et en mai 1917, il est blessé au pied droit.

On le soigne et à ce moment-là se situe son premier accrochage psychiatrique. A l'hôpital militaire, il se comporte de telle sorte qu'on l'expédie chez les fous. A Orléans, puis au centre d'aliénés de Fleury-les-Aubrais. On le diagnostique sévèrement... *« Neurasthénie, dégénérescence mentale, obsessions et phobie... déséquilibre avec accès d'automatisme ambulatoire... tendances aux idées morbides et suicidaires... obsession de la persécution. »* Une fiche signalétique de troubles mentaux qui lui vaut devant la commission de réforme une invalidité à cent pour cent.

Entre 1918 et 1922 il va d'asile en centre psychiatrique. La conclusion sera en définitive devant la dernière commission : *Démence précoce.*

Qu'après ces diagnostics Marcel Petiot reprenne brillamment ses études de médecin est assez prodigieux! On a dit qu'il avait berné les médecins militaires. Jusqu'au 11 novembre 1918 ça se conçoit, son pied une fois guéri, il n'a pas tellement le goût de retourner à la riflette, mais après?... Jusqu'en 1922, il ne peut pas jouer la comédie uniquement pour toucher une pension dont il ne peut pas disposer puisqu'il est interné. A propos de ce terme, Petiot en jouera par la suite en supprimant l'accent aigu de sa carte de visite. Il se dira *Interne* des hôpitaux et asiles. Il est reçu à sa thèse de doctorat avec la mention très bien. Il se serait livré, lorsqu'il était en asile, à un travail curieux : une étude sur les maladies mentales de Landru. Malheureusement on n'a retrouvé aucune trace de cet essai. Surprenant qu'un tel personnage puisse accéder à la profession médicale. Le plus stupéfiant ensuite, en 1946, c'est que les experts psychiatres de la Justice le reconnaissent *« pleinement responsable de ses actes »*.

Il faudrait admettre qu'il ait été guéri totalement de tous les troubles qu'on décelait en 1921 et qu'il se soit *soigné* en dépeçant vingt-sept ou soixante-trois personnes! Traîtres ou non, le fait est là... cet être normal, responsable de ses actes, s'est livré à une besogne d'abattage humain particulièrement épouvantable.

J'ai l'amorce d'une petite explication sur la carence ou l'aberration de ces auxiliaires médicastres de la Justice française en 1946. J'y reviendrai.

*

Voilà donc Petiot docteur en médecine. En 1922, il retourne dans sa province natale pour ouvrir un cabinet à Villeneuve-sur-Yonne. Entre parenthèses, il me semble que dans cette profession, on peut tuer avec beaucoup plus de chances d'impunité que dans le commerce ou l'industrie. Toutes les possibilités vous sont offertes pour liquider vos semblables sans grands risques... puisqu'on peut donner par-dessus le marché le permis d'inhumer ses victimes. Petiot va très bien nous illustrer une histoire comme ça, de médecin criminel pas du tout malgré lui.

De toute façon, le point à souligner... que ce personnage défini par les psychiatres comme déséquilibré, neurasthénique, aux idées morbides... ce dégénéré mental, non seulement est libre mais il est destiné à soigner ses concitoyens.

Il a un côté Diafoirus lorsqu'il commence à pratiquer à Villeneuve-sur-Yonne. Il se réclame d'une médecine moderne aux contours assez flous. On verra plus tard à Paris qu'il ira très loin dans le charlatanisme. Déjà il se proclame, dans un tract distribué dans la ville, *« le seul médecin au courant des dernières méthodes du progrès qui marche à pas de géant. C'est pourquoi les malades intelligents ont confiance en lui. Seuls les imbéciles ne se font pas soigner par le docteur Petiot ».*

On imagine un peu la réaction du corps médical de Villeneuve.

A vingt-cinq ans c'est un bel homme, très brun, au regard profond... qui séduit incontestablement. Mais il semble avoir gardé quelques séquelles de dinguerie. Par moments, il devient brutal, furieux. On a l'impression qu'il ne se contrôle plus. Et puis il y a son rire. Un rire qui a frappé tous ceux qui l'ont rencontré. « Il riait comme on faisait naufrage », dira un de ses amis fidèles, le commissaire greffier Nézondet.

A noter cependant un très bon point pour Marcel Petiot. Dès cette époque, il se veut le médecin des pauvres. Sans compter sa peine, il se dépense pour les malheureux... tous ceux qui souffrent et n'ont pas de quoi se payer des soins. Dans les années 20-30 la Sécurité sociale n'existait pas encore.

Étayé par une grande conscience de ses moyens intellectuels, le docteur Petiot se caractérise par une véritable volonté de puissance. On dira plus tard qu'il a tué parce qu'il tient les autres êtres humains pour inférieurs. Rien ne doit s'opposer à la réalisation de ses projets. De quel ordre sont-ils? Médical, sans doute... il aura toujours des prétentions d'inventeur, de précurseur en toutes sortes de thérapies plus ou moins fantaisistes. Politique, certainement... dès 1925, il se présente aux élections municipales et il est élu par huit cents voix sur mille électeurs. Il est républicain de gauche, ce qui veut dire surtout qu'il bouffe du curé. Il dira par la suite que le parti de la calotte l'a calomnié et l'a empêché de faire carrière. En tout cas, au début, il réussit. Il va devenir maire, puis conseiller général.

Il présente toujours des traits de caractère un peu

bizarres... parfois son comportement déroute un peu les gens de bon sens. Certains affirment qu'il dérobe à droite à gauche de petits objets au cours de ses visites médicales ou lorsqu'il est invité à dîner. Aucune preuve... n'empêche.

Autre détail étrange : il est nyctalope. C'est-à-dire qu'il voit aussi bien la nuit que le jour. Ce détail contribuera à son portrait diabolique lorsqu'on l'accusera de tous ses crimes. D'où ce surnom de docteur Satan.

Il se présente aux élections législatives et il rate de peu le coche. Il est vrai qu'il a un adversaire de poids... M. Pierre-Étienne Flandin, une gloire de la IIIe République dont il a déjà été président du Conseil.

M. Pierre Manière a publié il y a un peu plus d'une dizaine d'années un excellent petit bouquin, très bien documenté, *Marcel Petiot ou l'échec d'une carrière politique*. A cette lecture, on se rend parfaitement compte de ce qui faisait courir Petiot entre 1927 et 1931. Il voulait devenir député, puis ministre. Seulement, cette espèce de dinguerie qui sommeille en lui, qui se manifeste sans qu'il puisse la contrôler, et à laquelle s'ajouteront des malhonnêtetés puériles, va lui casser sa carrière. De peu. Il est terrifiant ou plaisant, au choix, d'imaginer Petiot jouant un rôle politique important. S'il n'y avait pas mis du sien pour se discréditer, l'affaire était tout à fait possible... les électeurs ont toujours un faible pour les imposteurs.

Avant de se marier en 1927 avec Georgette L... une riche héritière, le docteur Petiot avait engagé une petite bonne, Louisette... une gentille fille plutôt bien faite de sa personne qui deviendra très vite sa maîtresse. Dans une petite ville, tout se sait et on saura bientôt qu'elle est enceinte. Louisette est un peu bavarde. A une de ses amies, elle va dire sous le sceau du secret que le docteur a les moyens de faire passer le bébé. Bien entendu, le secret s'est répandu dans Villeneuve. A l'époque, c'était d'une gravité exceptionnelle l'avortement... un médecin risquait d'être condamné à une lourde peine de prison.

Nous sommes en 1926. Déjà des bruits ont circulé sur les services que le docteur rend à des jeunes femmes qui ont *des ennuis*. Ragots... la médisance et la calomnie sont les deux mamelles de la vie en société... surtout en province dans une agglomération de quatre mille habitants.

Et puis Louisette s'évapore. Un beau jour, elle n'est plus là. Le docteur Petiot n'explique pas très bien son départ. Elle l'a quitté sans le prévenir, sans lui dire où elle allait. Comportement qui ne lui semble pas extraordinaire.

D'ailleurs, les gens ne s'inquiètent pas de son sort outre mesure, même lorsque la police de Dijon découvre quelques jours plus tard, dans l'Yonne, le cadavre d'une jeune fille décapitée. Pas de rapprochement. Cette jeune fille ne sera jamais identifiée.

Au cours de toutes ces affaires criminelles, pour peu qu'on soit attentif, on s'aperçoit toujours de graves lacunes dans les enquêtes, les instructions. Cette fille décapitée passe aux profits et pertes. Louisette devait avoir pourtant une famille... un père, une mère... des frères ou des sœurs. Elle venait bien de quelque part. On s'en désintéresse... Nul ne demande ce qu'elle est devenue. Le service des recherches dans l'intérêt des familles à la préfecture de Police n'est même pas sollicité.

Évidemment, par la suite, on a pensé que le docteur n'était pas pour rien dans cette disparition. Simple hypothèse. On peut aussi se demander pourquoi Petiot aurait assassiné cette fille qu'il pouvait faire avorter. A moins d'un accident de parcours... ou d'un accès de folie? On ne saura jamais.

Comme Landru, Petiot est un excellent mari. Rien à lui reprocher. Comportement sexuel normal, dira plus tard sa femme aux juges et aux experts. En 1928, il a un fils Gérard – qui a changé de nom en 1946 – et il sera un aussi bon père que le cher Landru.

Certains en rajoutent, disent que les deux bonnes qui succédèrent à Louisette ont disparu elles aussi. Simples rumeurs... lorsque l'actualité et la police se seront emparées de Petiot, que l'on fouillera dans sa vie dans les moindres recoins, et que l'on contrôlera tous les racontars colportés à son endroit.

En mars 1930 une certaine Mme Debauwe, gérante de la Coopérative laitière de Villeneuve, est trouvée morte dans les décombres du bâtiment qui a brûlé. Le corps est à demi carbonisé mais l'autopsie révèle qu'elle a été assassinée à coups de couteau avant que le feu ne prenne dans la laiterie. Délestée en outre de deux cent quatre-vingt mille francs ! Et que le feu n'a pas pris tout seul... qu'il s'agit d'un incendie criminel. Or Mme Debauwe était une « cliente » assidue du docteur Petiot qu'un certain M. Frascot, cabaretier, a aperçu dans les parages avant le drame. En tout cas, sa voiture stationnée non loin de la laiterie.

Petiot est un passionné d'automobiles. Il en a eu de toutes sortes... une Amilcar, une Salmson, une Avion Voisin, une Renault 21 CV. M. Frascot a reconnu cette dernière... « Ah, si je voulais parler » dit-il... mais il ne veut pas... enfin pas pour le moment et il a tort, ce brave homme.

Comme on n'est jamais si bien servi que par soi-même, le docteur Petiot pratique lui-même l'autopsie de Mme Debauwe... Les gendarmes enquêtent, puis la police d'Auxerre qui finira par classer l'affaire, faute de preuves pour coincer le meurtrier. On a enregistré quelques commérages concernant le docteur... qu'il a eu une attitude curieuse lorsque les pompiers éteignaient l'incendie... qu'il était nerveux et en même temps que son visage exprimait une sorte de jubilation en regardant le bâtiment brûler. C'est presque trop... on dirait du mauvais roman. On sait que Petiot, en tant que maire, s'est fait des ennemis. En politique, ceux-ci ne sont pas très regardants sur les moyens d'abattre un adversaire.

Une semaine après ce drame, notre bon docteur rencontre M. Frascot qui tire la patte. Petiot s'inquiète : « Pauvre monsieur Frascot, qu'est-ce qui vous arrive? » « Rhumatismes », répond le patron du bistrot. Le docteur lui conseille de venir à sa visite, il lui fera une piqûre antirhumatismale dont il a le secret et qui le guérira très rapidement.

On se rappelle que Petiot se réclame, depuis qu'il s'est installé à Villeneuve, de certaines méthodes d'avant-garde pour soigner toutes sortes de maladies. Le plus curieux... dans certains domaines, il a obtenu des résultats positifs! Une partie de la population le considère comme un bon praticien. Le père Frascot fait partie du clan des antipetiotistes... on sait ce qu'il a laissé entendre à propos de l'assassinat de Mme Debauwe mais ses rhumatismes le font tellement souffrir qu'il se dit... après tout, pourquoi pas! Il prend rendez-vous. Avec la mort, puisque deux jours après la première piquouse, il meurt. D'une embolie, dira le médecin qui donne le permis d'inhumer. Comment s'appelle ce médecin?... Question facile à cent francs... Marcel Petiot! On se croirait dans une parodie de roman policier.

Ça commence à faire pas mal de morts suspectes... Louisette, Mme Debauwe et M. Frascot. On pourrait penser que le commissaire Maigret du coin va s'intéresser à cet inquiétant docteur en médecine. Nullement, le décès inattendu de M. Frascot ne fait même pas l'objet d'une enquête.

Alors, on a dit... toujours les rumeurs... que le

docteur Petiot était protégé... qu'il était franc-maçon et que ça expliquait bien des choses. On pousse un peu loin la notion de solidarité chez les francs-maçons. Qu'ils s'aident professionnellement, politiquement, ça se conçoit, mais on imagine difficilement les frères d'une loge intervenant pour couvrir un des leurs soupçonné de meurtre.

Par ailleurs, on n'a avancé aucune preuve de l'appartenance de Petiot à la franc-maçonnerie. En politique, il se situait à gauche et il a eu, jusqu'à sa révocation de ses fonctions de maire, la carte de la S.F.I.O., le parti de Léon Blum, l'ancêtre de notre P.S. mitterrandiste... ce qui n'implique nullement l'obligation d'être en même temps membre d'une loge maçonnique.

En tout cas Petiot, maire de Villeneuve, va chuter sur une succession de malversations, de petits scandales : fausses déclarations en matière d'assistance médicale, fraude au détriment de l'Office national des victimes de guerre... escroquerie de trois mille francs au préjudice du budget municipal... et en plus, on prouve qu'il a trafiqué son compteur électrique pour détourner le courant.

Toutes ces affaires se terminent en correctionnelle. Petiot est condamné à quelques peines de prison assorties de sursis.

Seulement le préfet de l'Yonne va envoyer le dossier Petiot au président du Conseil et ministre de l'Intérieur, M. Pierre Laval. Celui-ci le soumet avec avis défavorable à M. Paul Doumer, président de la République, qui révoque M. Marcel Petiot, maire de la commune de Villeneuve-sur-Yonne, de ses fonctions en date du 9 septembre 1931.

*

En conséquence, le docteur est pratiquement obligé de quitter la ville où il est devenu indésirable.

Que faire? Il décide de tenter sa chance dans la capitale. « A nous deux Paris! » Petiot-Rastignac, dégoûté de la vie de province, un peu amer, aigri... sans doute haineux, s'installe rue Caumartin au cœur du IXe arrondissement à Paris, tout près de la Gare Saint-Lazare. Puisqu'il n'a pas réussi à se faire une place au soleil de la politique, il va mettre les bouchées doubles pour devenir une gloire médicale. Voici comment il annonce aux populations, par prospectus, ses références :

Vous êtes prié de bien vouloir noter que le **Cabinet Médical** tenu précédemment au 1er étage du **66 Rue Caumartin,** par le *Docteur Garnier* et par le réputé *Docteur Valéry*, lauréat de la Faculté, sera désormais occupé par

le Docteur Marcel PETIOT
Diplômé par la Faculté de Médecine de Paris en 1921
Conseiller Général de l'Yonne
Ex-Interne des Hôpit. et As.
et Médecin d'Hôpit. et d'Hosp. pro.
Direct. de Clinique
Méd.-chef de l'Off. Médic. perm. de la Seine

Ce Cabinet Médical en plein centre de Paris vous offre toutes facilités d'accès (autobus et métro par les stations Saint-Lazare et Caumartin).

Il comprend un matériel des plus modernes et des plus perfectionnés avec Rayons X, UV, UR, Radiothérapie superficielle et profonde, Subst. Radio-Actives, Laboratoire, Galva, et Faradisation, Ionisation, Cryothérapie, Diathermie (toutes fréquences, ondes courtes à grande puissance, fièvre artificielle), Bistouri électrique, Outillage chirurgical, Ozonothérapie, Aérothérapie, etc.

Cette perfection de l'appareillage permet au DOC-

TEUR MARCEL PETIOT *d'exercer la Médecine générale,* Chirurgie et Gynécologie dans les meilleures conditions et avec toutes les ressources des plus parfaits outillages des Spécialistes.

Le **Docteur Marcel PETIOT** fut le *promoteur* en 1921-23 d'une technique parvenant à la *suppression complète de la douleur* dans les *accouchements.* Et cela sans anesthésie générale ou régionale et sans instruments plus ou moins dangereux.

Cette méthode permet de *supprimer* aussi *la douleur* dans les affections même les plus pénibles (*sciatique, rhumatismes, névralgies, zona, névrites, ulcérations, cancers*).

AUTEUR d'ouvrages originaux sur les *maladies nerveuses* et leurs traitements modernes (spécialement dans les affections à crises périodiques et les cures de désintoxication).

CRÉATEUR avec un physiologiste connu, d'un matériel et d'une technique permettant d'obtenir la *guérison* de toute *tumeur* non généralisée ou affectant des organes vitaux. Cette désignation comprend non seulement les **ganglions externes** ou **internes,** les **loupes, lipomes, polypes, végétations, verrues, taches rouges, goitres, déformations, tatouages, cicatrices,** etc. – mais encore les **fibromes** et les **tumeurs malignes** ou **cancers** même profonds, avant leur extension terminale.

L'application aux **ulcères,** aux **hémorroïdes,** est évidemment très vite suivie de résultats définitifs.

Des principes analogues permettent de régler le *fonctionnement* des glandes endocrines et de traiter les états généraux déficients – *artériosclérose, anémies, obésité, retour d'âge, diabètes, défaillances cardiaques ou rénales, arthrites, dépressions nerveuses, sénilité...*

Des *méthodes personnelles* permettent d'obtenir le maximum de *fixation* rapide des substances médicamenteuses nécessaires à l'organisme, à l'aide d'éléments catalyseurs appropriés – chimiques microbiens et physiques. Commande des filets nerveux et des flux circulatoires, Oxozone... (ozone très concentré par appareil spécial). Électrothérapies, Ionisation, Radioactivité...

L'application de ces données permet de *décupler les effets* sans augmenter les doses médicamenteuses et donne des résultats probants dans les maladies les plus rebelles et dans les cas les plus désespérés, notamment :

– Dans les affections respiratoires aiguës et chroniques, grippe, pneumonies, emphysème, asthmes, et surtout tuberculose.

– Dans les maladies infectieuses du sang, gastrites, entérites, appendicites, néphrites, furonculoses, salpingites, blennorragies, syphilis (avec adjonction de la séro et de l'autosérothérapie).

– Dans les maladies organiques, osseuses, néoplasmes généralisés, lésions du cœur, du foie ou de l'estomac, fatigues.

Grâce à des moyens rapides de transport, il lui est possible de répondre très promptement aux appels lancés à son numéro de téléphone : **Pigalle 77-11.**

Il accepte très volontiers de collaborer avec le médecin habituel lorsque le cas nécessite les moyens dont il dispose ou lorsqu'il est utile de recourir à ses méthodes personnelles.

Les prix pratiqués conviennent aux situations de fortune même les plus modestes. Les formalités des Assurances Sociales et des Accidents du travail sont acceptées volontiers. Le Docteur Marcel PETIOT, ancien combattant, réformé de guerre, sera toujours très honoré de la confiance témoignée par les anciens combattants et les pensionnés. Il acceptera toujours les bons de soins gratuits.

Directeur de deux services cliniques, aidé par ses collaborateurs choisis dans les différents secteurs de Paris et de Banlieue, disposant d'ambulances et d'un outillage portatif approprié, il assume les fonctions de **Médecin-chef de l'Office Médical permanent.**

Cette organisation permet d'assurer le *Secours médical immédiat de jour et de nuit* pour les cas urgents dans la clientèle des Commerçants, Hôteliers, Logeurs, Restaurateurs, Directeurs de Spectacles, *sans engagement préalable.* Ils sont ainsi garantis contre tous frais, toute indiscrétion, tout trouble et toute responsabilité.

Il suffit de téléphoner à **PIGALLE 77-11.**

Les Particuliers peuvent y avoir recours en toute liberté lors d'une absence de leur médecin habituel.

En cas de besoin l'hospitalisation rapide est assurée dans un établissement public ou privé selon le choix.

Le **Docteur Marcel Petiot** s'excuse d'employer ce procédé vulgaire de publicité afin d'informer le public de son installation au centre de Paris pour toutes consultations et soins à domicile demandés au *Médecin de Famille.*

Et pour les *soins spéciaux* précédemment indiqués d'une façon sommaire.

Le Docteur MARCEL PETIOT vous sera particulièrement reconnaissant de bien vouloir noter dans votre annuaire son adresse : **66, Rue Caumartin, PARIS-IXe** et son numéro de téléphone : **Pigalle 77-11.**

Consultations : S.R.V.
et tous les Jours de **13 à 15 h.**
Samedi de **13 à 19 h.**
Mardi et Jeudi de **18 à 20 h.**

On se pose la question de savoir pourquoi les autres médecins n'ont pas averti les autorités compétentes... le ministre de la Santé ou je ne sais quel organisme habilité pour exercer un contrôle sur un pareil guérisseur. L'Ordre des médecins n'existait pas encore, mais en 1933 nous n'en étions plus à permettre de telles professions de foi molièresques de la part d'un praticien diplômé de la Faculté.

Qu'un pareil personnage, déséquilibré, d'une amoralité aussi évidente... avec des procédés d'escroc d'assez basse espèce, puisse exercer la médecine, être plusieurs années maire et conseiller général, dépasse l'entendement. Dans d'autres cas, on a mis le holà pour moins que cela.

*

Toujours est-il que le docteur Petiot se met au travail rue Caumartin. Très rapidement, il aura une bonne clientèle... ce genre de charlatan attire toujours les gogos... un peu comme les voyants, les astrologues qui sévissent en 1989 autant que par le passé.

Il a bientôt une réputation de médecin des pauvres. Le paradoxe... il ne fait pas payer lorsque les malades ne sont pas en état de régler ses consultations ou ses visites... En revanche, on remarque, comme à Villeneuve, qu'il chaparde chez ses clients. En kleptomane, non en voleur conscient... des objets souvent sans valeur.

Dans sa vie privée toujours rien à lui reprocher. Sa femme dira qu'il est un mari calme, prévenant, agréable en tous points. Elle lui sert de secrétaire et il est sans arrêt en activité. En dehors de ses visites, il est fervent de la salle des ventes rue Drouot et c'est aussi un promeneur nocturne infatigable. Quelques putes du quartier diront, après la découverte des crimes du docteur, qu'il était un client assidu et qu'il avait des exigences assez spéciales. Sans bien préciser... On peut aussi se méfier de ce genre de témoignages, les prostituées sont inventives lorsqu'il s'agit de personnages sous le feu de l'actualité.

Tout baigne dans l'huile. Mis à part ce prospectus délirant, le docteur se comporte à peu près comme n'importe lequel de ses confrères généralistes. Ses clients ne se plaignent pas.

Un fait cependant nous met la puce à l'oreille... Il a dissimulé des gains au fisc. Il ne sera poursuivi par les sbires du ministère des Finances qu'en 1938 mais, dès les années 34-35, il a déclaré trente mille francs de revenus par an alors qu'il a encaissé environ cinq cent mille francs. Somme considérable en monnaie d'avant-guerre.

On repense aux rumeurs de Villeneuve-sur-Yonne. Un médecin pouvait gagner gros en pratiquant des avortements. Il y a aussi la drogue... En 1936, les inspecteurs des Renseignements généraux mènent une enquête à ce propos. Petiot a-t-il été toxicomane? On ne l'a jamais bien établi, mais c'est probable. En tout cas il a gagné beaucoup de fric grâce à des ordonnances de faveur pour les drogués. La police n'établit pas à ce moment-là de preuves irréfutables. Petiot n'est pas inquiété. Il ne le sera, nous verrons, qu'en 1942.

Entre cinq cent mille et trente mille francs, la différence est considérable. Petiot devrait rouler sur l'or... il n'en est rien. A la salle des ventes, ses acquisitions ne sont que broutilles. Il n'améliore pas ses conditions de vie. On saura plus tard qu'il place dans la pierre. Il achète des maisons, des immeubles. Il restera cependant toujours un mystère autour de l'argent amassé par le docteur.

En avril 1936, Petiot est pris en flagrant délit de vol à l'étalage de la librairie Gibert, boulevard Saint-Michel. Un tome d'une encyclopédie médicale. Emmené au poste, il déclare... « J'avais besoin de cet ouvrage que j'ai pris par inadvertance, je suis un savant. Je cherche le mouvement perpétuel! »... etc. L'affaire arrive en correctionnelle et le tribunal désigne un expert pour l'examiner : le docteur Cuillier auquel Petiot explique le fonctionnement de cette pompe à matières fécales qu'il avait expérimentée avec des chats pendant ses études. Résultat : *Il y a lieu d'interner Marcel Petiot d'office dans un asile d'aliénés.* L'expert le trouve dépressif, aboulique, anxieux... Son déséquilibre psychique paraît ancien. Il a le délire des inventions.

Crac! On boucle Petiot à Ivry dans la clinique du docteur Dalmar... On parlera plus tard de simulation... Craignant une condamnation qui l'empêcherait ensuite d'exercer, le docteur Petiot battrait les dingues, comme on dit chez les truands en taule? D'une part, ça peut l'entraîner plus loin qu'une peine de prison avec sursis, d'autre part, on pense tout de même à ses antécédents... qu'en 1918, on l'a déjà interné. On sait aussi que les simulateurs sont sujets à caution. La suite va nous prouver que ce personnage est en proie à de drôles de pulsions.

Nouvelle surprise, au bout de quelques mois, Marcel Petiot va être remis en liberté après une nouvelle expertise. Il est déclaré cette fois par trois savants psychiatres : *« Déséquilibré constitutionnel non délirant qui se trouve dans la situation où il a été toute sa vie. S'il a présenté autrefois des troubles mentaux, ceux-ci ont disparu. »*

Une contre-expertise, demandée par le préfet qui ne tient pas à remettre Petiot en liberté, confirme le diagnostic des trois premiers experts et ajoute que *« cette situation où il s'est trouvé toute sa vie est aussi celle où il se trouvera vraisemblablement toujours ».*

Et on le largue dans la nature. Vive la psychiatrie! Quelques notes additives signalent toutefois que ce médecin présente les *caractéristiques d'un individu sans scrupules.*

Je me demande quel scénariste, quel romancier

oserait nous raconter une histoire pareille. Surtout lorsqu'on va connaître quelques années plus tard les conséquences de leur inconséquence... de leur incapacité revêtue de ce qu'on est en droit d'appeler – en tout cas en 1936 – leur pseudo-science.

Petiot sort et reprend son travail. Que pense Mme Petiot? On n'en sait trop rien... que son époux s'est trop surmené. Rien ne laisse entendre qu'elle ait eu à ce moment-là des doutes sur l'état mental de son mari.

L'administration non plus qui le nomme, peu après sa libération du centre psychiatrique, médecin d'état civil du IXe arrondissement. Des bruits ensuite circuleront à propos d'argent qui aurait disparu chez quelques particuliers dont le docteur vient constater le décès pour donner le permis d'inhumer.

Il doit sans doute continuer à soulager les femmes en situation illégitime intéressante et il délivre des ordonnances pour drogués en cure libre de désintoxication... c'est-à-dire des gens qu'on soigne en diminuant peu à peu les doses d'héroïne... Il est facile de tricher avec ce genre de traitement.

Tout ça paraît incontestable. La clientèle est nombreuse rue Caumartin mais on se demande avec quel fric Petiot continuerait ses investissements immobiliers... à Paris, à Auxerre et à Villeneuve-sur-Yonne sans ses revenus occultes.

Insatiable, le docteur qui se dit entre autres guérisseur des maladies vénériennes se livre à une prospection curieuse dans ce domaine. Sur des papillons qu'il colle dans les vespasiennes, avec son numéro de téléphone, il promet des remèdes miracles de la syphilis. Ce genre de médicastres, on les appelle médecins des tasses[1]. Petiot s'abaisse à cette retape. Quel genre de soins apporte-t-il à ces pauvres types

1. Tasses : vespasiennes en argot. Elles étaient nombreuses à Paris à cette époque.

vérolés? On essayait tout et n'importe quoi avant les antibiotiques... la syphilis étant presque aussi terrifiante qu'aujourd'hui le sida.

Plus tard un certain Paul Clavié, gestapiste, va apparaître dans l'affaire Petiot. Il aurait connu le médecin comme ça, grâce à un prospectus collé dans une pissotière. Petiot faisait-il parfois des prodiges?... Possible... en tout cas pour la canaille... puisque Paul Clavié se dira guéri et en gardera au docteur une profonde reconnaissance.

*

Et voici la guerre, puis l'Occupation... la fameuse nuit noire de l'Occupe. J'ai personnellement vécu cette époque sans me rendre compte qu'elle était si noire. La jeunesse aidant, on colorie un peu l'album... on se rythme le temps avec des airs de jazz... on se libère par l'aventure clandestine qui ressemble à nos rêves de bandes dessinées.

Petiot, lui, continue à faire des affaires... acheter des immeubles, se livrer à ses petits trafics de drogue par ordonnance. En 1939, on ne l'a pas mobilisé pour *déficience mentale*, mais ça ne l'empêche pas de soigner le pauvre monde. D'ailleurs, il le fait avec dévouement. Plus d'essence... il va soigner ses malades à vélo. On dit qu'il se déplace jusqu'en banlieue pour soulager les douleurs des plus démunis.

Il se dédouble comme son précurseur Henri Désiré Landru... docteur Jekyll pour son épouse, son jeune fils... ses clients dépourvus de moyens... Mister Hyde, comme nous allons le voir un peu plus loin. Le schéma se complique un peu parce que le docteur Petiot ne devient pas Mister Hyde comme ça, subitement après avoir bu je ne sais quelle potion maléfique. Il prémédite méticuleusement ses périodes diaboliques... Le bon docteur Jekyll prépare les mauvaises actions de Mister Hyde...

En septembre 1941, il achète un hôtel particulier rue Lesueur... au 21. (*L'assassin habite au 21* est le titre du premier film de Clouzot qui passait sur les écrans à la même époque.) Une affaire... cinq cent mille francs payables par traites de trente-cinq mille francs par mois. La rue Lesueur se situe dans le XVIe arrondissement, près de la place d'Argentine qui s'appelle maintenant place du Général-Patton... à mi-chemin entre la place de l'Étoile et la Porte Maillot. C'est une bâtisse du XIXe siècle qui appartenait au prince Colloredo-Mansfeld, un Tchèque qui ne tient pas à rester en Europe hitlérienne pour des raisons qu'on imagine.

Avant le docteur Petiot, Cécile Sorel était la locataire de l'hôtel. De l'espace, pour la célèbre actrice, afin de répéter en robe Grand Siècle les œuvres de Corneille, Racine ou Molière. Il y a quinze pièces et douze fenêtres de façade, ce qui donne une idée de l'endroit.

Mme Petiot pense que son mari veut transformer cet hôtel en clinique. Elle n'est pas des plus satisfaites de cette acquisition, déjà qu'elle ne le voit pas beaucoup... s'il exerce dans le XVIe, il se fera encore plus rare au domicile conjugal.

En fait de clinique, Petiot fait entreprendre des travaux plutôt bizarres par deux ouvriers à qui il explique que dans cet hôtel viendront se reposer des convalescents et qu'il est essentiel qu'ils soient protégés contre la curiosité du voisinage. D'où un mur mitoyen dans la cour à élever au maximum. Il leur fait aussi construire une pièce triangulaire pour y installer, explique-t-il, un appareil d'électrothérapie, dernier modèle de la science. Et ce cabinet triangulaire a besoin de cloisons très épaisses afin de ne pas déranger le voisinage. Il demande, en outre, aux ouvriers de laisser un trou de quinze centimètres de diamètre dans un des murs. Il a besoin, dit-il, de surveiller ses malades pendant les séances d'électrothérapie qui ne sont pas toujours sans risque... etc. Bref, il les met dans sa poche, d'autant qu'il pratique avec eux la technique du coup à boire au bistrot du coin. Ils diront que le docteur n'était pas fier. Le sésame ouvre-toi du petit populo... les hommes politiques en campagne électorale le savent bien, qui s'efforcent tous d'aller devant le zinc, boire le petit blanc du pays. Aujourd'hui, on peut admirer dans cet exercice d'incroyables technocrates... qui jouent leur rôle avec une application d'énarques compassés.

Petiot, lorsqu'il veut s'en donner la peine, dame le pion à n'importe quel professionnel démagogue. De la sorte il obtient tout ce qu'il veut de ses deux maçons – qu'il paie rubis sur l'ongle. Il leur demande, entre autres, de plaquer sur un côté du cabinet triangulaire une porte qui ne donne sur rien.... une porte pour la frime. Et puis de fixer six gros pitons dans un des murs... et aussi une sonnette sans fil. Vraiment un étrange décor. Les ouvriers, ça leur reviendra dans la mémoire lorsqu'on découvrira l'entreprise d'équarrissage du docteur.

Ces travaux au 21, rue Lesueur sont une preuve formelle de préméditation. Le cabinet d'électrothérapie est une fiction. Petiot a donc l'intention d'attirer des gens dans cette prétendue clinique pour les faire disparaître.

On est surpris par cette machination prévue de si longue date puisqu'il ne fera fonctionner son entreprise à plein rendement que quelques mois plus tard. On pense à l'hôtel-château du docteur Holmes à Chicago à la fin du siècle dernier. Je ne vois pas d'autres exemples... en tout cas sur le plan de l'entreprise individuelle.

Dans l'affaire Petiot, rien n'est simple. Tout de suite, on se pose des questions concernant les complicités dont le docteur a pu s'assurer. On verra un peu plus loin que le transport de corps humains lui posait des problèmes particulièrement difficiles en cette période d'Occupation.

Des gens vont disparaître au contact du docteur. Ceux qu'on a pu répertorier, certes, mais il y a les autres... ceux dont il s'est vanté d'être l'exécuteur en tant que justicier de la Résistance. Mystère. Jean-François Dominique dans un livre consacré à Petiot en 1980 estime, sans en apporter de preuves formelles, que le docteur avait partie liée de longue date avec les gens de la rue Lauriston. (C'est-à-dire l'officine d'auxiliaires-truands de la Gestapo dirigée par Henri Lafont et l'ex-inspecteur Bonny.) Par le truchement de Paul Clavié, le neveu de Lafont, celui que Petiot aurait guéri de la vérole.

Cette hypothèse pourrait expliquer l'achat de la clinique de la rue Lesueur et les travaux qui y furent entrepris. Les tortionnaires de la rue Lauriston se seraient chargés ensuite de rabattre de la clientèle pour le docteur, notamment par l'intermédiaire d'une certaine Rudolphina Kahan, dite Eryane, Juive roumaine qui travaillait vraisemblablement pour le compte des Allemands.

Possible, mais on voit mal pourquoi. Partage du butin? Les gens de chez Lafont n'avaient nul besoin du docteur Petiot à ce moment-là pour se faire du fric. Un peu plus tard, il leur sera utile, mais pour d'autres raisons. Essayons d'y voir plus clair en suivant, autant que faire se peut, la chronologie de l'affaire.

2 janvier 1942. Un fourreur israélite, Joachim Guschinov, est la première victime « officielle » de Petiot. Un de ses clients qui lui a fait part de ses craintes devant la persécution nazie. La grande rafle n'aura lieu qu'en juillet, mais les Juifs sentent bien que leur sort en France est très compromis.

Petiot a-t-il eu l'idée de profiter de cette situation avant ou après que Guschinov lui eut fait part de ses appréhensions? Avant, si on se réfère à la construction de la chambre triangulaire de la rue Lesueur.

A la même époque – début 1942 – on a trouvé dans le Bois de Boulogne et repêché dans la Seine des corps humains qui avaient été dépecés de la même manière que le seront ceux qu'on retrouvera plus tard rue Lesueur. « Par un habitué du bistouri », dira le docteur Paul, médecin légiste... On remarquera aussi, chez d'autres cadavres découverts en 1944, que leurs visages ont été défigurés. Comme ceux du docteur Petiot. Et, là encore, le docteur Paul en conclut que, seul, un professionnel a pu procéder à une semblable excision de la peau du visage.

Là, nous ne sommes que dans des suppositions. En tout cas, Petiot durant une première partie de ses activités d'assassin n'a pas fait fonctionner la chaudière de la rue Lesueur. Qu'a-t-il fait des cadavres? Il possède un vélo avec une remorque. Il a pu transporter par ce moyen les corps dans le Bois de Boulogne tout proche, ou il a été les jeter dans la Seine qui n'est qu'à un kilomètre environ.

Ces cadavres défigurés ont été occultés par la police française. Explication relativement simple... Ce quartier autour de l'Étoile était celui où les différentes officines de la Gestapo avaient leurs repaires. On a tendance à ne parler que de l'équipe Bonny-Lafont... elle n'était pas la seule, loin de là. Bien sûr, la P.J. ne pouvait pas mettre son nez dans leurs crimes, leurs exécutions illégales. Elle n'avait mandat que sur les affaires qui ne touchaient ni de près ni de loin le domaine de la police allemande... les crimes et délits de droit commun.

Revenons à M. Guschinov. Petiot lui révèle qu'il connaît une filière pour quitter la France et se réfugier en Argentine. Prix du passage : vingt-cinq mille francs. C'est cher mais les risques sont considérables pour les intermédiaires. En outre, le docteur conseille à M. Guschinov, s'il veut profiter de cette occasion pour quitter la France clandestinement, de réaliser au plus vite tous ses avoirs, d'emporter les bijoux auxquels il tient, de démarquer son linge et de venir le retrouver au 21, rue Lesueur où ils attendront ensemble le passeur.

Parle-t-il à Guschinov de piqûres destinées à lui éviter la quarantaine lorsqu'il arrivera à Buenos Aires? Il n'en est pas encore question dans le procès pour ce qui concerne cette première victime.

Joachim Guschinov accepte de tenter cette aventure malgré une mise en garde de sa femme, plus intuitive que lui. Le 2 janvier, il est au rendez-vous de la rue Lesueur et après on ne le reverra plus.

Petiot joue sur du velours... opération escamotage avec un minimum de risques. Moins que Landru avec ses dames de cœur. A cette époque, les Juifs sont en passe de finir à Buchenwald ou Treblinka. Himmler va déclencher bientôt l'opération *Nuit et Brouillard*... un Juif qui disparaît, personne ne trouve ça exceptionnel. Ou bien les Allemands l'ont embarqué – souvent en catimini sans même que le voisinage s'en aperçoive – ou bien, comme M. Guschinov, il annonce à son entourage qu'il a une combine pour foutre le camp... dans le maquis, en Suisse, en Argentine ou à Londres, peu importe! Si on n'a plus de nouvelles de lui, c'est sans doute qu'il a réussi. Et même après la guerre, s'il ne revient pas, on peut encore penser qu'il s'est fait cravater quelque part, sur la ligne de démarcation, dans un port ou à la frontière espagnole et qu'il a malheureusement fini ses jours dans un camp d'extermination.

Petiot a compris tout le parti qu'il pouvait tirer de la conjoncture. Il est cupide et il est fou. On l'a déjà trouvé – les experts – *dépourvu de sens moral, d'un cynisme parfait et d'une mauvaise foi totale.* Le sort des Juifs persécutés ne risque pas de l'émouvoir... d'autant qu'on notera de sa part des réactions antisémites lors de l'instruction et du procès.

Je crois malheureusement que Petiot n'était pas le seul en France à profiter de la situation. Parmi les passeurs aux frontières combien se sont vraiment comportés en patriotes? Par la suite, après la guerre, bien sûr tout le monde aura résisté, tout le monde aura sauvé les Juifs. Il y a ceux, le moindre mal, qui ont pris de l'argent en s'acquittant de leur mission et puis les autres, ceux qui ont laissé crever leurs clients dans les neiges des Pyrénées, ceux qui les ont liquidés eux-mêmes, ceux qui les ont livrés aux Fritz. Du joli monde. Là, il ne s'agit que des passeurs plus ou moins patentés... les autres, les concurrents de Petiot, combien sont-ils? Combien ont survécu, fortune faite... parfois célébrés au nom de la Résistance.

Ça fait partie, tout ça, des mystères de l'Histoire... encore plus insondables que les grandes énigmes qui reviennent régulièrement alimenter les revues historiques. Les circonstances font les criminels... ils attendent parfois toute une vie pour rien... alors quand l'occasion se présente...

Le système Guschinov, Petiot va l'appliquer autant qu'il le pourra. Fastidieux de revenir sur chaque affaire, mais pour le docteur Braunberger, la famille Kneller (père et mère, plus un gosse de sept ans), les époux Wolff, Basch et leur belle-mère, les époux Schoenker, les époux Arnsberg... tous vont s'évaporer dans les cieux après leur passage rue Lesueur. Ça, c'est pour l'année 1942... et pour les Juifs.

Le docteur Petiot ne se spécialise pas uniquement dans la clientèle israélite. Il fait disparaître aussi quelques toxicomanes susceptibles de lui attirer des ennuis. D'abord Jean-Pierre Van Bever, fils d'un écrivain, auteur en collaboration avec Paul Léautaud d'une anthologie poétique. On accuse le docteur Petiot de lui avoir délivré des ordonnances de complaisance ainsi qu'à sa maîtresse, une pute nommée

Jeanne Gaul. Van Bever balance son fournisseur qui risque gros... la radiation de l'Ordre et la prison. L'affaire devra se terminer en correctionnelle. Entre-temps, Van Bever disparaît. Auparavant, un ami l'a vu partir avec un homme qui... un homme que... un brun, pas très grand (Petiot mesure un mètre soixante-dix, les yeux noirs). On dira que c'est le docteur Petiot. Et non sans quelques preuves qu'on découvrira plus tard. Nous sommes le 22 mars 42. Le procès en correctionnelle a lieu le 26 mai. Van Bever ne se présente pas, il est condamné à un an par défaut. Jeanne Gaul à six mois et le docteur Petiot est relaxé.

Même problème avec Raymonde Baudet, toxico, ancienne prostituée et elle aussi cliente de Petiot. Une histoire un peu plus compliquée. Raymonde Baudet est arrêtée et elle avoue avoir payé des ordonnances au docteur en son nom et au nom de sa mère, Mme Khaït, qui bien sûr n'est pas au courant de cette tricherie manigancée par sa fille pour obtenir ses doses d'héroïne. Passons sur de multiples détails... allées et venues, coups de fil... Au bout du compte, Petiot serait coincé au cas où cette Mme Khaït témoignerait contre lui.

Toute cette affaire se déroule en même temps que l'affaire Van Bever, puisque Mme Khaït a rendez-vous avec le docteur Petiot le 26 mars, soit quatre jours après la disparition de Van Bever. En tout cas, à partir de cette date, on ne reverra plus Mme Khaït. Son mari, le beau-père de Raymonde, reçoit deux lettres étranges d'une écriture qu'il identifie mal, où sa femme lui annonce que, pour éviter les poursuites judiciaires, elle est passée en zone libre[1]...

M. Khaït ne se satisfait pas de ce courrier insolite

1. La France entre l'armistice de juin 1940 et le 11 novembre 1942 était coupée en deux. La zone Nord occupée par les Allemands, la zone Sud dite zone libre sous l'autorité du gouvernement de Vichy.

et il finit par avertir la police qui ne pousse pas bien loin les investigations. Nous sommes pourtant devant un cas, comme celui de Van Bever, qui relève de l'enlèvement, de la séquestration... éventuellement de l'assassinat. Un juge est désigné pour instruire l'affaire. Cette fois, Petiot est dans le collimateur. Bien sûr, il nie farouchement. Le juge M. Olmi demande que l'on perquisitionne rue Caumartin dans son cabinet. Les enquêteurs n'iront pas jusqu'à la rue Lesueur qui a été achetée au nom de son frère, Maurice, de dix ans son puîné et qui tient un commerce de postes de radio à Auxerre.

Petiot ira tout de même devant le tribunal correctionnel pour avoir fourni de l'héroïne à Raymonde Baudet. Il s'en tire avec une amende, grâce au talent d'un avocat dont le nom va être lié à l'affaire Petiot : maître René Floriot.

Juin 42. Disparition de Denise Hotin. Il ne s'agit plus de drogue cette fois, ni de fuite sous la pression des nazis. Mais d'une histoire d'avortement. Cette Denise Hotin a déjà consulté le docteur Petiot un ou deux ans auparavant. On a de bonnes raisons de croire qu'elle lui a demandé un petit service qui coûtait très cher à l'époque... tant par son prix que par les risques encourus. Depuis elle s'est mariée avec un riche cultivateur de l'Oise. Enceinte, ni elle, ni son mari ne tiennent à garder l'enfant. On ne sait trop ce qui se passe exactement, Denise prend rendez-vous avec Petiot et disparaît. M. Hotin ne se formalisera pas pour si peu. Sans faire rechercher sa femme, il finira par obtenir le divorce, au motif d'abandon du domicile conjugal, et par se remarier. Tout cela est si surprenant qu'on se demande s'il n'est pas complice du docteur dans cette affaire.

De toute façon, lors du procès en 1946, la Cour ne retiendra pas ce meurtre contre Petiot faute de preuves.

Avec Van Bever, Mme Khaït et Denise Hotin, on peut penser que le docteur agit l'épée dans les reins... que s'il ne tenait pas à avoir de gros ennuis pour avortement ou trafic de stupéfiants, il lui fallait faire disparaître des témoins... ou même un cadavre au cas où Mme Hotin aurait succombé au cours de manœuvres abortives.

A partir de cette époque, il va s'organiser méthodiquement. S'il veut poursuivre son entreprise, il lui faut des rabatteurs. On va parler bientôt, sous cape, du docteur Eugène... un homme qui peut faire passer les gens en difficulté avec les occupants à l'étranger. On va rencontrer dans l'affaire Petiot des rabatteurs qui se prétendront de bonne foi... motivés par leurs sentiments patriotiques ou uniquement par vénalité.

Il y a le cas d'Eryane Kahan... une très curieuse personne. Elle est juive et elle a un amant dans la Wehrmacht. On pense aussi qu'elle est un agent de la Gestapo de la rue Lauriston. Rien n'est simple en ce qui la concerne. Elle, elle se dira résistante et aidant ses coreligionnaires à fuir la France grâce à ce docteur Eugène dont elle ne soupçonnait pas les activités criminelles. En tout cas, elle se met en cavale dès que le charnier de la rue Lesueur est découvert. Elle va s'en tirer et tout laisse à penser qu'elle est avant tout une indicatrice de police. On aura nettement l'impression, durant l'enquête et au cours du procès, que la police française la couvre au maximum... à la façon dont elle protège ses indicateurs.

Abusée ou non par Petiot, elle va lui livrer au moins neuf clients répertoriés. Des braves gens qui ne se méfient pas de cette femme qui est juive elle aussi. Ce qui est certain aussi, c'est qu'Eryane qui se prétendra résistante a néanmoins touché des commissions importantes sur le tarif des passages.

L'époque est révélatrice de personnages louches.

Autour de l'affaire Petiot, ils vont être nombreux et au moment du procès on aura le sentiment que le docteur leur servira d'exutoire. Plaidant non coupable, il ne pourra pas mouiller ses complices.

A l'évidence, il en a... des gens de bonne foi peut-être mais sûrement quelques autres tout à fait conscients de son entreprise criminelle.

Que se passait-il exactement rue Lesueur? Plusieurs témoins qui ont échappé au *passage* parleront de ces fameuses piqûres que Petiot devait faire à ses clients afin qu'ils puissent débarquer à Buenos Aires sans subir la quarantaine. Par exemple, un certain M. Cadoret, décorateur, dont la femme est d'origine juive, qui cherche à quitter la France mais qui va se méfier du docteur Eugène. En dehors du prix du passage qui variait un peu à la tête du postulant, celui-ci devait rester sans sortir de la clinique du 21, rue Lesueur pendant au moins quarante-huit heures, le temps de fabriquer les papiers officiels du pays qui l'accueillerait, l'Argentine en général. Les piqûres sont obligatoires et le docteur lui conseille d'emporter le maximum d'argent liquide, de bijoux et de ne pas dépasser cinquante kilos de bagages. M. Cadoret remarquera que le docteur a les mains sales et qu'il a l'air drogué – d'où son refus de partir.

Les voyageurs, que Petiot réceptionnait lui-même près de l'Étoile pour les conduire rue Lesueur, entraient donc au 21 pour n'en plus ressortir, vivants en tout cas. Durant cette première période du réseau du docteur Eugène, rien ne prouve que ses clients aient brûlé dans sa chaudière. Les voisins ne se sont pas plaints alors d'être incommodés par de mauvaises odeurs de fumée. On a simplement parlé de va-et-vient du docteur sur son vélo avec une remorque... Mais c'est aussi à cette époque que l'on trouve dans la Seine et dans le Bois de Boulogne des débris humains dont les visages ont été travaillés de telle sorte qu'on ne puisse pas les identifier... lèvres et oreilles coupées, scalpées... etc.

Sur les simples présomptions du docteur Paul, on n'ira pas jusqu'à attribuer au docteur Petiot toute cette boucherie. D'autant que les sbires français de la Gestapo sont à l'œuvre dans le secteur.

Tout laisse supposer que Petiot, une fois les candidats à l'évasion parvenus rue Lesueur, devait à ce moment les piquer. Ce qu'ils acceptaient, puisque c'était une formalité nécessaire pour s'expatrier dans un pays d'Amérique du Sud. Les lieux n'avaient rien de très engageant. Lorsque les pompiers et la police entreront dans l'hôtel particulier en mars 44, ils seront frappés par l'état de délabrement où se trouvent toutes les pièces. Mis à part un petit salon qui servait de cabinet de consultations... tout le reste est à l'abandon. Personne n'avait pu habiter là, même en transit. Des meubles étaient entassés, des bibelots, des objets hétéroclites... récolte, dira le docteur, de ses achats dans les salles des ventes.

Reste cette pièce triangulaire sans fenêtre avec sa fausse porte... la double cloison et la porte intérieure garnie de cuir comme pour atténuer tous les cris, les bruits. Dans un mur, Petiot a installé un viseur, à l'endroit où il avait demandé aux ouvriers de percer un trou. De l'extérieur, il peut suivre vraisemblablement l'agonie de ses victimes.

Et il y a aussi les six gros pitons scellés dans le mur. On n'a jamais pu comprendre à quoi ils servaient. Petiot, bien sûr, n'a pas daigné s'expliquer là-dessus.

Mis à part la piqûre mortelle, on a supposé que cette pièce triangulaire pouvait être une chambre à gaz. Petiot aurait liquidé ses clients avec un gaz asphyxiant. Polémique à ce sujet. La défense du docteur soutiendra que la pièce n'était pas assez étanche. Certains experts soutiendront le contraire.

Gaz ou vaccin toxique, le docteur organisait une

mise à mort qu'il observait ensuite à loisir. On n'explique pas autrement l'emploi du viseur. Tous les gens qui se sont penchés sur l'affaire, journalistes, policiers ou écrivains, ont tous imaginé le docteur Petiot jouissant de voir ses victimes se ruer sur la porte inutile, appuyer désespérément sur cette sonnette sans fil... se délectant de leur agonie au gaz ou sous l'effet d'une piqûre mortelle.

Évidemment, on peut penser qu'un tel assassin tue pour tuer, pour y prendre du plaisir. Mais ce serait oublier toute la vénalité du personnage... joignant l'utile à l'agréable, il dépouille ses victimes et le plus souvent comme elles arrivent rue Lesueur avec des bijoux, des fourrures, de l'argent liquide, le rendement de son agence de tourisme est considérable.

Un des mystères de l'affaire, c'est qu'on ne retrouvera jamais le trésor du docteur qu'on a estimé à deux cents millions en francs Maréchal Pétain... peut-être davantage. On est bien obligé d'en déduire que Petiot a eu des complices... qu'il n'était peut-être qu'un rouage d'une organisation plus importante. Rouage essentiel... sûrement l'instigateur de cette industrie criminelle, mais sans en être le seul bénéficiaire.

Hypothèse : pendant une première période, Petiot a travaillé seul, en artisan pour ainsi dire, et un jour tout a changé, des gens se sont immiscés dans son entreprise. On pense bien sûr à la Carlingue. On appelait ainsi en argot la Gestapo française... simplement parce que les truands au service de Lafont se retrouvaient dans un bar anciennement fréquenté par des aviateurs et qui s'appelait *La Carlingue*, d'où la désignation globale : ceux de la Carlingue!

Le docteur va faire entrer dans sa machine à broyer quelques lascars qui ont travaillé pour la rue Lauriston. Ils vont faire partie du lot de ses vingt-sept victimes officielles.

Comment sont-ils arrivés rue Lesueur? Par Paul

Clavié probablement. Mais Paul Clavié, l'âme damnée de Lafont, n'a pas pu prendre cette initiative tout seul. A quel moment a-t-il retrouvé le docteur qui l'avait soigné pour sa vérole en 1938? Sont-ils toujours restés en contact depuis cette époque? On ne sait. On ne peut que faire des suppositions comme Jean-François Dominique qui ne dissocie jamais l'équipe Bonny-Lafont du docteur Petiot.

Dans la seconde moitié de l'année 42, Petiot a déjà des rabatteurs attitrés. D'abord Eryane Kahan dont il a été question plus haut. Personnage équivoque s'il en est, mais on se dit que si elle avait travaillé directement pour un service allemand, elle aurait fait prendre Petiot dès la première affaire. Il faut donc en conclure à son sujet : soit qu'elle trouvait plus intéressant de jouer les rabatteuses à son compte... soit qu'elle était en cheville avec les malfrats de la rue Lauriston qui, eux, avaient tout un secteur d'activités dont ils ne rendaient pas compte à leurs chefs allemands de la Gestapo. On ne peut pas négliger non plus sa défense consistant à dire qu'elle était sincère et avait agi par sentiment antinazi.

Le point central du réseau de passage de Petiot se situe autour de Pintard, un ancien chanteur de café-concert, connu sous le nom de Francinet, devenu maquilleur de cinéma, et de Fourrier, posticheur dans une boutique en étage au-dessus du Théâtre des Mathurins.

Comment ont-ils connu Petiot? Peut-être comme patients rue Caumartin... en tout cas, le docteur les charge de prospecter les passagers clandestins. Prix du voyage, comme pour M. Guschinov, vingt-cinq mille francs.

Un autre rabatteur se nomme Roland Ponchon, ébéniste. Celui-là, ce qui le situe un peu, c'est qu'il a déjà tiré de la taule pour le viol d'une mineure. On parle d'un docteur Saint-Pierre dont le dossier aux Renseignements généraux signale qu'il est plus ou moins receleur et avorteur. Apparaît aussi un certain Robert Malfret, petit truand à la mie de pain qui rabat quelques Juifs chez le docteur Eugène. Sans succès d'ailleurs, ces clients-là, plus perspicaces que les autres, n'iront pas au bout de la nuit du voyage.

J'ai un vieil ami qui a connu le docteur Petiot, sous le pseudo de docteur Eugène. Celui-ci venait de temps en temps dans des bars de la Porte Saint-Denis fréquentés par les gens du Milieu. Il se colportait qu'il avait une cheville pour faire passer hors de France ceux qui étaient en délicatesse avec la Justice et qui en avaient les moyens financiers, bien entendu.

A l'évidence, toute une faune interlope connaissait le docteur. Il est toujours nécessaire dans ces affaires criminelles de bien situer les choses dans leur contexte. Paris 1942. Tout se vend, tout s'achète. On manque des denrées alimentaires les plus indispensables... la pénurie est quasi totale dans tous les domaines... le marché noir bat son plein. On est à l'époque des bombardements aériens de la R.A.F., de la rafle du Vel' d'Hiv, des attentats suivis de fusillades d'otages. Les premières défaites de la Wehrmacht indiquent que la roue de la victoire tourne... mais nous ne sommes pas au bout de nos peines, les dernières années de guerre vont charrier tout un cortège de morts, de blessés, de misères, de ruines, accompagné de tout ce qui prolifère dans ces époques maudites.

Les activités du docteur Petiot n'inquiètent pas du tout les gens qui en entendent parler, bien au contraire. Je me souviens de copains plus âgés que moi qui filaient un beau matin vers la frontière espagnole dans le dessein de rejoindre la France libre. Je suis parti moi aussi au début 1944 dans un maquis. Dans le voisinage, personne ne s'est inquiété de ma disparition. On ne s'intéressera au sort des

Juifs qui ont abouti chez Petiot qu'après la Libération puisque leurs amis ou parents ne pouvaient pas, tant que les Allemands occupaient la France, aller porter plainte à la police dont la religion était alors : « S'il fallait rechercher tous les Juifs qui disparaissent, on n'en finirait plus! »

*

Fin 1942, après avoir liquidé neuf Juifs hollandais amenés par Eryane Kahan, Fourrier et Pintard (qui réclament à chaque voyageur soixante-quinze mille francs... ce qui leur fait cinquante mille francs à se partager... vingt-cinq mille francs revenant au docteur), Petiot va s'attaquer à un autre genre de clientèle. Les deux premiers pigeons, le mot est savoureux les concernant, seraient parvenus chez le docteur Eugène par les bons offices de Fourrier et Pintard qui prospectent dans les bars de maques et de putes. Petiot affirmera qu'il s'agit de traîtres, de Français au service de la Gestapo et il reconnaîtra volontiers les avoir éliminés en tant qu'épurateur.

Au procès, Pintard, *alias* Francinet, déclarera avoir rencontré Jo Réocreux, dit Jo-le-Boxeur, dans un bistrot rue de l'Échiquier. Jo, ainsi qu'un ami, Albertini dit François-le-Corse, veulent quitter la France aussi vite que possible. Ils ont d'autres raisons que les Juifs de s'exiler. Jo et François sont deux truands d'assez bonne cote. Ils ont chacun un casier judiciaire déjà chargé de condamnations pour vols à main armée, interdiction de séjour et surtout proxénétisme, qu'on appelait alors par euphémisme, dans les enceintes de justice, vagabondage spécial. Ils possèdent de gros intérêts dans quelques maisons closes sous forme de gagneuses qui travaillent pour eux. On apprendra, par la suite, qu'ils se sont livrés depuis quelque temps à des activités de faux poulets. C'est-à-dire ces fameuses descentes chez des gens fortunés (Juifs ou non) avec des fausses cartes de flics. L'annonce était classique : « Police allemande... où sont les bijoux? » Dit avec l'accent corse ou provençal, c'était un motif de plaisanterie qu'on se répétait entre 1940 et 1945. Entre autres, ils ont délesté un M. Joulot dans son château en Dordogne d'un trésor de cinq cent mille francs, sept mille dollars-or, cinq cent trente napoléons. La P.J. les recherche pour ce dernier exploit.

Rendez-vous avec le docteur Eugène. Jo-le-Boxeur, perspicace, dira à des amis que son regard lui fout le trac. De la part d'un spécialiste comme Jo, ça devient une sorte d'hommage que le braquage rend à l'assassinat. N'empêche, ils vont accepter le voyage, Jo et François, mais ils ne veulent pas se séparer de leur gagne-pain... en Argentine, les filles pourront continuer à aller aux asperges. Il s'agit de Claudia dite Lulu, d'Annette dite la Poute et d'une troisième femme qu'on n'a jamais identifiée.

Départ en deux lots. Le Corse avec Claudia. Un mois plus tard Jo, Annette et la troisième fille. Ils emportent tous des bijoux et beaucoup de fric. (On parle d'un million quatre cent mille francs concernant Jo.) Le docteur leur a recommandé de coudre toutes leurs valeurs dans les épaulettes de leurs manteaux et vestons... dans les doublures, etc.

Francinet remarquera quelque temps après le départ de Jo que le docteur porte son bracelet-montre en or.

– Un cadeau, explique Petiot, que cet aimable boxeur a tenu à me faire pour me remercier.

Ces deux malfrats n'ont pas été reconnus comme faisant partie de la Gestapo de la rue Lauriston. Il s'agirait donc d'une opération simplement crapuleuse. Mais Petiot, lui, sera affirmatif... tous des traîtres. Il ne niera pas les avoir exécutés. Pour le compte de la Résistance, bien sûr.

Idem pour les suivants qui, eux, sont de plus gros

poissons et ont émargé à la Carlingue : Joseph Piereschi dit Gé... évadé de prison, qui dirige un bordel réservé à l'armée d'occupation... Il sera accompagné de la meilleure pouliche de son écurie, Gisèle Rossmy, ancienne chanteuse réaliste. Adrien Estébétéguy, dit Adrien-le-Basque, un caïd recherché par la police française pour attaque à main armée, violences, proxénétisme... etc. Il a échappé à la prison parce que les Allemands sont intervenus en sa faveur. C'est un des piliers de la Carlingue de Lafont, mais au moment où il va tomber dans la marmite du docteur Petiot, il serait en froid avec celui qu'on appelle familièrement M. Henri. Dans quelques opérations, il n'aurait pas été très régulier. On ne saura jamais ce qu'il en fut exactement, ce genre de différend entre malfrats ne s'étale jamais sur la place publique.

Le conflit entre le Basque et M. Henri était peut-être larvé, Lafont faisant bonne figure à Estébéteguy pour mieux se débarrasser de lui.

Adrien est accompagné de Paulette Grippay, dite La Chinoise... pute vedette des plus beaux bordels de Marseille.

Ces quatre personnages partiront en mars 43. L'accusation dira qu'ils étaient des amis de François-le-Corse et Jo-le-Boxeur, ce qui explique qu'ils aient utilisé les services du docteur Eugène pour s'exiler clandestinement.

Ici, les choses se compliquent. Petiot affirme que ces truands sont des agents de la Gestapo. Il les a piégés et liquidés. Action dont il s'honore. Comment a-t-il su qu'ils avaient partie liée avec les services de la rue Lauriston? Il ne donnera là-dessus aucune explication sérieuse.

Le fait qu'Adrien-le-Basque ait eu des démêlés avec Lafont expliquerait peut-être pourquoi il s'est fait coincer de la sorte. Le Basque n'est pas un enfant de chœur, on se demande pourquoi il ne s'est pas méfié de Petiot. On se demande aussi comment celui-ci a pu l'enfermer dans le cabinet des agonies.

On peut imaginer que, par Paul Clavié, M. Henri ait eu connaissance des activités de Petiot. Après tout, ça faisait partie de ce que les Allemands lui demandaient... repérer et démanteler les filières d'évadés de France. Seulement Lafont était avant tout un voyou et, lorsqu'il pouvait profiter d'une belle occasion de se sucrer, il se servait pour son propre compte des renseignements qu'il glanait. On oublie aujourd'hui que cet homme a pu jouer un rôle important auprès de la Gestapo parce qu'il était d'une efficacité prodigieuse. Si les membres de la Résistance ont eu tant de pertes, notamment à Paris, ils le doivent pour beaucoup à Lafont et à ses hommes.

Je conçois difficilement que le docteur Petiot ait été lié avec la bande Bonny-Lafont dès le début de ses activités, mais il a pu être *logé* assez rapidement. Lafont s'est aperçu que sa filière était bidon, qu'elle se terminait rue Lesueur... Facile ensuite de le faire passer à son service pour en tirer un maximum et éventuellement se dédouaner si ses patrons allemands découvraient le pot aux roses.

On comprendrait alors pourquoi Jo-le-Boxeur, François-le-Corse, Gé Piereschi et Adrien-le-Basque ont été si facilement liquidés par le docteur Petiot. Ils avaient la garantie de Lafont.

Cette fameuse bande de la rue Lauriston n'était pas une espèce de compagnie organisée militairement. Il y avait autour de l'inspecteur Bonny et de M. Henri quelques repris de justice qui formaient à peu près le noyau dur de l'officine... Ceux-là avaient le *carton*... à savoir la carte de la Gestapo, l'*ausweiss*, le port d'arme. Les autres n'étaient que des occasionnels, des temporaires... voyous plus ou moins en difficulté que Lafont tirait d'affaire et qui, en échange, l'aidaient pour des opérations ponctuelles.

Tout était mouvant, trouble... de limites incertaines. C'est d'ailleurs ce qui faisait la force, l'efficacité de la Carlingue.

Écrire cette histoire relève d'un défi. Pas le genre de la maison de laisser des archives pour faciliter le travail des chroniqueurs. Et il n'y avait pas que l'équipe Bonny-Lafont au service des Allemands... d'autres bandes travaillaient aussi pour eux. Bandes rivales. Sans compter que la police allemande elle-même était fractionnée... cloisonnée... que tout ça se tirait à qui mieux mieux dans les pattes.

Tout va se compliquer à partir de l'arrestation de Petiot en mai 1943. Mais il faut comprendre que tous ces services de police allemande agissaient chacun de leur côté sans véritable coordination et souvent avec des buts différents.

Si Lafont est au parfum de la filière sans issue de Petiot, il est évident qu'il n'en a rien communiqué à ses employeurs teutons. D'autres services de la Gestapo ont donc pu récolter des renseignements provenant d'autres sources. J'écarte d'emblée Eryane Kahan qui en croque trop financièrement pour tuer la poule aux œufs d'or. Restent les Francinet et autres Fourrier... ceux-là sont des demi-sel, ils bavardent dans les bistrots, ils se vantent... ils sont représentatifs d'une race qui provoque inévitablement les catastrophes. Ajoutons à cela les indicateurs occasionnels ou professionnels... ça fait du monde!

Un certain docteur Yodkum, gestapiste de son état, travaille à la section 131, rue des Saussaies où les aveux de ceux qui passent entre ses mains se crachent avec les dents. En avril 43, il a eu vent, ce Yodkum, d'une organisation clandestine qui fait passer des Juifs et des résistants à l'étranger. Il sait qu'à la tête de cette organisation il y a un médecin, dont il ignore l'identité, et un coiffeur installé au premier étage 26, rue des Mathurins. Avec un renseignement de ce calibre, il pourrait très bien faire arrêter ce coiffeur, en l'occurrence Fourrier, et il ne lui serait pas difficile de lui faire manger le morceau. Inconvénient de l'opération... dès que Fourrier serait dans ses griffes, le réseau risque de se démanteler... le docteur de prendre le large. Yodkum préfère monter une combine lui permettant de coffrer le plus possible de clandestins.

Je passe les détails où apparaissent quelques silhouettes d'indics peu reluisants à la solde des Chleus. Un certain Dequeker, directeur du Théâtre des Nouveautés et ferrailleur. Par celui-ci, Yodkum va tenter d'échafauder une affaire Dreyfus. Dequeker connaît un M. Yvan Dreyfus, industriel alsacien, résistant de la première heure, qui s'est fait arrêter par les Allemands en voulant rejoindre la France libre. En avril 43 il est à Compiègne en instance de départ pour Dachau ou Auschwitz. Dequeker téléguidé par Yodkum entre en contact avec la femme d'Yvan Dreyfus. Il vient lui exposer qu'il peut faire libérer son mari... qu'il a une cheville avec les Allemands, mais que tout ça coûte cher... cent mille francs d'acompte puis un peu plus tard sept cent mille francs. Mme Dreyfus est une femme désespérée, on se doute... elle ne sait à qui se vouer pour sauver son époux... Elle finit par accepter le marché de Dequeker. Yodkum va lui envoyer d'autres intermédiaires pour la vraisemblance et aussi pour lui soutirer encore de l'argent. On lui fait savoir aussi que son mari ne sortira de Compiègne que s'il accepte de donner des renseignements à la Gestapo. Bien entendu, Dequeker laisse entendre à Mme Dreyfus que son mari, une fois libéré, pourra échapper à la surveillance des Allemands et rejoindre Londres.

L'affaire est si bien montée que Mme Dreyfus finit par remettre des sommes considérables aux intermédiaires. Tout le monde se gave dans cette horrible escroquerie. Yodkum n'est pas un serviteur désintéressé du Führer... il empoche pour son compte trois millions et demi.

Yvan Dreyfus sort de Compiègne et on le met en contact, rue des Mathurins, avec Fourrier. Quelles que soient les intentions de ce dernier, il est dans le collimateur des hommes de Yodkum. Fourrier organise la rencontre entre Dreyfus et le docteur Eugène... le chef de la filière.

Le rendez-vous a lieu de nuit, près de la Concorde. Petiot, qui est un prodigieux instinctif, se méfie... il repère les flics de Yodkum et, accompagné d'Yvan Dreyfus, il les sème dans les jardins des Champs-Élysées.

– Maintenant, dit-il, je vais vous faire passer en Argentine.

Et il l'emmène rue Lesueur. Le pauvre Yvan Dreyfus a échappé à Auschwitz pour finir dans la chaudière du docteur Petiot. Peut-on imaginer sort plus cruel?

Yodkum, à vouloir jouer au plus malin, en est pour ses frais... façon de parler, il a tout de même touché un gros paquet dans l'affaire.

Entre alors en piste le Doctor Berger... Section 530 de la Gestapo. Celle-ci s'occupe de la sécurité des troupes d'occupation. Yodkum, lui, n'est chargé que des affaires juives. Ces choses-là ne se mélangent pas. Il officie rue de la Pompe, ce bon Doctor Berger. Un palace aussi réputé pour ses tortures que celui de la rue Lauriston. Sous un contrôle plus strict des autorités allemandes.

Berger qui ignore les manigances de Yodkum ne cherche pas à monter un piège savant. Il a eu des renseignements – par qui? On ne sait pas – concernant ce docteur Eugène et il va le coincer rapidement. Grâce à un ex-prisonnier français, Claude Berretta. Personnage dont on ne saura jamais exactement s'il est un indic de Berger ou s'il est manœuvré par lui. Sa femme d'origine juive est internée au camp de Drancy et Berretta veut passer en Afrique du Nord pour combattre dans l'Armée française qui se reforme en Algérie depuis le débarquement américain de novembre 42. Il finit par entrer en contact avec Fourrier et Francinet qui acceptent de le faire partir par la filière du docteur Eugène.

Berger ne perd pas de temps, il n'attend même pas la rencontre avec Petiot. Il fait cravater Fourrier et Pintard qui passent aux aveux, dit-on, sans que les spécialistes de la rue des Saussaies aient eu à démontrer leurs talents de policiers accoucheurs.

Et Petiot est arrêté chez lui rue Caumartin où il dîne avec un vieil ami, l'ancien greffier de justice de paix de Villeneuve-sur-Yonne, Nézondet. Les gestapistes l'embarquent lui aussi à toutes fins utiles.

Berretta n'est pas inquiété... ce qui donne des arguments à ceux qui soutiendront qu'il était un agent au service du Doctor Berger. A la Libération, il s'engagera dans l'armée Leclerc, sans doute pour se dédouaner, ça ne l'empêchera pas d'être arrêté à la fin de la guerre en juin 1945.

*

Voilà donc Petiot aux mains des Allemands. Réapparaît Yodkum qui n'a pas tellement apprécié le tour de passe-passe, l'escamotage d'Yvan Dreyfus. L'opération menée par Berger lui a cassé, dit-il, un plan qui lui aurait permis de démanteler toute l'organisation d'évasion de la Résistance.

On perquisitionne rue Caumartin et dans divers immeubles appartenant à Petiot, mais Yodkum n'envoie pas ses sbires au 21 de la rue Lesueur. Certes, l'hôtel particulier a été acheté au nom de Maurice, le frère du docteur, pourtant on peut s'étonner que Yodkum ne pousse pas plus loin son enquête. Il faut sans doute compter avec une certaine incurie qui régnait dans toutes ces officines de police... un manque de coordination. Yodkum et Berger ignorent – ou veulent ignorer – la bande de la rue Lauriston.

Là encore, on patauge dans toutes sortes d'hypothèses. Lafont ne peut pas ne pas avoir appris l'arrestation de Petiot. S'il fait le mort, c'est qu'il ne tient pas à ce que ses chefs à la Gestapo soient au courant de ses liens avec le docteur... et surtout que l'on découvre l'usine à tuer de la rue Lesueur.

En tout cas, Petiot va être durement traité rue des Saussaies. Interrogatoires musclés nuit et jour. Il passe à la baignoire. Il prétendra, par la suite, qu'on lui a limé les dents, qu'on lui a mis la tête dans un appareil à serrer le crâne. Incontrôlable... mais il est incontestable qu'il a été torturé et qu'il a tenu le coup... que jamais il n'a révélé ses secrets aux Allemands.

Même s'il exagère un peu dans le récit qu'il fera plus tard de ses tortures, il faut lui reconnaître du cran, un courage physique peu ordinaire. Yodkum l'envoie à Fresnes où il va rester huit mois. Il est enfermé avec de véritables résistants. Certains de ceux-ci viendront témoigner au procès de l'héroïsme du docteur, de son attitude irréprochable pendant sa détention... de l'aide qu'il a apportée aux autres détenus, etc.

On peut donc supposer qu'à partir de ce moment-là Petiot va inventer son réseau *Fly-Tox* et qu'il construira ensuite sa défense en se réclamant de la Résistance. Il écoute ses compagnons de cellule, il entre peu à peu dans la peau du nouveau personnage qu'il va jouer. Il n'est pas si surprenant qu'il soit libéré en janvier 44. On peut penser que ses amis de la Carlingue agissent. Eux, sont reconnaissants au docteur de son silence et ils ne tiennent tout de même pas à le laisser trop longtemps en taule. Clavié, Lafont, Bonny vont faire en sorte qu'il soit relâché. Caution de cent mille francs.

Une goutte d'eau, au vu de ce que le réseau du docteur Eugène a pu rapporter. Mais cet élargissement est tout à fait inhabituel. Lorsque les Allemands tenaient un suspect, même s'il s'avérait qu'il était innocent, on le plaçait dans les réserves d'otages à flinguer en cas d'attentat.

Peu de gens ont été libérés par les Allemands. Petiot, même s'il ne s'était pas mis à table, aurait dû être à leurs yeux un personnage à éliminer. Il ne sort pas de Fresnes par hasard ou par un effet de la mansuétude des autorités d'Occupation. Il y a là encore un nouveau mystère. Jean-François Dominique, historien sérieux, opte pour la thèse Petiot agent de la Gestapo... Petiot homme de main de Lafont. Ça semble juste, jusqu'au moment où le docteur va être relâché et devenir, qu'on le veuille ou non, résistant.

Petiot était d'une vive intelligence, d'une duplicité sans égale. N'a-t-il pas compris qu'il lui fallait jouer la carte du parti communiste pendant son séjour à Fresnes? Le P.C. s'efforçait de noyauter, d'avoir des hommes dans tous les mouvements de résistance. Ne récupère-t-il pas Petiot qui se présente comme un liquidateur de collabos? Le petit charnier de la rue Lesueur est négligeable si Petiot est utile à la Cause. On ne fait pas de morale, ni de sentiments dans les échelons supérieurs de l'appareil... Machiavel revu par Lénine et perfectionné par Staline. On s'allie avec le diable, si c'est utile. Petiot n'est qu'un affreux diablotin... pourquoi ne pas s'en servir? La répugnance est un sentiment petit-bourgeois.

Tout ça pourrait nous expliquer beaucoup d'événements qui vont suivre... Petiot caché vraisemblablement chez un militant communiste, Petiot devenu capitaine F.F.I., etc.

Au cours du procès en 1946, le témoignage du lieutenant Lhéritier est assez significatif à ce sujet. Lhéritier est un gaulliste des Forces françaises libres parachuté en France pour organiser un maquis. Arrêté par les Allemands, il partagera pendant cinq mois la même cellule que Petiot.

Pour lui, aucun doute, le docteur est un véritable résistant. Il va dire textuellement devant la Cour qu'à son avis il ne pouvait pas agir seul. Je le cite :

– *C'est un homme qui faisait de la politique; son parti faisait de la résistance, mais pas une résistance officielle avec les Alliés. Je crois que le parti lui donnait des ordres qu'il exécutait à sa façon. Avec le battage qu'a fait la presse autour de lui, le parti qui oserait revendiquer Petiot se trouverait coulé aux élections. Je crois que le docteur Petiot est très capable de se sacrifier pour une cause.*

Il va beaucoup plus loin que moi, le lieutenant Lhéritier. Pour lui, Petiot avait déjà des liens avec ce fameux parti (on se demande lequel en dehors du parti communiste) avant d'être arrêté. Preuve que Petiot a su très bien jouer sa partition. On ne peut pas imaginer qu'il ait pu accréditer son prétendu réseau *Fly-Tox* auprès de certains émissaires de la résistance communiste. De grandes chances pour qu'il ait été utilisé par le P.C. après sa libération de Fresnes. A l'épreuve, il va s'avérer que le passé du personnage est trop lourd à assumer et on le laissera tomber en privilégiant ses liens avec la Gestapo.

Cette thèse est solide en admettant que le docteur Petiot ait accepté de se taire partiellement. D'où cette défense abracadabrante.

A l'époque, Jean Galtier-Boissière dans son *Journal* sera le seul à dire que Petiot avait pris une contre-assurance en devenant un tueur patenté de la résistance communiste.

Pour les Allemands, il n'a été qu'un minuscule rouage dans une organisation d'évadés de France. Il agissait en intermédiaire et uniquement par vénalité.

Ce qui ressort de ses dépositions rue des Saussaies après les séances de tortures. On est surpris tout de même que Yodkum se contente d'un si petit os à ronger. Il est vrai que ce personnage est un corrompu. On a pu l'acheter, en dessous-de-table, pour une somme beaucoup plus considérable que les cent mille francs de caution exigés pour relarguer Petiot.

Le 13 janvier 44 notre joyeux docteur sort de Fresnes. L'affaire va éclater deux mois plus tard. Que fait-il pendant ces deux mois? Il prétend que son cabinet rue Caumartin est surveillé par la Gestapo. Fatigué, rendu malade par sa détention, il va se reposer trois semaines à Auxerre avec Madame et le fiston. Il déclarera à l'instruction qu'il n'était pas pressé d'aller voir rue Lesueur ce que les Allemands avaient pu lui voler. Jusqu'alors il n'avait jamais été question d'Allemands rue Lesueur... passons!

Il se pointe enfin dans son hôtel particulier le 8 février[1]. Il constate la disparition de ses appareils médicaux à rayons infrarouges et sous une dalle dans le garage – l'ancienne écurie – qui dissimule une fosse, il découvre avec horreur un certain nombre de cadavres, *relativement récents*. Il est affolé, le pauvre homme, l'odeur est épouvantable! Il écrit immédiatement à son frère en lui demandant de lui procurer de la chaux vive... deux cents kilos. Bien sûr il gamberge, se demande d'où peuvent bien venir ces cadavres. Il pense aux Allemands... ils sont capables de tout mais pourquoi auraient-ils planqué ces macchabées au 21, rue Lesueur? Le plus plausible,

1. C'est ce qu'il dira au juge d'instruction, mais dans une autre version, plus tard, il prétendra avoir été rue Lesueur vers le 15 janvier et n'y avoir rien remarqué d'anormal. Il faudrait alors en conclure que les cadavres ont été déposés rue Lesueur entre le 15 janvier et le 8 février.

pense-t-il, est que ses camarades, ceux de son réseau *Fly-Tox*, aient poursuivi leurs actions contre les traîtres, les collabos et qu'ils aient imprudemment laissé leurs corps dans l'hôtel dont ils avaient les clés.

On ne retrouvera jamais un seul de ces fameux camarades. Mais enfin Petiot affirmera qu'il a été les consulter... et qu'ils ont juré tous les grands dieux qu'ils n'étaient en rien responsables de ces exécutions. Alors qui? Un autre groupe ou des traîtres eux-mêmes... liquidant qui et pourquoi dans l'hôtel du docteur Petiot? Aucune supposition ne tient debout.

La police française va tomber le 11 mars sur ce tas de cadavres. Il ne s'agit pas des victimes du docteur évoquées plus haut... un total d'environ vingt-sept personnes... les Juifs, les truands et leurs putes, plus quelques comparses, si l'on peut dire, comme Van Bever, Mme Khaït et peut-être Mme Hotin. Inconcevable que leurs corps soient restés rue Lesueur, pour certains, depuis près de deux ans. L'état de décomposition des corps découverts en mars 1944 indique qu'il s'agit de victimes plus récentes... de gens tués pendant la période où Petiot était en prison. Un autre témoignage va encore renforcer cette évidence, celui de Nézondet, l'ami de Petiot arrêté en même temps que lui le 21 mai 1943. Les Allemands l'ont relâché un mois plus tard... à l'évidence, on l'avait arrêté par erreur. Il affirmera sous serment avoir rencontré en novembre ou décembre 1943 Maurice, le frère du docteur, et que ce dernier lui a raconté avoir découvert rue Lesueur cinquante-neuf ou soixante morts, entassés nus dans une fosse, les cheveux et les sourcils rasés.

S'il est vrai que Maurice ait fait cette confidence à Nézondet en novembre 43, il a oublié de lui préciser qu'il a évacué de la rue Lesueur, au mois de juin, quarante-neuf valises qu'on retrouvera plus tard et qui sont les bagages des vingt-sept victimes dont Petiot répondra du chef d'accusation de meurtre.

Maurice Petiot finalement ne sera pas poursuivi, on ne sait trop pourquoi... sa complicité ne fait aucun doute. A la demande de son frère, il transporte de la chaux vive rue Lesueur, sans poser de questions. Lorsqu'il a découvert les cadavres, il n'en est pas autrement étonné. Il pense qu'il s'agit de ceux des clients des voyages organisés par son frère Marcel.

D'après le récit du docteur, il fait intervenir, à partir du 8 février, ses camarades résistants pour retirer les corps de la fosse, les découper et les traiter à la chaux vive. L'un d'eux a eu l'idée de les brûler dans la chaudière. Et de se mettre tous à l'ouvrage comme de joyeux boy-scouts!

En admettant qu'il y ait une once de vérité dans ce que raconte Petiot, ça donne une curieuse idée de la Résistance. Cette besogne de dépeceurs et de fossoyeurs implique de la part de ceux qui l'exécutent une trempe peu ordinaire.

Avant d'aller plus loin, il est encore permis de se demander si les cadavres entassés rue Lesueur ne proviennent pas de chez les truands gestapistes de Lafont.

Eux, en principe, devaient livrer aux Allemands des gens encore en vie. Leur rôle était simplement de les faire parler. Bien souvent, ils allaient trop loin dans leurs interrogatoires et souvent aussi, lorsque le client en valait la peine financièrement, il passait à l'as. Aucun rapport écrit, il disparaissait de la même façon que les passagers du docteur Petiot. Le service n'avait pas d'Allemands à demeure... Lafont étant devenu capitaine de S.S., on lui faisait confiance... Une confiance qui pouvait s'arrêter brusquement si en haut lieu on estimait qu'on n'avait plus besoin de lui. Ce genre de collaborateur s'éliminait d'un trait de plume. Tous les mercenaires de police, les barbouzes, les exécuteurs de basses œuvres clandestines, aussi retors soient-ils, finissent toujours mal. Ils ont la naïveté de se croire indispensables. Lorsque les événements ne les portent plus, ils n'ont que la ressource de prendre leurs distances et d'avoir à l'abri suffisamment de documents comme monnaie d'échange.

En tout cas, ces cadavres qui brûlent le 11 mars 1944 dans la chaudière du 21, rue Lesueur, on ne les identifiera jamais. Nul ne saura d'où ils viennent et qui les a exécutés. On les imputera à Petiot parce qu'on ne prête qu'aux riches assassins, mais ces victimes-là ne sont pas les siennes. Il les fait pourtant disparaître... il a pour cela des raisons qui ne sont pas celles d'un chef de réseau de la Résistance.

*

Le feu de cheminée. La fumée noire. Une puanteur épouvantable le 11 mars, vers 19 heures, émanant du 21, rue Lesueur. Le voisinage alerte le commissariat de police qui dépêche sur place deux hirondelles... des agents cyclistes! La concierge du 23 les renseigne... l'hôtel particulier appartient à un certain docteur Petiot. Elle a l'adresse de son cabinet et son numéro de téléphone. On l'appelle, il répond lui-même : « Qu'on ne touche à rien, j'arrive tout de suite. » Tout de suite, ça signifie qu'avec son vélo, depuis la rue Caumartin près de la gare Saint-Lazare, il lui faut bien compter un quart d'heure pour arriver à l'Étoile, c'est tout de même pas Antonin Magne, le docteur Petiot! Au bout d'une demi-heure, il n'est pas encore arrivé, mais les pompiers sont là. Eux ne s'embarrassent pas de permission... l'échelle... le balcon, ils cassent un carreau et les voilà dans le repaire du tueur. Le premier étage paraît inhabité... des meubles s'y entassent, couverts de poussière. Tout de suite, une odeur épouvantable saisit les pompiers à la gorge. Ça vient du rez-de-chaussée... du sous-sol. Ils descendent... ça fait partie de leur dur métier de tout voir, tout sentir... mais cette fois, ils vont être comblés! Ils aperçoivent avec leurs lampes torches les chaudières du chauffage central... tout autour, sur le carrelage, des morceaux de corps humains... mains, jambes, crânes... un bras calciné dépasse d'une des chaudières. Des ossements aussi... une hachette ensanglantée... toute une boucherie répugnante.

Bien sûr, ils vont s'efforcer d'éteindre le feu avant toute chose et en même temps ils vont prévenir les flics.

– Du boulot pour vous, les gars!

Un des cyclistes descend... le brigadier Teyssier. Une petite nature de flic... il tourne de l'œil en apercevant les folies Petiot! On le remonte... on le requinque... on lui donne un petit verre de gnôle... Sitôt remis de ses émotions, il fonce... il va téléphoner, appeler le commissariat. Une bande de badauds s'est agglutinée sur le trottoir, la chaussée, et déjà on raconte ces n'importe quoi... qui se colportent plus vite que le vent. Mais voici un homme qui arrive à vélo... un brun... la quarantaine. Il écarte les gens, s'approche des flics...

– Je suis le frère du propriétaire. Il sera là dans dix minutes.

Les flics le laissent entrer. Première faute. Il descend au sous-sol... On devine qu'il connaît les lieux... direct, il va vers une chaudière... ouvre la porte du foyer, retourne un morceau de bras ou de jambe qui rôtit d'un geste habituel. Les flics, les pompiers suffoquants, titubants, en restent abasourdis. L'homme se redresse, remonte, les flics derrière lui. S'engage alors en aparté un petit dialogue entre les agents Teyssier et Fillion et l'homme qui les regarde droit dans les yeux... (Plus tard, sur les photos, ils reconnaîtront en cet homme formellement le docteur Petiot.) « Êtes-vous français? » leur demande-t-il. La façon de poser cette question implique un sous-entendu en 1944. Les Alliés infligent aux armées allemandes de sévères défaites un peu partout. On attend le débarquement. De Gaulle va gagner! On en est sûr à neuf chances sur dix... alors c'est tout simple, neuf Français sur dix sont pour lui. Il y a encore deux ans les mêmes étaient pour le maréchal Pétain. Ainsi va l'Histoire des Français, il ne faut pas leur demander d'être plus héroïques, plus constants que la nature humaine ne le permet, même si l'archange Gabriel est apparu à Jeanne d'Arc spécialement pour eux.

Les deux flicards ni plus mauvais, ni meilleurs que la majorité de leurs concitoyens, répondent par l'affirmative... bien sûr, ils sont français... de bons Français, ça on peut le dire! L'homme a un regard vif, pénétrant... on sent en lui une volonté formidable...

– Ce que vous voyez là... ce sont des Allemands ou des traîtres. Ma tête et celle de plusieurs de mes amis sont en cause. Je suis le chef d'un mouvement de résistance.

Certains récits disent que les agents l'ont laissé non seulement partir, mais emporter en plus un dossier qui était sur son bureau. Le brigadier Teyssier niera cela formellement, c'est lui le gradé, le chef, le responsable. Il est vrai qu'il est dans une situation inextricable dans le contexte de mars 1944. Il ne peut avouer à ses chefs qu'il a laissé s'enfuir Petiot parce que celui-ci s'est présenté comme un chef de la Résistance. La police est aux ordres du gouvernement de Vichy... ça peut avoir de graves conséquences pour lui... d'ailleurs il sera tout de même révoqué jusqu'à ce qu'il puisse, après la Libération, rétablir le véritable dialogue. Et là, alors, il sera décoré, promu brigadier-chef.

Entre-temps, il s'excusera auprès de ses supérieurs en disant : « *Cet individu ne m'avait pas dit qu'il était le docteur Petiot.* » On croirait du Courteline. Il ajoute même, le brigadier Teyssier, que l'homme lui avait promis qu'il reviendrait, que ça l'avait mis en confiance.

Quoi qu'il en soit, Petiot, avec ou sans dossier sous le bras, enfourche son vélo et se dissipe dans les ombres de la ville.

Maintenant la foule est considérable. Les pompiers ont éteint le feu et arrive enfin *the commissaire.* Maigret en personne, c'est-à-dire M. Massu, dont on dit qu'il a servi de modèle à Simenon pour créer son personnage. On lui attribue plus de trois mille arrestations à Massu... il a débuté dans le sillage de Lépine au temps de la bande à Bonnot. Là, Maigret a vraiment besoin de tirer sur sa pipe pour supporter l'odeur nauséabonde de la maison du docteur Petiot.

On va le brocarder le commissaire Massu, souligner à plaisir que pour démêler cette affaire, il s'est surtout dépêché d'aller lentement. En réalité, il ne pouvait guère agir qu'avec la plus extrême prudence. Ce charnier n'est tout de même pas l'œuvre d'un criminel ordinaire et, en plus, on est dans une époque qui n'est pas ordinaire elle non plus. On approche de ce moment où l'on ne saura plus très bien qui gouverne. Vichy donne encore des ordres mais si les Allemands s'opposent à ces ordres, ils deviennent nuls et non avenus. La Résistance commence à jouer son rôle. Les fonctionnaires se méfient... s'ils obéissent avec trop de zèle au gouvernement du Maréchal, ça peut leur valoir de gros ennuis lorsque la Libération sera venue. Dans la Résistance elle-même, les communistes et les autres clans se tirent la bourre.

La rue Lesueur est en plein dans le quartier où les Allemands ont leur siège de police... Gestapos plus ou moins officielles... l'avenue Foch, l'avenue Henri-Martin... le 93 de la rue Lauriston. Tout de suite ce qu'il gamberge, Massu, ce qu'il suppute... qu'il se trouve en présence des victimes d'une de ces officines. Et il ne se trompe certainement pas. Parmi toutes les hypothèses possibles pour expliquer tous les cadavres du 11 mars 44 chez Petiot, la plus vraisemblable, c'est qu'il s'agit de gens torturés et liquidés par les boys de Bonny-Lafont. Au 93, rue Lauriston, ils ne sont pas équipés pour faire disparaître les corps... les chaudières du docteur Petiot sont bien pratiques... et elles sont proches... Les habitants de la rue Lesueur, les voisins, les concierges témoigneront d'un va-et-vient nocturne autour du 21.

Massu est commissaire principal, mais devant l'ampleur de l'affaire, il lui faut en référer à ses supérieurs et ceux-ci aux autorités d'Occupation. La Police française avait à ce moment-là une étroite marge de manœuvre, elle traitait les affaires courantes de vol, proxénétisme, marché noir, attentat à la pudeur... les escroqueries à la petite semaine. Dès qu'elle abordait les crimes mystérieux, les attaques à main armée, les magouilles de grande envergure, gare aux Chleus!... Y avait des surprises. Certains truands au casier judiciaire à rallonges se permettaient, avec la bénédiction de Lafont, de venir jusqu'au 36, quai des Orfèvres faire leur loi.

En attendant des instructions de ses supérieurs, Massu engage une enquête classique... il visite minutieusement l'hôtel de l'épouvante. On découvre avec lui pour la première fois la pièce triangulaire... le mobilier hétéroclite entassé dans les chambres, les bureaux. Et puis la fosse... celle où mijotent dans la chaux vive les cadavres en attente de la chaudière. Ils sont dans un trou profond de trois mètres... au-dessus, fichée dans le plafond, une poulie avec une grosse corde et un crochet pour faire monter les corps. Comme le brigadier Teyssier, comme certains pompiers, il a une défaillance, le célèbre Massu-Maigret... cette odeur... ces charognes... il va presque au refile! Tempête sous son feutre mou! Il faut qu'il donne des ordres, qu'il prévienne l'identité judiciaire... la Médico-légale, que tous ces messieurs se mettent à l'ouvrage pour reconstituer les morts... un sacré puzzle! les identifier... les compter! Une tâche aux limites des possibilités de la police.

– Amenez-moi ce docteur Petiot demain matin à mon bureau.

La loi française stipule qu'on ne peut arrêter quiconque à son domicile pendant la nuit. On doit attendre le lever du jour. Il est dix heures lorsque Massu est arrivé rue Lesueur... il serait illégal d'aller agrafer Petiot rue Caumartin. Seulement, il pourrait envoyer ses poussins planquer dans l'escalier du médecin. L'inspecteur Belin, on se rappelle, avait passé la nuit sur le paillasson de Landru rue de Rochechouart. Il ne donne même pas l'ordre de faire garder le domicile du suspect numéro un. Le commissaire Massu préfère attendre...

Bien entendu, le lendemain, notre héros... le docteur Eugène-Satan-Petiot s'est évaporé du 66, rue Caumartin. Il est plus que probable qu'après son incursion au milieu des flics et des pompiers il ait pris immédiatement ses distances. Les flics ne trouvent rue Caumartin que Mme Petiot qui est inquiète et qui ne sait pas où est passé son cher et tendre époux.

Par malchance, on est un dimanche, alors on va encore attendre que le jour du Seigneur (celui-ci avec un *e*) soit achevé pour perquisitionner chez le docteur.

Les Allemands, tout de même, ont été avertis... première réaction : un ordre formel... par télégramme envoyé à la préfecture de Police : « *Procéder arrestation du docteur Petiot... Stop. Fou dangereux.* »

Comment savent-ils, ceux-là, que Petiot est dingue, qu'il a fait quelques séjours en asile psychiatrique? Ceux qui le connaissent comme Yodkum ont-ils été consultés?

Massu tire de plus en plus sur sa pipe (je lui suppose une pipe puisqu'il est le modèle de Maigret). Si les Allemands ordonnent de l'appréhender, après tout, il s'agit peut-être d'une affaire de Résistance? Dans ce cas, s'il fait du zèle, lorsque de Gaulle ou les communistes seront là, on le grondera vertement le commissaire Massu! On promet à Sacha Guitry ou à Maurice Chevalier un petit cercueil pour moins que ça. Une manie depuis quelque temps, on envoie aux collabos ou prétendus tels des cercueils miniatures. On établit des listes dans les quartiers, les villages... les anonymographes n'ont pas encore séché l'encre de leurs lettres à la Kommandantur qu'ils préparent leur porte-plume pour dénoncer leurs meilleurs amis aux comités d'épuration.

Pensez, si un vieux routier-flic comme Massu connaît la musique... délation et corruption sont les deux mamelles d'une police digne de ce nom.

Le lundi chez Petiot... plus personne! Même Georgette s'est fait la levure. Qu'on se mette à sa place. Toute la presse se déchaîne. « *Une nouvelle affaire Landru* », « *Le monstre de la rue Lesueur.* »

Massu, rue Caumartin, découvre des éléments propres à éclairer la justice sur l'étrangeté du docteur. Il collectionne les meubles... les bibelots parfois insolites. Dans son bureau, on découvre des bocaux contenant des sexes d'hommes et de femmes dans du formol. Par la suite, on ne retrouvera jamais ces bocaux. Ils n'ont pas été mis sous scellés... pourquoi les a-t-on fait disparaître? Un mystère de plus.

On connaît les démêlés antérieurs de Petiot avec la justice à propos de drogue. Chez lui, on trouve plus de cinq cents ampoules de morphine. A l'évidence, il continuait à trafiquer dans ce domaine.

L'affaire pour le moment va servir de diversion à la presse collaborationniste qui n'est pas comblée de bonnes nouvelles en ce mois de mars 1944. Les bombardements alliés ont fait encore de nombreux morts et blessés à Toulon. En Russie, les armées allemandes se replient dans le secteur de Tarnopol. On achève de liquider les derniers bastions de terroristes sur le plateau des Glières. On fusille au mont Valérien et on embarque toujours de nombreux Juifs à Compiègne pour les camps d'extermination.

Petiot, au milieu de tout ça, vous a un air de film policier. On suppose tout de suite que c'est un sadique, qu'il ne tuait que des femmes après leur avoir fait subir des tortures de caractère sexuel... que le viseur dans le cabinet triangulaire lui servait à se régaler de leur agonie. On a trouvé rue Lesueur, affirme-t-on, les œuvres du Marquis de Sade. Descendait-il ses malheureuses victimes encore vivantes dans la chaux vive? Toutes ces questions ravivent les conversations qui s'éternisaient sur la dureté alimentaire des temps. L'affaire Petiot à la une fait frémir comme le *docteur Mabuse* ou *Fantomas*.

Rue Lesueur, le docteur Paul est à l'ouvrage. Jamais il n'a eu autant de cadavres à sa disposition. Il se meut dans les dissections les plus épouvantables avec un flegme, une maestria connus de tout Paris.

Depuis Landru, il n'a pas été à pareille fête. Avec ses assistants, ils ont un mal fou à reconstituer les corps... hommes et femmes... déterminer approximativement les causes de la mort. De toute façon, il est impossible de les identifier. On arrive tout de même à reconstituer des squelettes... certains corps entiers et, le reste, les débris osseux, on les met de côté... On les entassera dans des cercueils et ils finiront à la fosse commune. On a trouvé aussi des scalps. Certaines têtes avaient subi l'ablation de tout le masque cutané de la face.

Tout ça aboutira plus tard à un rapport des docteurs Paul, Derobert et Piedelièvre. Ces fragments représentent environ dix cadavres humains. Chiffre au-dessous de la réalité si on tient compte du très grand nombre de petits os calcinés d'un poids total de quinze kilos.

Il y a là à peu près autant de femmes que d'hommes. Age : entre vingt-cinq et cinquante ans. Impossibilité de fixer la date de leur mort. Suit un tas de détails techniques, mais le plus important : il est dit dans le rapport que ces dépeçages n'ont pu être effectués que par quelqu'un ayant des connaissances de dissection... une habitude du maniement du scalpel.

Massu se déplace à Auxerre avec deux inspecteurs. Maurice, le frère du docteur, y habite, rue des Lombards, et son adresse a été donnée à la concierge du 23 de la rue Lesueur pour faire suivre le courrier du 21. Maurice Petiot joue les imbéciles... il ne sait rien, ne reçoit rien. Il tient à rester à l'écart de toute cette histoire.

Les policiers poursuivent leurs investigations dans la région où le docteur possède quelques maisons. De fil en aiguille, ils finissent par retrouver Mme Petiot qui s'est réfugiée chez des amis à Auxerre, qui affirme toujours ne pas savoir où est son mari et n'être au courant de rien quant à ses activités de la rue Lesueur.

Massu finit par être informé du transport de chaux vive pratiqué par Maurice le 19 février entre Auxerre et la rue Lesueur. Par la même occasion, il apprend qu'en juin 43 le même Maurice – que les gens du voisinage prennent pour le docteur parce qu'il lui ressemble – a chargé un grand nombre de valises dans un camion. Les flics ont tôt fait de retrouver le transporteur qui accompagnait Maurice et d'arriver à Courson-les-Carrières, chez un ami de Petiot, M. Neuhausen. Les valises y sont toujours, entassées dans le grenier. Elles vont constituer les pièces essentielles de l'accusation. Six cent soixante-cinq kilos de bagages... tous les vêtements et objets de toilette des clients du docteur Eugène... robes, chaussettes, pantalons, vestes, caleçons, chemises d'hommes et de femmes, mouchoirs, tailleurs de dame, chapeaux, serviettes, jupes, combinaisons, sacs à main, chaussures, gants, brosses à dents, bâtons de rouge à lèvres et jusqu'à un pyjama d'enfant qui sera reconnu par la marraine du petit Kneller comme étant celui de son filleul. (La famille Kneller a disparu le 19 juillet 1942 après avoir été réceptionnée rue Lesueur le jour même.)

Le travail de la police va être très long pour identifier les propriétaires de tous ces vêtements puisque Petiot recommandait à ses voyageurs de démarquer leur linge.

On retrouve, parmi quelques vêtements en très mauvais état, un fourreau de satin noir orné de deux hirondelles d'or qui sera reconnu par une ancienne gagneuse d'Adrien-le-Basque comme ayant appartenu à Paulette Grippay dite La Chinoise. De là, on remontera jusqu'aux truands disparus rue Lauriston.

Neuhausen prétend ne rien savoir au sujet de ces bagages. La maison où il habite étant la propriété du docteur Petiot, celui-ci peut disposer du grenier à sa guise.

Faute du plus gros gibier, Massu se contente de mettre à l'ombre Neuhausen, Maurice et Mme Petiot. Après tout, on peut se dire que de la sorte il gagne du temps tout en ayant l'air de mener une enquête sérieuse vis-à-vis du Parquet.

Parmi les comparses de l'affaire, Nézondet tient une place à part. Il sera fidèle à l'amitié de Marcel

Petiot jusqu'au bout tout en cherchant à se donner de l'importance. On se souvient qu'arrêté par les Allemands en même temps que le docteur il a été relâché au bout d'un mois.

Bien sûr, après la découverte du charnier de la rue Lesueur, Massu veut l'entendre. A ce moment-là il raconte que Maurice Petiot était au courant du contenu macabre de l'hôtel particulier dès le mois de décembre 43... Il aurait même dit à Nézondet : « Y a de quoi nous faire fusiller tous. » Il prétend que son frère tuait ses victimes avec une seringue articulée qui faisait des piqûres mortelles à distance.

Maurice Petiot tenait Marcel pour fou mais il voulait tout faire pour le tirer de cette sale histoire.

Il nie la déposition de Nézondet qu'il traite de mythomane. Possible que Nézondet en rajoute, il n'en reste pas moins vrai que Maurice est venu rue Lesueur en décembre 1943 avant la libération de son frère par les Allemands. Les corps étaient déjà là. Nézondet ajoutera plus tard, ce qui est encore plus étonnant, que la police française avait été mise au courant. Un rabatteur occasionnel de Petiot, en outre indicateur de la P.J., aurait balancé le docteur, comme assassin des clients qu'il se chargeait de faire quitter la France, à un certain inspecteur Bouygues qui n'a pas tenu compte du renseignement. Ceci, plusieurs mois avant mars 44. L'inspecteur Bouygues, interrogé par Massu, répondra qu'il n'a pas jugé bon d'intervenir puisqu'à ce moment-là le docteur Petiot était emprisonné par les Allemands.

On se perd dans un labyrinthe de fausses confidences, de compromissions, d'impostures entre les divers personnages liés de plus ou moins près à cette affaire. Compréhensible que Massu soit sur ses gardes. La presse aux mains de l'occupant ne fait pas allusion aux Juifs que le docteur prétendait faire partir en Argentine. On passe aussi sous silence son incarcération à Fresnes par la Gestapo... sa remise en liberté.

Quant à Petiot, il a disparu. La radio de la France libre à Londres annonce qu'il est chez les Waffen S.S., et Radio-Paris, contrôlée par les Allemands, dit exactement l'inverse... qu'il a rejoint un maquis pour poursuivre ses activités de tueur au service de la Résistance.

En l'occurrence Radio-Paris serre de plus près la vérité. Petiot est planqué, rue du Faubourg-Saint-Denis, chez M. Georges Redouté, peintre en bâtiment. Comment a-t-il abouti là? on ne sait trop. Redouté, qu'on incarcérera pour recel de malfaiteur après l'arrestation de Petiot en octobre 44, prétendra qu'il connaissait le docteur en tant que client et qu'il a accepté de le cacher parce que celui-ci lui avait affirmé que les cadavres de la rue Lesueur étaient des cadavres de Boches et de mouchards. Ce brave Redouté n'avait pu faire autrement que d'offrir asile à ce grand patriote. Pendant près de six mois, il va le nourrir et le faire dormir dans son petit logement sur une paillasse posée par terre.

Comme le juge d'instruction s'étonne un peu de sa naïveté, Georges Redouté ajoute que le docteur lui a même juré sur la tête de son fils qu'il ne s'agissait pas de crimes crapuleux, comme le disaient les journaux, mais bel et bien d'un travail d'épuration... qu'il avait d'ailleurs, avec l'aide de ses camarades, bousillé beaucoup d'autres Boches et d'autres traîtres et que, ceux-là, ils les avaient jetés dans le Canal de l'Ourcq et dans le Bois de Boulogne.

Pendant tout le temps que durera la retraite de Petiot chez Redouté, le docteur sortira dans la journée sans aucune crainte. Où va-t-il? En mission, explique-t-il à son hôte. « Je ne risque rien. »

On se dit, bien sûr, que ce Georges Redouté est un brave type, un Français généreux... un modèle de patriotisme. Ça paraît presque trop beau. C'est Petiot lui-même qui nous donne en final un éclairage plus près de la vérité. Lorsqu'on lui lit la déposition de Redouté, il déclare :

– *Il ferait mieux de dire qu'on lui a demandé de me mettre à l'abri mais qu'il se refuse à dire qui pour ne pas mettre ces personnages en cause. S'il a accepté, c'est parce qu'il savait que les gens qui lui faisaient cette demande faisaient partie de la Résistance.*

On n'en saura pas davantage, ni Petiot, ni Redouté ne donneront le nom des gens en question. La façon dont Petiot est libéré... cet ouvrier discipliné qui l'accueille chez lui... qui le nourrit alors que le ravitaillement de la capitale est de plus en plus précaire, qui prend de gros risques en le cachant... ça ressemble aux méthodes de la clandestinité du parti communiste. Petiot est venu se planquer chez un militant. Les gens qui l'ont envoyé là sont des responsables de la lutte clandestine du P.C. La déposition du lieutenant Lhéritier confirme cette thèse.

*

Les mois qui suivent sont tellement riches en événements de toutes sortes que l'affaire Petiot va s'estomper aussi bien dans la presse que dans les conversations. Le 6 juin les Anglo-Saxons débarquent en Normandie... en Italie, ils libèrent Rome. Les Russes écrasent les armées du Reich par des offensives irrésistibles... le 20 juillet... attentat raté contre Hitler... et enfin le 19 août éclate l'insurrection parisienne alors que les Américains approchent de la capitale.

Et voilà Petiot qui réapparaît sur les barricades près de la Place de la République! Il a laissé pousser sa barbe, il a mis un brassard F.F.I. et il se dépense sans compter au cours des accrochages de retardement avec la Wehrmacht. De temps en temps il vient dormir chez Redouté à qui il raconte ses exploits guerriers.

Le 25 août Paris est libéré. Petiot se pavane avec des armes prises à l'ennemi. Il a revêtu un uniforme d'officier et il se fait appeler Valéry... le nom de son prédécesseur rue Caumartin. Un beau jour du début de septembre, sans donner d'explications, il quitte le domicile du peintre en bâtiment qui pourrait tout de même se demander pourquoi le docteur Petiot, maintenant que la Libération est accomplie, ne se révèle pas au grand jour pour dire toute la vérité sur l'affaire de la rue Lesueur. Redouté ne bouge pas, ne parle pas. Il est discipliné comme sait l'être un militant.

Il semble que Petiot sous le nom de Valéry s'engage à ce moment-là au 1er Régiment de marche de Paris, cantonné à la caserne Reuilly... Mais il a besoin d'une identité, Valéry n'est que son nom de guerre. Il va donc se mettre en quête et découvrir l'adresse d'un homme détenu en Allemagne. Il s'agit du docteur Wetterwald qui a été déporté quelques semaines auparavant. Petiot va voir sa mère, lui expose qu'il s'occupe d'échange de prisonniers et que, dans le cadre de ses activités, il pourrait obtenir la libération de son fils. Pour pouvoir agir au plus vite, il a besoin de ses papiers d'identité. Sans méfiance, Mme Wetterwald accepte et Petiot va devenir ainsi le docteur Wetterwald. Il s'inscrit aux Milices patriotiques, à l'Association France-U.R.S.S. et il prend sa carte au parti communiste.

Coup de baguette magique, le voilà bientôt lieutenant, puis capitaine. Aujourd'hui tout cela paraît étonnant, mais dans les mois qui suivirent la Libération, on vit des promotions d'officiers fabuleuses. Chacun se gradait à sa guise et les groupes plus ou moins armés proliféraient. Des blagues se sont colportées à l'époque sur le colonel à six galons qui reçut, dans je ne sais quelle petite ville du Sud-Ouest, le général de Gaulle en tournée d'inspection.

Le 1er Régiment de marche de Paris était d'obédience F.T.P. (Francs-tireurs et partisans), c'est-à-dire communiste. J'en ai fait partie lorsqu'il est devenu le Groupe tactique Lorraine sous les ordres du colonel Fabien. Malheureusement, je suis parti tout de suite sur le front et je n'ai pas eu le temps de rencontrer à la caserne Reuilly le capitaine barbu Valéry-Wetterwald.

On l'a affecté à un travail de confiance, le capitaine Valéry... commissaire auxiliaire de la justice militaire. Il s'occupe d'épuration, de recherches de collaborateurs et il dirige les interrogatoires. On le dit poli, n'usant jamais de brutalité. J'ai recueilli, par hasard, le témoignage d'un homme qui avait eu affaire à lui et qui m'a confirmé la chose.

Tout devient parfaitement rocambolesque... dans ses attributions, le capitaine Valéry est chargé de retrouver le docteur Petiot. Et là, il pousse la plaisanterie jusqu'à aller voir le procureur de la République, M. Vassard, pour lui demander très fermement de donner des instructions à la police afin de retrouver le monstre de la rue Lesueur. Il se donne à lui-même cette épithète. Le procureur promet de faire diligence... La situation des magistrats est devenue délicate depuis le 25 août... ils ont prêté serment au maréchal Pétain et ils échapperont à l'épuration dans la mesure où ils seront serviles vis-à-vis du nouveau pouvoir. Et il est à deux têtes le nouveau pouvoir... D'une part, le général de Gaulle qui a en main l'armée et l'administration, d'autre part, le parti communiste qui contrôle les syndicats et les Milices patriotiques... formations armées issues des maquis. La situation est périlleuse... dans certaines régions de France, les hommes du P.C. font la loi. Il faudra que de Gaulle aille jusqu'à Moscou en novembre pour obtenir du maréchal Staline l'ordre de désarmement des Milices patriotiques.

Ce qui n'arrange rien pour l'affaire que nous suivons, le commissaire Massu est épuré... il fait partie de ces premières charrettes de fonctionnaires qu'on commence à mettre en taule à tout hasard.

Massu y restera quelques mois, le temps qu'il fasse la preuve de son innocence... D'autant qu'il est particulièrement attaqué dans la presse communiste et apparentée. On le présente comme un tortionnaire, créant une confusion préméditée avec le commissaire Masuy, celui-ci véritablement un flic aux ordres de l'occupant, qui dirigeait une officine de Gestapo semblable à celle de la rue Lauriston. On peut se poser des questions sur les raisons de cet acharnement. Il lui faudra beaucoup de temps avant d'être réhabilité et de reprendre sa carrière.

Le dossier Petiot, dont a été dessaisi le juge Olmi, est entre les mains de M. Berry avant d'aboutir chez M. Gollety qui finira l'instruction après l'arrestation du docteur. La police est désorganisée, de nouveaux commissaires entrent en fonction dont certains ne doivent leur promotion qu'à leurs titres plus ou moins réels de résistance. L'affaire Petiot semble au point mort. L'opinion n'en entend plus parler. Le docteur a quelques chances de s'en tirer et de refaire surface dans le sillage des maîtres de l'heure.

Petiot va commettre une singulière erreur. Le 19 septembre paraît, dans le journal *Résistance,* un article signé Jacques Yonnet, intitulé *Petiot soldat du Reich*, où le docteur est représenté comme un militant pro-nazi du parti de Doriot, le P.P.F.[1], participant à des opérations contre le maquis. Ce texte est inspiré par la déposition faite en juin, devant le commissaire Massu, d'un nommé Charles Rolland. Celui-ci déclarait avoir rencontré Petiot à

1. Parti populaire français.

Marseille dans les rangs du P.P.F. en février 1944. Il prétendait qu'il était en uniforme S.S. à Pont-Saint-Esprit, en mars, lors d'un engagement contre des terroristes.

Un tissu de contrevérités. Les dates ne correspondent pas... les noms de lieux sont faux... c'est l'œuvre d'un mythomane. Le commissaire Massu avait cependant enregistré ces élucubrations et les avait classées dans le dossier Petiot.

Plus surprenant encore que cette déposition ait abouti entre les mains de Jacques Yonnet, lieutenant de la Sécurité militaire. Il faut en conclure que le dossier Petiot était accessible à beaucoup de gens.

Yonnet publie cet article comme un piège... Il n'a pas pris au sérieux les affabulations de Charles Rolland. Sans doute connaît-il bien la psychologie des criminels de série qui sont souvent désireux de se faire connaître et qui écrivent. En tout cas Petiot mord à l'hameçon. Il prend connaissance de l'article et pousse l'inconscience jusqu'à utiliser le droit de réponse pour quiconque est mis en cause dans la presse. Une lettre écrite à la main qu'il met en demeure *Résistance* de publier comme il se doit dans les mêmes caractères et à la même place que le papier de Yonnet. Il affirme que Rolland n'existe pas, que c'est une invention de la police. « *Le signataire de ces lignes, loin d'avoir commis des actes déshonorants, loin d'avoir pardonné à ses tortionnaires et encore plus loin de les avoir aidés, a, tout de suite après sa sortie des geôles allemandes, repris sa place dans la Résistance avec un nouveau pseudonyme, ayant demandé un rôle plus actif pour venger des centaines de milliers de Français tués et torturés par les nazis. Il resta toujours en contact avec ses amis et participa autant qu'il le put, malgré les dangers que les poursuites lui faisaient courir, aux actions de la Libération... Ayant tout perdu sauf la vie, il fait tous ses efforts pour en faire le sacrifice sous un faux nom, espérant à peine qu'ensuite les langues et les plumes déliées d'entraves feront connaître la vérité si facile à deviner.* »

La version, disons officielle, de l'arrestation de Petiot veut que cette lettre transmise aux services de police va permettre de *loger* son auteur. Au cours d'une réunion *top-secret,* les chefs F.F.I. de l'Ile-de-France et les policiers décident une action commune. Il paraît que l'on consulte le capitaine Valéry lui-même. Il pourrait s'affoler, il ne bouge pas de son poste. Le colonel Rol-Tanguy demande qu'on examine l'écriture de tous ses officiers. On en arrive à remonter ainsi jusqu'au capitaine Valéry.

Le 31 octobre 1944, Petiot est arrêté au métro Saint-Mandé-Tourelles par une équipe de la D.G.E.R. sous les ordres d'un capitaine Simonin.

Là, les choses s'embrouillent. Tous les récits écrits sur l'affaire Petiot rapporteront pendant quarante ans que, comble d'ironie, ce capitaine Simonin s'appelle en réalité Soutif, que c'est un ancien commissaire aux renseignements généraux de Quimper, nazi, délateur, tortionnaire, responsable de centaines de déportations et de fusillades.

Celui qui révèle cette prétendue vérité sur Simonin... encore Jacques Yonnet dans *Résistance* en mars 1946! Et le capitaine Simonin ne va se manifester qu'en 1986, pour se justifier dans une longue lettre adressée à Alain Decaux, après une émission sur Antenne 2, où celui-ci avait repris – comme tous les historiens jusqu'alors – la version du docteur Petiot arrêté par un Simonin agent de la Gestapo. Cette lettre confirme à peu près la thèse de Petiot, récupéré, repris, couvert, utilisé – un peu tout à la fois – par le parti communiste. Simonin va être diffamé, arrêté, couvert des pires calomnies pendant quarante ans pour avoir cassé une opération qui consistait à intégrer Petiot dans l'appareil du parti où il avait la charge de missions épuratrices plus ou moins légales.

Simonin pense que le docteur, pendant son séjour à Fresnes, a fréquenté des militants et qu'il a appris auprès d'eux la pratique et les méthodes du parti. Il a pu ensuite duper les communistes eux-mêmes en se présentant comme un des leurs. Il aurait été admis au Régiment de marche de Paris sans cacher à ses chefs sa véritable identité. En échange d'un travail délicat d'épuration, le parti pouvait retourner l'affaire de la rue Lesueur et transformer Petiot en héros de la Résistance. Pour ce faire, il fallait bien sûr que le commissaire Massu soit un traître et le capitaine Simonin un gestapiste.

Ça paraît énorme et, partant de là, on peut bien sûr échafauder une thèse selon laquelle Petiot était au service du parti, avant même son arrestation par les Allemands.

Si l'on en croit Simonin, ce n'est pas la réponse de Petiot à l'article de Yonnet dans *Résistance* qui a permis à la police d'arrêter Petiot. Le parti a accrédité cette version lorsqu'il s'est rendu compte qu'il ne pouvait plus *assumer* l'affaire Petiot. Les choses s'étant précipitées, le temps lui avait manqué pour sauver le docteur. Le voulait-il vraiment? Ceci est une autre histoire! On a vu certains personnages, ayant pris en charge les activités épuratrices dans la ligne voulue par le parti, se retrouvant sur la touche, parfois rejetés dans les ténèbres extérieures de la réaction, après avoir fait leur travail avec beaucoup de zèle.

La D.G.E.R., *Direction générale des études et recherches,* est une police politique créée par les résistants de Londres et qui travaille pour le général de Gaulle. Il est surprenant que ce soit les hommes de la D.G.E.R. qui appréhendent Petiot. Si nous suivons la filière classique, ce travail serait plutôt celui des policiers de la P.J. ou des officiers aux ordres de Rol-Tanguy. Une fois repéré, il leur suffirait d'aller cueillir leur homme dans son bureau à la caserne Reuilly.

La crédibilité du récit de Simonin est appuyée par le fait que Petiot, à la station de métro Saint-Mandé-Tourelles, est littéralement enlevé par les gens de la D.G.E.R. On le ceinture, on lui passe les menottes et on l'embarque dans une voiture militaire. Le capitaine Simonin est parvenu jusqu'à lui par un tout autre chemin que celui de la réponse à Jacques Yonnet. Il l'a longuement exposé dans sa lettre à Alain Decaux et son récit se recoupe très bien avec un article de Raymond Vauker dans le quotidien *Défense de la France,* futur *France-Soir,* du 4 novembre 1944.

Au départ, il s'agit d'une affaire de simple brigandage commis sous le couvert de la Résistance. Dans les mois qui suivent la Libération, elles sont nombreuses. Les truands de tout acabit, plus ou moins infiltrés dans les F.F.I., se livrent à des exactions diverses... vols, escroqueries, extorsion de fonds, viols, voire des assassinats crapuleux. Le gouvernement provisoire tente de mettre un terme à ces désordres.

Dans la région parisienne, c'est au colonel Paillole, chef de la Sécurité militaire, qu'incombe cette mission. Le capitaine Simonin, qui fait partie de ses services, est chargé de tirer au clair une affaire assez trouble. Le maire de Tessancourt, M. Leurogance, soixante-quatorze ans, a été torturé, puis assassiné par des hommes se présentant en uniforme d'officiers F.F.I. chargés de l'épuration. M. Leurogance n'est en rien collaborateur, mais il possède une collection de timbres évaluée à cinq millions et une somme de sept millions dans son coffre-fort. Sous la torture M. Leurogance donne le chiffre pour l'ouvrir... après quoi les officiers F.F.I. l'emmènent et l'achèvent au bord d'une route à coups de marteau.

Quelques tuyaux d'indics ont permis à la police d'appréhender deux des agresseurs de Tessancourt. Le capitaine Simonin se rend à la prison de la Santé où ils sont coffrés en Haute Surveillance pour les interroger. Il apprend par le directeur qu'ils viennent d'être livrés à un capitaine barbu qui s'est présenté avec une escorte armée et a exigé qu'on lui remette les détenus. Il avait un ordre de mission émanant du 1er Régiment de marche de Paris. Simonin essaie de tirer les choses au clair à la caserne Reuilly. On l'éconduit vertement. La Sécurité militaire pendant ce temps a mis la main sur un troisième agresseur de Tessancourt, un certain Jean R. D'après Simonin, ce Jean R. propose un marché à la D.G.E.R. : on passe l'éponge sur sa participation à l'affaire Leurogance et en échange il donne le docteur Petiot.

C'est une information inattendue... tout à fait extraordinaire et qui mérite d'être vérifiée! Simonin consulte le colonel Paillole. On accepte (ou on feint d'accepter) le marché de Jean R. qui dévoile que Petiot est devenu le capitaine Valéry et qu'il s'occupe de l'épuration à la caserne Reuilly. Il a d'ailleurs supervisé l'opération de Tessancourt.

Jean R. apporte une précision importante... « *Les supérieurs du capitaine Valéry n'ignorent pas qu'il est, en réalité, le docteur Petiot. Ils le considèrent comme un grand patriote dont on finira par prouver que les crimes qu'on lui a reprochés avaient été accomplis pour le compte de la Résistance.* »

Bien sûr, les gens de la D.G.E.R. enquêtent discrètement pour s'assurer que Jean R. ne les a pas menés en bateau. Le capitaine Valéry barbu est bien en place à la caserne Reuilly. Pas question d'alerter ses supérieurs. Simonin fait enlever Petiot le 31 octobre pour le remettre en mains propres aux autorités judiciaires. Tout est à redouter. Y compris que le docteur soit liquidé afin d'éviter le scandale.

Il sera évité néanmoins, le P.C. étant trop puissant

à ce moment-là pour qu'on l'implique dans une affaire pareille.

Bien sûr, on jugera Petiot comme criminel de droit commun. Il va s'efforcer de faire croire à ses juges qu'il n'a agi que dans le but de servir la Résistance. Son avocat maître Floriot accepte d'établir sa défense sur ce terrain. Les crimes de Petiot à l'égard des Juifs qui voulaient fuir le régime nazi sont pourtant difficiles à assimiler à des exécutions de collaborateurs. Petiot n'hésitera pas à dire que ceux qu'il reconnaît avoir fait disparaître étaient des agents de la Gestapo infiltrés en France parmi leurs coreligionnaires réfugiés.

Floriot, pour sauver son client, est prêt à faire feu de tout bois, mais il ne peut absolument pas mettre en avant le parti communiste. Petiot s'y refuse... est-il suffisamment discipliné pour se sacrifier? Il sait sans doute que de toute façon, s'il s'aventurait dans cette direction, il serait désavoué. La presse du parti au moment du procès reste prudente, elle suit le mouvement d'opinion donné par les autres journaux.

Consciemment ou non, nul n'aborde le sujet sous l'angle donné par le capitaine Simonin. D'ailleurs celui-ci est révoqué de ses fonctions par le Comité d'épuration de la Sûreté nationale, présidé par un M. Jeanjean, membre du P.C. Plus tard, il sera acquitté par la Cour de Justice de Paris et rétabli dans ses fonctions. En attendant, il va être suffisamment calomnié par la presse communiste pour qu'il ne soit plus question de lui que comme d'un tortionnaire à la solde de l'ennemi.

Par la suite, les historiens vont occulter cet épisode de la vie de Petiot. On admettra simplement qu'il a réussi à s'engager avec de faux papiers à la caserne Reuilly... sans trop se poser de questions sur le fait qu'il y ait accompli de singulières besognes épuratrices.

Le livre de Jean-François Dominique est significatif à cet égard. Il ne consacre qu'un court paragraphe à Petiot devenu capitaine F.F.I. En revanche, tout ce qui peut le présenter comme un homme ayant depuis longtemps partie liée avec la Gestapo française de Bonny-Lafont est souligné, éclairé de commentaires. Ce qu'il dit est vrai dans une large mesure, mais ce n'est qu'*une partie de la vérité.*

*

A l'évidence, Petiot est avant tout un déséquilibré, un fou qui aurait dû être soigné et enfermé avant la Seconde Guerre. Pourtant, au procès, les experts psychiatres cette fois vont le reconnaître pleinement responsable. « *C'est un pervers, un amoral, fugueur et dissimulateur,* dira le docteur Gouriou. *Il a le goût du mal par déficience d'éducation morale.* »

Deux poids, deux mesures. Petiot vole un livre chez Gibert, il est fou... il commet une série impressionnante d'assassinats et le voilà responsable de ses actes. Qu'ils le veuillent ou non, les experts sont sensibles à la pression de l'opinion. En 1946, on ne pouvait pas envoyer Petiot finir ses jours dans un asile. Il devait être exécuté, comme avait été exécuté Gorgulof, l'assassin délirant du président Paul Doumer, simplement parce qu'il était régicide.

Il y a là une espèce de raison d'État que les experts comprennent sans qu'il soit besoin de leur donner des consignes précises.

La justice fonctionne différemment selon les époques. Tel crime ou tel délit sera presque absous aujourd'hui qui était passible des peines les plus sévères naguère. Il suffit de suivre les décisions des tribunaux depuis un demi-siècle pour s'en convaincre.

En ce qui concerne la folie du docteur Petiot, elle était d'une espèce bien particulière. Là encore, on devrait dire que se superposent chez lui un dément et un homme d'une lucidité, d'un cynisme démoniaques.

Landru, en comparaison, est un homme qui suit une espèce de logique interne dans laquelle le meurtre n'a pas plus d'importance qu'une autre action. Il tue parce qu'il estime ça nécessaire à ce qu'il considère sa survie. C'est une sorte d'animal de proie.

Petiot est moins rigoureux. On ne sait pas au juste pourquoi il devient criminel et pourquoi il monte cette entreprise d'exécutions en série. Landru avait des besoins d'argent constants... il liquidait ses fiancées pour éponger ses dettes. Petiot, lui, a un métier lucratif... un médecin est un notable dans la société de 1940... il a su placer de l'argent... il a des biens immobiliers. En outre, comme il n'est pas très regardant sur les moyens de s'enrichir, il fait des avortements et il délivre des ordonnances de complaisance à des toxicomanes.

Qu'il se mette à tuer n'est pas programmé dans le mouvement de son existence. Mais Nézondet, son ami de toujours, dira qu'il était parfois comme sous l'influence de *forces incontrôlables*.

Le docteur Petiot est un criminel de droit commun... à la limite extrême de la folie. Il a été successivement utilisé par la Gestapo de la rue Lauriston et par certains membres du parti communiste. Dans quelle mesure était-il maître de ses mouvements vis-à-vis de ces deux puissances? Il paraît peu probable qu'il ait pu duper aussi bien Lafont que les chefs F.T.P. de la caserne Reuilly. Astucieusement, il s'est adapté aux deux situations successives, celle de l'Occupation et celle de la Libération.

Il reste un personnage insaisissable... peut-être le criminel le plus étrange de l'histoire du fait divers.

*

Une fois dans les filets de la Justice, Petiot se débat comme... ce qu'il est... un beau diable! Dès les premiers interrogatoires, il prétend être victime d'un malentendu orchestré par les ennemis de la France. Il n'a agi que pour la Résistance, et ce, depuis le 20 juin 1940. On lui impute vingt-sept victimes, il répond qu'il a liquidé soixante-trois traîtres ou militaires allemands. Parmi les vingt-sept victimes, il trie... il y a des gens, surtout des Juifs, qu'il a réellement aidés à sortir de France et il y en a d'autres... comme les souteneurs de la Gestapo, qu'il a exécutés ou fait exécuter.

Il se réclame d'un réseau *Fly-Tox* dont il est le chef, le fondateur. Il ne pourra dire le nom d'aucun des membres de ce réseau. Nul ne se manifestera. Petiot prétendra jusqu'au bout qu'il ne les fait pas citer car ils sont en danger. Quel danger?... les forces nazies, les revanchards de la Collaboration qui sont à même de leur nuire à tout moment.

Les exemples qu'il donne de faits d'armes de son groupe sont incontrôlables. Il dit, par exemple, avoir tué des soldats de la Wehrmacht avec une arme secrète dont il ne veut pas révéler le fonctionnement. Il affirme avoir renseigné le consulat des États-Unis (avant que ceux-ci soient en guerre contre l'Allemagne, c'est-à-dire avant décembre 1941) par l'intermédiaire d'un certain Cumulo, chef du groupe *Arc-en-Ciel*. On ne retrouvera ni Cumulo, ni trace du groupe *Arc-en-Ciel*.

Tout cela relève de la plus pure fantaisie. N'était la gravité des faits qui lui sont reprochés, les élucubrations de Petiot résistant seraient dignes d'une bande dessinée... une sorte de professeur Tournesol dans la clandestinité.

N'apportant aucune preuve de ses allégations, tout

ce que va raconter Petiot durant l'instruction n'est que fumigène pour mieux masquer les questions concernant son activité rue Lesueur. Sur ce terrain, il se contredit, il refuse d'admettre qu'il a tué des gens dans son hôtel particulier. Tous les traîtres ou les Boches qu'il exécutait étaient liquidés, on ne sait trop où, dans des voitures, des camions... leurs corps abandonnés ou enterrés dans les Bois de Vincennes ou de Marly-le-Roi.

Les corps trouvés le 11 mars 1944 rue Lesueur ont été déposés là, il ne sait par qui... les Allemands peut-être ou des camarades du réseau qui avaient poursuivi leur besogne d'épurateurs pendant qu'il était à Fresnes.

Bien sûr, son incarcération par la Gestapo va lui servir pour soutenir la thèse du réseau *Fly-Tox*. Il fera état des tortures qu'il a subies et n'expliquera sa libération de Fresnes que par la caution de cent mille francs payée à Yodkum.

L'instruction de l'affaire Petiot est confiée à M. Gollety, un jeune magistrat qui va se tailler par la suite une réputation de sévérité, de rigueur, d'inflexibilité. A la P.J. le commissaire Pinault dirige les investigations interminables nécessitées par l'instruction.

Pendant un an, Petiot va être interrogé trois ou quatre fois par semaine. Dans les grandes lignes, il ne variera jamais sa défense. Il est résistant et on l'accuse injustement, mais il n'apporte aucune preuve pour étayer son récit.

A la prison de la Santé, il écrit un livre sur les martingales qu'il intitulera *Le Hasard vaincu* et qui sera édité à compte d'auteur. Quand il aura fini la rédaction de ce livre, il passera son temps à faire du crochet... du point anglais, paraît-il.

*

Voici le final avant que le rideau tombe sur la guillotine. Le procès s'ouvre le 18 mars 1946 devant la cour d'assises de la Seine. Comme pour Landru ou Weidmann, tout le monde est là... Le public anonyme qui assiège les abords du Palais de Justice... plus de deux mille personnes dont une centaine seulement pourra entrer dans la salle d'audience. Et puis ce qu'il est convenu d'appeler le Tout-Paris... les comédiens, les metteurs en scène de cinéma, femmes du monde, sportifs... le Prince de Monaco et toujours Colette qu'on a déjà vue en 1922 pour Landru et en 1939 pour Weidmann. Elle a vieilli, Colette, mais sa plume est toujours aussi vive, aussi jeune. Elle écrira après quelques audiences où elle a bien observé l'accusé : « *La folie de Petiot réside, si l'on y prête attention, dans sa logique même. Dans cette excellente imitation de la précision qui masque l'errance de son esprit dans l'imagination. Dans son cabotinage, dans la défiance glacée qu'il provoque et qu'aucun élan ne peut faire dévier vers la pitié ou seulement le doute. Dans ce tour de force qu'il a réalisé en dix-huit mois de détention de se mettre dans la peau d'un innocent.* »

Au banc de la presse, les meilleurs chroniqueurs du moment, Géo London, Pierre Scize, Jean-Jacques Gautier, Michel Aubirant. Pendant les trois semaines que va durer le procès, il vont rivaliser d'épithètes féroces à l'égard du docteur, qui sera successivement le docteur Satan, le monstre sadique, le charlatan diabolique... recordman du crime crapuleux... sanglant jocrisse... le cuisinier du diable... le médecin fou... etc. Petiot, lui, est plutôt à l'aise pour supporter ces qualificatifs. Les gros titres des journaux sont assez à sa convenance. Après tout, s'il s'agit de renommée, la sienne dans le royaume du mal est au premier rang.

La Cour est présidée par M. Leser, un homme réputé pour ses bonnes manières et son sens de l'équité. Il va avoir une tâche difficile avec Petiot. C'est un comédien qui attendait depuis longtemps d'avoir la vedette et, là, il va tenir le devant de la scène pendant trois semaines. En terme de métier des planches, Petiot tire la couverture. Il est tour à tour grossier, insolent, cynique... il répond à tout avec des arguments d'une mauvaise foi inimaginable.

On savait déjà que maître Floriot était un grand avocat... un de ces noms qui restent dans les annales judiciaires. Avec l'affaire Petiot, il va renouveler le tour de force de Moro-Giafferi au procès Landru. Il est, il se veut très différent de Moro qui était un lyrique. Lui, il plaide surtout le dossier. Il est Stendhal après Victor Hugo. Pas d'effets de manche, il s'adresse à l'intelligence de son auditoire plus qu'à sa sensibilité.

Pour Petiot, il parlera près de sept heures. On a dit qu'il avait pratiquement gagné chaque affaire prise séparément... semé le doute chez les jurés pour chacun des meurtres attribués à son client. Il fut vaincu par l'addition de tous ces meurtres. Après sa plaidoirie, il s'est assis épuisé et machinalement son regard s'est porté sur les quarante-neuf valises – pièces à conviction qu'on avait entassées dans l'enceinte des assises comme dans une consigne de gare – et il dira plus tard qu'à ce moment-là, il avait compris que tout son talent ne pouvait rien contre cette espèce de preuve tangible par quarante-neuf.

Petiot se présente dans son box avec une certaine aisance. Bien sûr, il n'a plus la barbe du capitaine Valéry, il a son visage glabre et pâle, son regard qu'on s'accorde à trouver inquiétant... hypnotique, diront certains... son nœud papillon qu'il rajuste pour faire face aux photographes.

Le déroulement du procès n'apporte rien que vous ne sachiez déjà. Plutôt moins... les accointances de Petiot avec la Gestapo et surtout avec la Résistance sont soigneusement reléguées au second plan et abordées en surface. Seul Galtier-Boissière, encore une fois dans son *Journal*, parle de « *l'extrême prudence du président et de l'avocat général qui se sont toujours gardés de pousser l'interrogatoire à fond* ». On retrace la vie de l'accusé et l'acte d'accusation détaille chaque affaire, chaque disparition. Les parents des victimes sont là qui attendent dans la salle réservée aux témoins. Leur défilé va renforcer la conviction que Petiot les a bien fait disparaître pour s'emparer de leurs bijoux, leur argent, leurs fourrures.

Il va se défendre toutes griffes dehors. Il ne joue pas les gentlemen comme Landru. Il insulte carrément l'avocat général Dupin auquel il reproche d'avoir prêté serment au maréchal Pétain. Il n'arrive pas toujours à se contrôler, par exemple lorsqu'il crie à maître Véron, le représentant de la famille d'Yvan Dreyfus : « Vous êtes l'avocat des Juifs, c'est-à-dire des traîtres. »

Il s'emballe, rage, éructe... Et là, on touche peut-être de plus près sa folie. Rien ne doit lui résister et il a toujours raison. Il explique tout en s'emparant de n'importe quel argument. En se prétendant chef d'un réseau fantôme, il peut bien sûr raconter ce qu'il veut. Il nie le meurtre de Van Bever, de Mme Khaït et Denise Hotin. Ils ont disparu, lui n'y est pour rien! Dans le cas de Guschinov, du docteur Braunberger, de la famille Kneller et d'Yvan Dreyfus, il soutient que son réseau les a fait passer par l'Espagne jusqu'en Amérique du Sud. Et bien sûr, il ne donne le nom d'aucun passeur. « Ça pourrait mettre leur vie en danger », dit-il en évoquant toujours des traîtres et des collabos encore en place qui agissent dans l'ombre contre les vrais résistants.

Il reconnaît dix-huit des meurtres qui lui sont imputés. Ces morts-là étaient des mouchards, des indicateurs, des agents provocateurs à la solde de la Gestapo. Dans ce lot, il y a Adrien-le-Basque, Jo-le-Boxeur, François-le-Corse et Gé Piereschi. Eux, évidemment, on connaît leurs liens avec la rue Lauriston. Petiot se fait gloire de les avoir descendus. Mais comme le président s'étonne qu'il ait supprimé aussi les malheureuses filles qui les accompagnaient, il rétorque :

– Et qu'est-ce que vous vouliez que j'en fasse?

Sa réplique glace la salle. Lourd silence et Petiot enfonce le clou en ajoutant :

– Après tout, ce n'était que des femmes.

Le public murmure et l'accusé sourit, content de son bon mot.

Les neuf Juifs venus de Hollande, ceux-là, il les classe parmi les traîtres, les indicateurs payés par la Gestapo qui s'infiltraient dans les réseaux de résistance. Donc, il relevait du travail purificateur de l'organisation *Fly-Tox* – pour tuer les mouches.

Événement assez rare, pour la cinquième audience, la Cour se déplace rue Lesueur afin de confondre l'accusé sur les lieux de ses crimes. Petiot est accueilli aux abords de son hôtel si particulier par des cris de mort. Aucune importance, il sourit à ses insulteurs et il entre au 21, menottes aux poignets, l'air triomphant. Confusion... les magistrats sont là, les jurés, les policiers, mais ils sont entassés dans l'ombre... l'E.D.F. qui avait coupé le courant depuis 1944 ne l'a pas rétabli. La justice va donc travailler à la lueur des bougies... elle aura bien du mal à éclairer sa lanterne.

Tout s'est délabré depuis deux ans... le bric-à-brac du docteur s'entasse toujours un peu partout. On va visiter la pièce triangulaire où l'on retrouve les pitons scellés dans le mur et le trou où s'encastrait le viseur.

Petiot affirme toujours qu'il n'utilisait cette pièce que comme laboratoire de radiographie.

On descend jusqu'à la fosse au fond de laquelle on a trouvé les cadavres. Petiot ergote, nie l'évidence... détourne les questions avec insolence. Il ne ressort rien de positif de ce transport de justice.

Le docteur Paul redit que le dépeçage des cadavres, techniquement parfait, n'avait pu être effectué que par un homme d'amphithéâtre, un spécialiste de la dissection.

Le témoignage d'Eryane Kahan est un des plus attendus. Elle est obligée d'avouer ses cinquante ans dans le prétoire, mais elle a encore beaucoup d'allure, svelte, très maquillée, elle donne dans le genre star des années 30. Elle a connu Petiot sous le pseudonyme du docteur Eugène et, pour elle, il fut d'abord un personnage digne de toute son admiration puisqu'il s'occupait de venir en aide à ses coreligionnaires en difficulté. Elle s'est donc mise à son service, elle est devenue agent recruteur pour la filière du docteur Eugène. Elle dément vigoureusement avoir été une pourvoyeuse lucide de Petiot, un agent de la Gestapo.

S'ensuivent quelques accrochages entre maître Floriot et l'avocat général. Ce dernier, qui a besoin du témoin pour soutenir l'accusation, déclare qu'on n'a recueilli sur elle que de bons renseignements. Floriot passe à l'attaque et révèle que Mme Kahan avait pendant l'Occupation une liaison avec un Allemand.

Protestation d'Eryane Kahan :

– Pardon, ce n'était pas un Allemand, c'était un Autrichien.

– Hitler aussi, rétorque Floriot du tac au tac.

Le témoignage tourne à la confusion. Mme Kahan est tout de même obligée de reconnaître qu'une instruction a été ouverte contre elle pour intelligence avec l'ennemi et qu'elle risque de se retrouver bientôt en Cour de Justice.

Arrivent les témoins de la défense. Des gens qui ont connu Petiot à Villeneuve-sur-Yonne et qui viennent nous présenter la bonne facette de l'accusé... le médecin des pauvres qui refusait de se faire payer... qui a soigné pendant cinq ans une petite leucémique... etc.

On s'aperçoit alors qu'il garde encore des amis dans sa région natale... que ses plus chauds partisans, lorsqu'il était maire, n'ont pas changé d'opinion à son sujet.

Toujours le côté double de ces grands prédateurs humains. Dans la salle Mme Petiot est là. Elle a été en détention provisoire plusieurs mois jusqu'à ce qu'on prononce un non-lieu en sa faveur. Elle n'est pas entendue au cours du procès, mais on sait qu'elle croit à l'innocence de son mari... et elle affirmera toujours qu'il avait à son égard et à celui de son fils une conduite normale de père de famille.

On pourrait penser aussi que le frère devrait être lui aussi dans le box des accusés. Il ne pouvait pas ne pas être au courant des activités du docteur... l'alibi de la Résistance est bien fragile pour avoir été gobé par Maurice. Mais on a fini par admettre sa bonne foi... il est gravement malade et ne survivra pas longtemps au procès.

On est surpris aussi de l'indulgence dont ont bénéficié les intermédiaires pour le moins assez cupides... les Dequéker, Fourrier, Pintard, etc. Tous les comptes rendus, les lectures sur ce procès laissent l'impression que tout a bien été ciblé sur le docteur Petiot et qu'on a, pour de multiples raisons, écarté toutes les complicités possibles.

Les avocats de la partie civile se succèdent pendant des heures pour essayer encore une fois de faire entendre la voix des victimes. Elles sont si nombreuses que cela en devient fastidieux. Petiot, somnolent, semble se désintéresser de ce qui se dit. C'est maître Pierre Véron, l'avocat de la famille Guschinov, qui prononcera à vrai dire le véritable réquisitoire. Celui où il compare Petiot aux naufrageurs de la mer...

– *Ces pirates qui autrefois allumaient des feux sur les falaises pour attirer les navigateurs en perdition. Ceux-ci croyant trouver le salut venaient écraser leurs bâtiments contre les récifs. Les naufrageurs ensuite n'avaient plus qu'à piller les épaves et achever les survivants.*

Il évoque Dachau et Auschwitz... la démarche de Petiot lui paraît du même ordre que celle des nazis. Petiot s'est réveillé, il insulte maître Véron, le traite de voyou... ce qui prouve que celui-ci a touché juste.

Nouveaux incidents pendant le réquisitoire, définitif celui-là, de l'avocat général Dupin que Petiot ne se prive pas d'appeler procureur de l'État français par allusion à ses fonctions sous le régime vichyssois. M. Dupin termine en disant qu'il a souvent eu des scrupules à requérir la peine de mort.

– Aujourd'hui, je n'en ai pas, dit-il. Que Petiot aille rejoindre ses victimes.

Le 4 avril... arrive le grand moment de Floriot! Sa plaidoirie va durer près de sept heures sans jamais lasser l'auditoire. Il sera superbe, maître Floriot, à l'apogée de sa carrière. Il réussit à rendre plausible la position de son client qui reconnaît avoir liquidé dix-huit des victimes qu'on lui impute et en récuse neuf.

Pour celles-ci, les preuves matérielles de la culpabilité du docteur dans leur disparition sont nulles. Pour les dix-huit autres, Floriot demande qu'on lui apporte la preuve de leur non-appartenance à la Gestapo.

Sur ces bases, il va reprendre chaque affaire et argumenter minutieusement sa défense. Du travail de haute voltige! Tout le monde s'accorde ce jour-là pour reconnaître à René Floriot la première place parmi les avocats français.

Il a plaidé comme le voulait son client... Malgré son immense talent, l'absence de preuves formelles n'était pas suffisante pour convaincre les jurés.

La seule défense possible de Petiot se situait autour de son dérèglement mental. Depuis 1918 suffisamment de rapports psychiatriques, quant à la folie de Petiot, pouvaient renverser la vapeur. Floriot ne l'a pas fait parce que son client s'y est opposé formellement.

La Cour va délibérer trois heures.

Petiot, pendant ce temps, dans la salle réservée aux accusés, a dormi. Il revient dans le box et un de ses avocats doit le secouer pour qu'il daigne se lever afin d'entendre le verdict. Floriot a gagné sur trois chefs d'accusation... Jean-Marc Van Bever, Mme Khaït et Denise Hotin... On condamne à mort Petiot pour vingt-quatre meurtres.

– Il faudra me venger! crie-t-il.

Les photographes le mitraillent une dernière fois.

*

Ensuite les choses vont aller vite. La Cour de cassation rejette le pourvoi formé par Petiot.

A la Prison de la Santé, pendant une fouille dans sa cellule, on trouve une ampoule de cyanure... il ne peut plus désormais échapper à la guillotine.

Depuis le mois de janvier, le général de Gaulle a quitté le pouvoir. En attendant que les institutions de la IVe République se mettent en place, un gouvernement provisoire assume les pouvoirs de l'État. Le président en exercice, au moment où maître Floriot va demander la grâce de son client, c'est M. Félix Gouin, personnage qui va sombrer dans un scandale de trafic de vins. La grâce est refusée. Difficile qu'il en soit autrement dans une période où l'on exécutait encore beaucoup de gens convaincus de collaboration.

Le 24 mai 1946, on annonce à Floriot que l'exécution est pour le lendemain. Comme il a promis d'avertir son client, il envoie un de ses assistants à la Santé remplir cette tâche délicate. Petiot accueille la nouvelle très froidement... sans manifester d'autre désir que de dormir en attendant.

Ce qu'il fait, comme toujours, très profondément et il faudra le secouer énergiquement le lendemain à l'aube pour le réveiller.

– Petiot, ayez du courage...

La phrase rituelle dite par l'avocat général Dupin est accueillie par un outrage à magistrat.

– Je t'emmerde!

Ensuite il se lève. Il remercie maître Floriot d'être venu.

– Il ne fallait pas vous déranger, maître... vous lever si tôt, c'était inutile.

Il se rase, s'habille, écrit à sa femme, à son frère et à son fils. L'aumônier s'approche, Petiot lui dit que ça ne sert à rien... qu'il est mécréant.

– Votre femme serait heureuse que je vous bénisse.

– Alors, faites-le... mais vite.

Il accepte la dernière cigarette et refuse le rhum.

– Merci... ni messe, ni alcool. Maintenant, messieurs, si on y allait?...

Et il ajoute en regardant M. Dupin qui est très pâle :

– Soutenez M. l'avocat général, il ne se sent pas très bien.

Et il va d'un pas ferme, en souriant, à travers les couloirs de la prison vers la guillotine qui est installée sur le perron derrière une porte vitrée qu'on a masquée avec un grand rideau noir.

Petiot est encore plus froid, plus impassible que Landru. Les aides-bourreaux le propulsent vers la bascule, il se retourne et lance : « Ça va pas être beau ! »

Un maton racontera qu'ayant perdu une mule pendant qu'on le pousse, il a un dernier réflexe pour la renfiler dans son pied.

Le docteur Paul, pourtant habitué aux exécutions capitales, sera subjugué par le comportement de Petiot. Il écrira : *« Pour la première fois de ma vie, je voyais un homme aller à la mort avec un naturel parfait. Ceux qui vont être exécutés font tout pour montrer du courage, mais un courage que l'on sent crispé, fabriqué. Petiot marchait avec aisance comme s'il se rendait à son cabinet pour une consultation de routine. »*

Dernier mystère de cette affaire... d'importance ! Jamais on ne retrouvera le trésor du docteur. Évalué à environ deux cents millions 1945, il n'a sans doute pas été perdu pour tout le monde.

PIERROT-LE-FOU

ou

Les lendemains qui flinguent

« De nostre mal personne ne s'en rie;
Mais priez Dieu que tous nous vueille
[absouldre! »

François Villon
Ballade des pendus

On cible sur Pierre Loutrel dit Pierrot-le-Fou pour parler du gangstérisme de l'après-guerre. Par facilité et parce que la légende s'est emparée d'un malfrat parmi tant d'autres pour en faire le héros de la mythologie voyoute. Le sobriquet a dû jouer un rôle. Il a été fabriqué par le Milieu, mais la presse en a fait son avoine. C'est elle qui désigne les ennemis publics numéro un... les chefs de bande, leurs lieutenants. Un type est placé sous les projecteurs de l'actualité, quelquefois par le plus grand des hasards. Il arrive qu'il prenne goût au vedettariat, comme Jacques Mesrine, et ça le conduit un peu plus vite à sa perte. Les choses ne fonctionnent pas dans le gangstérisme comme dans l'armée.

Pierrot-le-Fou surgit à quel moment exactement? On ne sait trop... peut-être lorsqu'un inspecteur de police, qui avait échappé par miracle à son flingue et aux roues de sa traction avant, l'identifie formellement.

Il avait plutôt intérêt, Loutrel, à se perdre dans la nature, s'enfoncer dans la grisaille. Plus que personne, le truand pour vivre, sinon heureux du moins peinard, doit vivre caché. Mais Pierrot, l'éthylisme aidant, commettra les pires imprudences. Une seule sanction, la mort. Une de ces morts mystérieuses qui alimentent la légende noire du monde de la pègre.

Il devient tête d'affiche, un peu comme Bonnot qui a endossé toute l'affaire alors que certains de ses complices comme Garnier ou Raymond-la-Science auraient pu tout aussi bien faire figure de chefs.

Les Abel Danos, Naudy, Jo Boucheseiche, Ruart, Jo Attia, Henri Fefeu, valaient bien Loutrel quant à l'audace, la dureté, la réussite des coups les plus spectaculaires. La mémoire collective les a presque tous oubliés, ceux qui sont morts sous les balles de la police ou des pelotons d'exécution, comme ceux qui sont morts dans leur lit – le cas de Jo Attia... preuve qu'il était le plus malin de la bande!

Autre abus des historiographes : lorsqu'on dit *Gang des tractions avant*, on dit, tout aussitôt, Pierrot-le-Fou... c'est beaucoup lui attribuer. Les malfrats, pendant plus de dix ans, ont presque tous utilisé la 11 CV Citroën pour leurs braquages. Aussi bien Émile Buisson, que René Girier, Pierre Carrot, Paul Dellapina... toutes les équipes de Marseille.

On peut toutefois accorder à Pierre Loutrel une mention spéciale quant à la traction. On l'a appelé Pierrot-la-Voiture avant de l'appeler le Fou, bien sûr parce qu'il volait des bagnoles qu'il refourguait, mais surtout parce que c'était un conducteur remarquable. Au volant d'une traction, il était comme Jules Bonnot au volant de la Delaunay-Belleville... il avait un moteur dans le ventre.

Les truands vont accaparer la traction avant parce qu'elle est rapide, qu'elle démarre au quart de tour. Innovation... le changement de vitesse, qu'on appellera « la cuillère à moutarde », est au tableau de bord. Trois vitesses. Un maniement extrêmement facile. Elle tient admirablement la route lorsqu'on roule vite. Elle est fiable, solide, elle permet de prendre en souplesse les virages sur les chapeaux de roues. Carrosserie d'une ligne simple, esthétique... Encore aujourd'hui, une traction avant ne détonne pas dans les rues. Elle se fond facilement dans la circulation, avantage appréciable lorsqu'on vient de braquer une banque.

On avait fabriqué deux cent cinquante mille 11 CV chez Citroën avant 1939, elle est donc assez répandue sur le réseau routier.

Une autre raison, les flics en 1944 n'ont pas encore de tractions... leur parc automobile a vingt ans de retard. Pendant deux ou trois ans, les malfrats vont leur damer le pion dès qu'il s'agira de poursuite automobile. On dira alors à la blague : « Traction avant, la police derrière! »

Pierrot adore les belles voitures. S'il utilise le plus souvent la traction avant pour monter sur ses coups... pour le plaisir, l'épate des gonzesses, il a une splendide Delahaye... A Marseille, dans un de ses garages, on trouvera une américaine, une Packard.

Autre avantage à propos de la traction... on la vole facile... avec une clé à tube spéciale, on force la serrure, l'air de rien... d'un bon cave qui monte dans sa tire.

Pendant l'Occupation la traction avant sera aussi la voiture de la Gestapo – la française et l'allemande. Elle est noire le plus souvent, ce qui ajoute à la dramaturgie lorsqu'on la voit dans les films de Melville... *L'Armée des ombres*, en particulier.

Dès 1944, elle prendra comme tout le monde du service dans la Résistance... De Gaulle jusqu'en 1958 sera fidèle à la 15 CV. C'est tout de même une référence.

Elle est donc un personnage à part entière de l'histoire... la grande aussi bien que celle qui nous intéresse... la chronique du crime, du fait divers, qui nous en dit souvent plus sur une époque que les savants traités ou la collection complète des *Temps modernes* ou de la *N.R.F.*

Pierre Loutrel est né en 1918 à Château-du-Loir dans la Sarthe. Il gardera toujours l'accent de son pays natal. Un accent qui ferait rire dans les films si on voulait respecter ce genre d'authenticité. C'est un paysan, Pierrot... fils de fermier qui aurait dû prendre la suite de son père et devenir peut-être un gros propriétaire terrien. Seulement il a la bougeotte, le goût de l'aventure, il fait une fugue à l'âge de quinze ans, s'engage comme mousse sur un bateau marchand et s'en va faire le tour du monde. Aux escales, il se frotte à la pègre... voyous et putes... il suit des cours de formation accélérée.

On trouve ensuite sa trace un peu plus tard à Marseille, à la belle époque de Spirito et Carbone. Il n'est pas corse, il est très jeune, alors il vivote comme il peut en chouravant à droite à gauche, en se faisant parfois héberger par quelques braves filles qu'il apitoie.

Pas son genre pourtant de jouer de la corde sensible. Déjà ceux qui l'ont connu à l'époque le disent sujet à des crises de violence incontrôlée, suivies de déprime qu'on appelle plutôt le cafard ou le bourdon en ce temps-là et dans ce monde-là.

Quelques-uns de ses petits brigandages le conduisent en Correctionnelle, il y récolte quelques mois de prison... de quoi se retrouver au moment de son service militaire à Foum Tataouine aux *Bat' d'Af*. C'était une conséquence de la loi sur le vol, l'escroquerie, le proxénétisme... une peine accessoire comme l'interdiction de séjour ou la relégation. Un jeune garçon qui avait encouru, avant l'âge de vingt et un ans, une peine de deux mois de prison ou plus devait effectuer son service dans les bataillons d'infanterie légère d'Afrique. Un véritable bagne dont on sortait, ou bien en acier trempé pour affronter la vie hors la loi, ou bien comme une épave promise à la pire des clochardisations.

On appelait les soldats de ces unités des *joyeux*, par dérision, ironie... Julien Blanc, un auteur hélas oublié (par ceux qui préfèrent le toc à l'authentique), a publié en 1947 un livre, *Joyeux, fais ton fourbi*, qui reste le témoignage le plus accablant sur l'univers des *Bat' d'Af*. Une œuvre qui dit tout sur la question, comme Dostoïevski disait tout sur les bagnes tsaristes dans ses *Souvenirs de la maison des morts*.

Loutrel à Foum Tataouine va achever son éducation malfrate. Il est à remarquer que la plupart des personnages qui illustrent la chronique du Milieu depuis le début du siècle jusqu'à 1960 ont fait leurs classes aux *Bat' d'Af*. Seuls les durs, les impitoyables résistent au régime des pires brimades. Tout ce qu'il y a d'abrutis, de sadiques, de pervers dans l'armée de métier se retrouvent aux bataillons d'Afrique comme sous-officiers... Ils y font la loi... les officiers ferment les yeux hypocritement sur leurs sévices.

Règnent entre les bataillonnaires les mœurs les plus bestiales. Faute de femmes (on est dans le désert à casser des cailloux) les plus faibles, les plus mignons deviennent les schbebs[1] des caïds. Inutile de dire que Pierre Loutrel ne sera jamais un schbeb. Dès son arrivée à Tataouine, il va se battre pour montrer qu'il est un homme, avec un adversaire redoutable, dont il triomphe. Jo Attia assiste au combat, il a fait de la boxe et le courage de Pierrot l'impressionne. Par la suite, les deux voyous vont devenir des amis que seule la mort pourra séparer.

Jo Attia, né en 1916, d'un père tunisien mort sur le front en 1917 et d'une mère bretonne, suit un mauvais chemin à peu près semblable à celui de Pierrot. Les fugues... les premières condamnations pour vol, vagabondage qui le conduisent aux *Bat' d'Af* après avoir essayé de faire une carrière de boxeur.

Aux *Joyeux*, on est à l'avance un exclu de la société. L'impression que plus rien ne pourra vous permettre de mener ensuite une vie normale. On se

1. Homosexuels passifs en argot de l'époque.

fait tatouer, comme c'était l'usage chez les hors-la-loi... *Mektoub... Promis à Deibler... Une pensée à ma mère... Mort aux vaches... Inch'Allah... Enfant du malheur!*

J'ai connu Jo Attia à Fresnes en 1959... un balèze d'un mètre quatre-vingt-dix, tatoué de la tête aux pieds. Belle gueule de voyou... la gouaille aux lèvres... l'œil qui disait encore la devise des *Bat' d'Af* : « Pas vu pas pris. » Ce qui lui a permis sur la dernière partie de son existence de devenir le roi du non-lieu.

En 1938, Loutrel est démobilisé. On dit qu'il traînasse encore à Marseille... qu'il s'efforce de se tailler une petite place au soleil des voyous. Le mitan marseillais n'adopte pas facilement les mecs qui ont un accent de la Sarthe. Il se lasse et il monte à Paris. Un temps, il est loufiat – garçon de café – place Blanche. Est-il par la même occasion un peu souteneur? Probable, on ne voit pas pourquoi il ne se nourrirait pas lui aussi de pain de fesses. Il devient ensuite Pierrot-la-Valise... sans doute parce qu'on le voit souvent avec les bagages de ses cambriolages. Il a abandonné le métier de barman et il vit de ses casses. Ça lui permet de se saper, de loger dans de bons hôtels et déjà de rouler carrosse... je veux dire traction avant.

La guerre éclate, on ne sait trop ce que Loutrel est devenu pendant la Drôle de Guerre puis la débâcle. Certains le disent dans un corps franc... engagé... et qu'il aurait retrouvé là Jo Attia. Peu probable puisque Jo Attia appartient encore aux *Bat' d'Af* et que ceux-ci n'ont pas le droit de combattre.

Au début de l'Occupation, Pierrot rencontre celle qui sera sa régulière, Marinette Chadefaux... une fille qui se défend sur le tapin. Et c'est le grand amour entre eux, style *« Je t'ai dans la peau »*... goualante d'Édith Piaf... *« Mon homme ne sort que la nuit »*, etc. Sur les photos, Marinette est loin d'être un prix de Diane. Elle a le visage lourd, les traits épais. De son vrai nom, à l'identité judiciaire, c'est Laferrière Jacqueline. Une Auvergnate que Pierrot appellera familièrement ma Bougnate.

Un an au plus tard, fin 41, on retrouve le couple gérant d'un bar-hôtel. Fini la retape... c'est elle qui tient la caisse... lui, il a trouvé à s'employer. Il est chez le Grand René, avenue Foch. On ne sait si les lascars qui sont là dépendent de l'Abwehr ou de la Gestapo... mais enfin il s'agit de police allemande. René Launay a monté une équipe de Français que les autorités occupantes ont munis de laissez-passer, de port d'armes, de tractions avant. Ils ont pour mission de repérer et d'appréhender les gens qui sont en relation avec Londres... plus communément connus sous le nom de résistants.

Pour y voir un peu clair dans tout ça, il est nécessaire d'expliquer le fonctionnement de ces officines d'auxiliaires de la police allemande. Le Grand René n'est pas le seul... rue Lauriston, il y a Lafont et l'ex-inspecteur Bonny... avenue Henri-Martin, le Belge Masuy... rue de la Pompe, le Doctor Berger. On en aura jusqu'à dix-sept en 1944, à Paris, de ces bandes qui parfois s'entre-tueront.

L'idée de départ venue d'un officier de l'Abwehr, Hermann Brandl, fut de confier à des Français – surtout des truands – des centres de récupération de toutes les marchandises possibles qui font défaut dans le circuit officiel. Les autorités occupantes ont de quoi payer avec les quatre cents millions d'indemnité quotidienne que leur verse le gouvernement de Vichy. Le blocus des Anglais gêne considérablement le ravitaillement de la France. Les Allemands réquisitionnent les produits de première nécessité au maximum, mais il est évident qu'avec l'organisation de Hermann Brandl... à savoir les bureaux d'achat qui peuvent drainer au prix fort tout ce qui n'apparaît pas sur le marché normal, on obtiendra des résultats surprenants.

En somme, il s'agit d'organiser méthodiquement le marché noir que la propagande dénonce comme un crime. En confiant les bureaux d'achat à des hommes comme Lafont ou Masuy, on leur permet de s'enrichir à bon compte, puisqu'ils prélèvent au passage des commissions importantes et on leur demande en échange d'aider jusqu'en 1942 l'Abwehr et ensuite la Gestapo... qui leur garantissent en outre l'impunité pour leurs délits et leurs crimes relevant de la police française.

Lafont, le premier, a carrément recruté ses sbires dans les prisons. Pour comprendre un peu les choses, il faut se mettre à la place de ces détenus qui tirent dix, quinze, vingt ans de réclusion... certains jusqu'à perpète. On leur propose d'un seul coup, par un seul tour de clé magique, la liberté! Mieux... une fois hors de taule, la possibilité de faire du fric en se livrant à leurs activités favorites... le vol, le racket, la prostitution, les attaques à main armée.

Il faut rappeler que sous l'Occupation quiconque était pris avec une arme à feu était fusillé dans les vingt-quatre heures... que personne ne disposait de voiture... qu'il était interdit de circuler entre minuit et six heures du matin – à certaines périodes le couvre-feu fut encore plus long par mesure de représailles. Comment peut-on imaginer que tous ces repris de justice, ces taulards pourraient refuser par patriotisme ce qu'on leur offre... ce dont ils rêvent... ce pourquoi ils s'adonnent depuis leur enfance aux activités les plus illicites... les plus criminelles. Ils étaient pauvres, ils veulent être riches et cette fois ils vont pouvoir l'être *impunément*. Ils sont tous issus de ces classes sociales où tout ce qui peut donner un peu le plaisir de vivre est interdit. Eux, ils ont choisi de prendre des risques, d'enfreindre les lois... ils n'ont pas – ou si peu – de scrupules. Leur enfance misérable, leurs séjours dans les maisons de correction et aux *Bat' d'Af* les ont endurcis... Ils n'ont pas de pitié dans leur cœur. Les prisons, d'où on va les sortir comme par enchantement, sont d'une dureté dont on n'a plus tellement idée. Dans les Maisons centrales, à l'époque, on n'a pas le droit de parler, de fumer, on ne boit que de l'eau, on mange une nourriture dont ne voudraient certainement pas nos chiens de la société de consommation. Au mitard – la prison de la prison pour ceux qui commettent des infractions contre le règlement – les punis mangent une gamelle de soupe tous les quatre jours. On crève sans que personne s'en émeuve. Si l'on s'en sort, on est une épave ou un tigre.

Déjà ces hommes sont enfermés parce qu'ils ont mis au rancart la morale, pourquoi voudrait-on qu'ils se métamorphosent en patriotes... qu'ils aient des scrupules à devenir les auxiliaires de l'ennemi? La patrie pour un *Joyeux*, un réprouvé de Foum Tataouine n'existe pas. Qu'on ne se figure pas non plus qu'ils vont travailler avec les Allemands par idéologie. Une armée russe, zoulou, espagnole... c'était du kif!

Lorsque les événements vont évoluer, que l'Allemagne va glisser dans la défaite, on verra les plus malins tirer, autant que faire se peut, leur épingle du jeu... s'infiltrer parfois dans la Résistance et à la Libération continuer leurs activités.

On va reconnaître autour de Pierrot-le-Fou des truands qui ont presque tous été de la Carlingue. A un moment ou à un autre... difficile de trouver les dates. Les archives de la rue Lauriston sont inexistantes, on se doute. La seule preuve d'appartenance au service, c'est le *carton*... le laissez-passer... l'*ausweis* permanent délivré par les Allemands. Certains de ces voyous furent des piliers de leurs officines, rue de la Pompe, avenue Henri-Martin, avenue Foch. On trouve parmi eux des gens comme Clavié, Chave,

Adrien Estébétéguy, Charles Casanova... des souteneurs, propriétaires d'hôtels, de bars, de maisons closes. Ils ont pillé, torturé, tué. Étaient-ils d'une espèce différente de ceux qui ont pris leur place aujourd'hui dans la prostitution ou le trafic de drogue? Même motivation... la vénalité... le lucre... même absence de tout sens moral. Les maques qui ont torturé les filles de Grenoble, il y a quelques années, sont de la même espèce que les hommes de la Carlingue. On trouverait actuellement dans nos prisons, parmi notre pègre, exactement la même proportion de tueurs, de tortionnaires, auxiliaires de n'importe quelle forme de gestapo.

Revenons à Loutrel... il a les dents longues... la mouscaille à Marseille et aux Bataillons d'Afrique l'a rendu féroce. La faiblesse de sa cuirasse... il picole plus que de raison. Ce qu'il fabrique exactement chez le Grand René... on n'en saura jamais trop rien. En tout cas, il se sucre... maintenant (en 1942)... il a des costards de marché noir, des chemises en soie, des jolies pompes à l'italienne alors que claquent les semelles en bois des caves sur l'asphalte parisien. Question bagnole, pour les missions de la Carlingue, il utilise la traction mais pour la frime, le symbole de sa réussite, c'est une Talbot-Lago rouge décapotable. Avec ça, il en jette, il devient quelqu'un qu'on respecte d'autant mieux qu'on sait qu'il a la détente facile sur son P 38. On le rencontre dans tous les bars où se jacte l'argot des hommes du Milieu. Il offre le champagne. Toujours, il aura un côté grand seigneur. Il lui arrivera de donner tout ce qu'il a sur lui comme argent liquide à un clodo... un ancien des *Bat' d'Af* dans la débine.

On se racontera encore longtemps aux veillées des cellules de France et de Navarre les générosités folles de Pierrot-le-Fou. Devenu, pendant une courte période, Pierrot-le-Docteur parce qu'il se promène avec une espèce de trousse comme celle des médecins. Qui contenait quoi? Sans doute du matériel de cambriolage. Il ne semble pas que ses activités de l'avenue Foch lui soient suffisantes. Il continue à *monter* sur des braquages ou des casses. Il est d'autant plus audacieux qu'il sait qu'avec sa carte de la Gestapo il est pratiquement certain de l'impunité.

Pour Launay, il est probable qu'il piste des résistants, des Juifs... il les arrête, les livre à ses chefs. S'il le peut, en cours d'opération, il se prélève quelques bijoux, quelques pièces d'or. Voilà, dans les grandes lignes, les activités de Loutrel pendant cette période. Tout est possible... il lui est arrivé, m'a-t-on dit, de passer la main, de laisser des gens s'enfuir... moyennant un bakchich ou non. C'est son caractère à Pierrot... il est inattendu, lunatique, fantasque. Déjà, il a ses crises d'éthylisme... il devient alors dangereux même pour ses potes, ceux qui l'entourent. Il sort un peu trop facilement son flingue... il a déjà quelques cadavres à son actif. Des types qui se sont mis en travers de sa route au cours d'opérations ou simplement dans ses virées nocturnes. On ne prête ce genre de tableau de chasse qu'aux truands dont la légende s'empare. A vrai dire, sur ce chapitre on ne sait rien de bien précis sur Loutrel. Il est lié à la Gestapo... il a beaucoup de fric qu'il brûle avec une grande facilité. On commence à se méfier de ses réactions, c'est un dangereux... un fauve.

Certains de ses complices ont à la même époque déjà fait beaucoup plus parler d'eux. Abel Danos entre autres... celui qu'on surnomme le Mammouth à cause de sa force herculéenne. Lui, il a participé avec Émile Buisson au premier hold-up de l'Occupation en février 1943, rue de la Victoire. Butin : trois millions huit cent mille francs, plus un convoyeur de fonds tué et un autre blessé.

A ce moment-là Abel est déjà pourvu d'un casier

judiciaire record. Il s'est évadé de la prison de Dijon. La police va l'agrafer mais sans savoir qu'il a participé au braquage de la rue de la Victoire... sans avoir d'éléments pour faire un rapprochement. Abel est incarcéré à la Santé et il écrit au colonel Boemelburg une lettre que, malheureusement pour lui, on retrouvera dans les archives de la Gestapo : « *Arrêté à Paris depuis une huitaine de jours, je vous demande de me rendre visite de toute urgence pour que je puisse vous livrer des documents très importants. Sans peut-être que vous me connaissiez, je vous ai rendu de grands services. Je vous attends, M. le Chef de la Gestapo, avec la plus grande impatience.* » Boemelburg s'informe, transmet à Lafont et on organise une évasion pour éviter des complications avec l'administration pénitentiaire et la police française. Danos ensuite va travailler avec la Carlingue de la rue Lauriston.

C'est la plus représentative, la plus typique des filiales d'auxiliaires de la police allemande. L'inspecteur Bonny lui a donné des structures quasi administratives. Les hommes de Lafont obtiennent des résultats surprenants.

Le calcul des Allemands se révèle positif. Tous ces voyous s'introduisent dans les milieux les plus divers. Ils savent faire parler les gens, ils connaissent tous les rouages de tous les trafics possibles. Et surtout, ils ne s'embarrassent d'aucune procédure. Seul le résultat compte et ils apportent à leurs patrons allemands suffisamment de renseignements, de marchandises et de gibiers humains pour qu'on les laisse empocher d'énormes bénéfices, pirater, à l'occasion, tout ce qui leur semble intéressant.

Jamais truands sous aucun régime n'ont été à pareille fête. Même les gangsters de Capone au temps de la Prohibition prenaient plus de risques.

Pierrot, bien qu'il ne soit pas du clan de la rue Lauriston, rencontre souvent les mercenaires de

Lafont dans les boîtes ou les bordels de luxe comme le *One two two*... Là, il va se lier avec certains de ses futurs complices de l'épopée des tractions avant : Abel Danos, bien sûr, Henri Fefeu, Lucien Le Ny, Georges Boucheseiche.

Nul besoin d'explications compliquées pour se comprendre. L'argot a des raccourcis qui permettent toujours aux truands de se retrouver sur leur terrain.

Toute cette histoire de la Gestapo française mériterait des volumes. Le destin d'Henri Chamberlain, dit Lafont, à lui seul est un roman noir qui dépasse toutes les fictions. Mais ici nous suivons le parcours de Pierrot, et, pendant l'Occupation, il n'est qu'un voyou parmi tant d'autres qui gravitent autour de la police allemande.

On peut situer le début de la véritable carrière de Loutrel avec l'affaire Ricordeau. En juin 44, les Alliés viennent de débarquer en Normandie. Facile, pour un être sensé, de prévoir la défaite imminente de l'Allemagne. Elle tiendra tête à la coalition pendant près d'un an contre toute attente, mais la France sera presque entièrement libérée dans les trois mois qui suivent. Déjà certains voyous de la Carlingue ont opéré une reconversion éclair. On va les retrouver dans la Résistance, dans les maquis, de quoi compliquer singulièrement la tâche des épurateurs. On verra des condamnés à mort pour appartenance à la police allemande être exécutés avec la médaille de la Résistance.

Loutrel, on commence à l'appeler le Louf... le Dingue... puis le Fou. Il a pris l'habitude de créer des incidents dans les bars, les boîtes où il fréquente. Il se livre au racket, il fait peur. On dit qu'il est l'amant de Ginette Leclerc, la vedette de *La Femme du boulanger*. S'il ne s'agit que d'un racontar, Ginette Leclerc le paiera tout de même d'un séjour à Drancy après la Libération.

L'inspecteur Ricordeau est affilié à un réseau de Résistance. Tout en prospectant pour son travail ordinaire de flic, il cherche à détecter les crapules qui collaborent avec la police allemande. Il en vient à s'intéresser à Loutrel à propos d'une opération de racket au bar *Le Chaplin*, rue Vavin à Montparnasse. Certain soir, Pierrot est au *Chaplin* où il fait aligner les clients dos au mur pour les fouiller. Il est accompagné de son frère Jules et d'un nommé Christian Laurent et non pas, comme on l'a souvent répété, de Boucheseiche et d'Henri Fefeu.

D'après Roger Borniche dans son livre *Le Gang*, Pierrot quelques jours auparavant a été humilié au cours d'une bagarre au *Chaplin* et c'est pour se venger qu'il revient sur les lieux tout casser et délester les clients de leur fric en compagnie de deux ou trois gestapistes. Loutrel s'amuse, entre autres, à descendre les bouteilles sur les étagères à coups de P 38.

Ricordeau qui est de service dans le secteur est alerté et il se précipite l'arme au poing. Pas le temps d'agir, sitôt franchi le seuil de la porte, il est ceinturé par un des complices de Loutrel.

Les opinions gaullistes de Ricordeau sont connues dans le Milieu. Et Pierrot a appris que ce flic s'intéressait un peu trop à lui. Il le tient au bout de son flingue, alors il va l'emmener en belle... ce qui veut dire, pour les initiés de la langue verte, qu'on embarque un type en voiture pour le liquider dans un endroit propice. Copieusement rossé, l'inspecteur est entraîné dans la traction avant stationnée devant l'établissement. On démarre sur les chapeaux de roues vers la banlieue... Châtillon... puis Clamart. Ricordeau pourtant déjà mal en point a compris que les hommes de Loutrel allaient le descendre... jouant le tout pour le tout, profitant d'un moment où la 11 CV ralentit, il bande toutes ses forces et se jette sur une portière qu'il n'arrive malheureusement pas à ouvrir. Pierrot aussitôt défouraille... quatre fois il tire sur Ricordeau. Le sang éclabousse l'intérieur de la voiture. Tranquillement, Pierrot rengaine son P 38 dans son holster. Ce qu'il dit, on ne le sait pas. Les historiens et les romanciers s'efforcent de trouver la bonne réplique. En tout cas, il ouvre la portière et propulse Ricordeau. « Va torcher ta marmaille, sale poulet ! » Peut-être dit-il ça, Pierrot... enfin, ce sont les paroles qu'on lui prête... et voilà Ricordeau sur la route. Il a été touché au foie... au crâne... près de la carotide... une dernière balle s'est logée près de sa colonne vertébrale. Qu'il soit encore vivant est un premier miracle... il dira plus tard qu'à ce moment-là il ne sent plus rien. Il est étendu sur le sol et il trouve l'énergie, la force de se relever un peu. L'erreur ! Dans la traction les malfrats qui le croyaient mort l'ont aperçu. Pierrot ordonne au chauffeur de se mettre en marche arrière. La Citroën passe sur le corps de Ricordeau qui était retombé à bout de forces. Cette fois, il ne bouge plus... « Il a son compte, l'enfoiré ! » dit Loutrel.

La traction repart. Ensuite, il paraît qu'une pute qui racolait dans les parages est accourue et a constaté que le flic respirait encore. Elle a alerté des gens du voisinage et l'inspecteur Ricordeau a survécu à toutes ses blessures. Il est mort de sa belle mort (si l'on peut dire) il y a quelques années.

Scandale ! La police française proteste auprès du général von Stülpnagel, commandant le Gross Paris. Les autorités militaires d'Occupation sont en désaccord avec la Gestapo sur cette récupération des bandits dans leurs services. René Launay est bien obligé de convoquer Loutrel pour le tancer. Ce qui paraît dérisoire. Le louf n'est pas un homme qu'on gronde comme un petit garçon. Cette fois il a pris son élan. Il sent que l'atmosphère a complètement changé. Il procède encore à quelques opérations de racket... sème la terreur à droite, à gauche. Les Alliés se cramponnent en Normandie. *Il est temps pour lui d'entrer dans la Résistance.* Il quitte Paris... une nouvelle phase de sa carrière l'attend à Toulouse.

Comment Loutrel s'infiltre-t-il dans le réseau Morhange? Pierre Rous, un des responsables de cet organisme spécialisé dans l'exécution des traîtres et des collabos, aurait recruté Pierrot en fin juillet dans un bar toulousain. A ce moment-là, il manquait d'hommes expérimentés de la gâchette et le patron de *L'Elys-Bar*, un ami sûr, lui présente Loutrel sans lui cacher son passé de gestapiste. Un mercenaire qui cherche à se dédouaner. Pierre Rous ne tergiverse pas longtemps, il pense que c'est le meilleur moyen de tenir ce truand. Il accepte et il demande à sa nouvelle recrue le plus sale boulot... celui de liquider les traîtres. En l'occurrence, ses anciens compagnons d'armes. Loutrel participe à quelques missions périlleuses qu'il réussit avec la plus grande audace. Entre autres, il abat un officier allemand en plein jour place du Capitole.

On se perd un peu dans ces affaires où d'authentiques résistants font appel à des anciens de la Carlingue pour réussir leurs missions. Toutes les raisons données *a posteriori* laissent un peu rêveur. On ne sait plus dans quelle mesure elles sont vraies. On n'arrive pas à comprendre comment on a pu blanchir des gens qui travaillaient la veille avec la pire des polices d'Occupation.

La Libération approche... celle de Toulouse presque en même temps que celle de Paris. Ça va devenir le chaos si on considère un peu ce que je viens de raconter. Tout est possible durant quelques mois. On a vu Petiot en capitaine Valéry diriger l'épuration à la caserne Reuilly à Paris. On va voir Pierrot-le-Fou, métamorphosé en lieutenant d'Héricourt, s'occuper de la recherche des collabos de la région toulousaine. Ils ne sont pas les seuls dans le genre. Certains historiens contestent la sévérité de l'épuration. Ils devraient mieux se renseigner sur ceux qui la faisaient. Les pires tortionnaires se réhabilitent, se retrouvent une blancheur de lys en continuant à torturer... à tuer. Aujourd'hui encore, combien sont-ils ceux qui ont réussi à effacer définitivement leur passé de gestapistes et qui vont finir leur existence dans les associations d'anciens combattants?

Loutrel, lui, ne savait pas jusqu'où il pouvait aller trop loin. S'il s'était arrêté au bon moment, qui sait s'il ne serait pas en 1988 un septuagénaire pointilleux sur l'honneur de la Résistance pendant les débats télévisés des *Dossiers de l'écran*.

A Toulouse, après la Libération, le lieutenant d'Héricourt incontestablement a la cote d'amour. Beaucoup de soldats des F.F.I. ou des F.T.P. ont apprécié son courage au cours des combats de ces derniers jours. Maintenant, il épure durement et tout le monde s'en félicite. Avec quelques hommes sous ses ordres, il arrête les miliciens, les membres des partis collaborationnistes. De temps en temps, comme naguère à la Gestapo de l'avenue Foch, il se paie sur la bête... il rackette des patrons de restaurant ou des tauliers de maison close qui ont eu des relations plus ou moins louches avec l'occupant. Il permet à certains de s'échapper s'ils laissent entre ses mains leurs louis d'or ou leurs bijoux. Pour savoir où se trouve le magot, parfois il arrive qu'on brûle les pinceaux des victimes. On est revenu au temps des chauffeurs d'Orgères. D'ailleurs, en étudiant le comportement de Pierrot, on s'aperçoit qu'il est de la même engeance que le Beau François... les bandits de grands chemins du XVIIIe siècle.

Deux personnages apparaissent durant cette période glorieuse... celle où Loutrel est devenu un superpatriote. Tout d'abord Henri Fefeu, dit Riton-le-Tatoué. On l'a aperçu rue Lauriston. Sans plus, il était dans le rang, il ne se faisait pas trop remarquer.

Il a réussi à se tirer des pattes quelques jours avant que le général Leclerc entre dans Paris. C'est un petit mec sec et nerveux. On le décrira dans la presse comme le tueur au regard glacé. Sans doute de la mauvaise littérature. D'après des témoins que j'ai connus, entre autres une de ses plus fidèles maîtresses, il m'apparaît plutôt dans le genre voyou de bal musette. Il a ce style légèrement avant-guerre... on le dirait sorti d'une chanson réaliste, d'un roman d'Auguste Le Breton. La suite prouvera qu'il a un courage hors du commun lorsqu'il devra payer ses erreurs.

Le second truand qui va accompagner Pierrot dans son odyssée sanglante, c'est Raymond Naudy. Originalité de Naudy : lui n'a pas appartenu à la Gestapo. Ni de près, ni de loin. Fils d'un cafetier de Toulouse, apprenti horloger, il a quitté son métier pour prendre le maquis. Depuis, il se passionne pour les armes et il a déjà d'excellentes relations dans le Milieu toulousain. Est-ce Pierrot son mauvais génie? Il va aller au bout de cette aventure semée de cadavres... jusqu'en 1948 où il rencontrera une mort violente inscrite dans sa trajectoire.

On dit qu'il plaît aux femmes. Il est grand, brun... sur certaines photos, on le voit avec une fine moustache à l'américaine. Il a un visage d'honnête séducteur.

Pierrot se permet tout puisqu'il a le bon droit pour lui avec ses galons et son brassard tricolore. Lorsqu'il ne trouve pas de victimes désignées par les comités d'épuration, il décrète de son propre chef que tel médecin, notaire, châtelain ou commerçant est collabo... Il ne reste plus alors qu'à le dévaliser et l'intéressé s'estime heureux s'il est encore vivant après le passage du lieutenant d'Héricourt et de ses associés.

Reste qu'il boit de plus en plus, Pierrot... qu'il

pique des crises pendant lesquelles il est capable du pire... Dingue de la détente... il dégaine toujours dans les bars, les boîtes, lors de ses virées nocturnes. Dès les aurores, il s'humecte la dalle à la fine à l'eau, au pastis... jusqu'au soir où il s'achève au champagne Mumm millésimé.

Dire s'il était vraiment fou? Sous l'influence de l'alcool, certes, il ne gardait plus le contrôle de lui-même. Autrement, il ne présentait pas de signes cliniques relevant de la psychiatrie. Il tuait comme un reître, un cavalier de l'Ouest américain au temps des westerns.

Comme il ne sera jamais pris par la police – tout du moins à partir du moment où il défraie la chronique... auparavant il n'a encouru que de petites condamnations – les experts en psychiatrie ne se pencheront jamais sur son cas.

Il appartient à la même espèce de criminels que Jules Bonnot. De ces êtres qui sont poussés par l'action... une force intérieure, qu'ils maîtrisent de moins en moins, les amène à jouer avec leur vie et celle des autres.

Chez Bonnot, on trouve des motivations qui s'apparentent à l'anarchie. Il livre une guerre sans issue et sans merci à la société. Loutrel aussi à sa façon, même s'il s'est compromis avec la pire des polices... Je ne crois pas qu'il ait attaché beaucoup d'importance à sa collaboration avec la Gestapo. Pour lui c'était une occasion, rien de plus, de se sortir de la médiocrité matérielle. Qu'il passe avec autant de facilité à la Résistance n'a rien d'étonnant de son point de vue. Il va s'y livrer aux mêmes activités... vols, extorsions de fonds, meurtres, tortures... Il ne se justifie pas... il ne cherche ni excuses ni pitié. C'est un truand tout simplement... une espèce qui sera toujours à peu près la même dans tous les temps et dans toutes les sociétés.

Tant va la cruche... en octobre 44, le lieutenant d'Héricourt braque un industriel de Beaumont-de-Lemagne et lui pique un million cinq cent mille francs. Il se trouve que ce chef d'entreprise, qui n'a collaboré avec les Allemands ni de près ni de loin, est une relation de Pierre Bertaux qui vient d'être nommé commissaire de la République à Toulouse. Plainte est portée en bonne et due forme. Bertaux fait arrêter Loutrel et ses deux acolytes. On les enferme à la prison Saint-Michel. Nouveau miracle, les trois malfrats sortent quelques jours plus tard presque avec les honneurs de la guerre.

On n'en finit plus de se poser des questions dans ces histoires de l'Occupation et de la Libération. Qui a fait sortir Loutrel, Fefeu et Naudy? On a pourtant suffisamment de motifs pour les laisser moisir au trou jusqu'à ce qu'on puisse pousser les investigations qui ne manqueraient pas d'aboutir à la Carlingue, en ce qui concerne Fefeu et Pierrot-le-Fou.

Ces investigations, il semble bien que personne n'ait envie de les pousser. Loutrel a rendu service au réseau Morhange... il a épuré, certes pour son compte, mais aussi pour d'autres... lesquels? On est un peu dans le cirage. On finit par le confondre sans équivoque dans une affaire qui ne relève que du droit commun, et pourtant il est libéré sans explication.

Il s'agirait de l'intervention de la D.G.E.R. On a vu que ce sont des hommes de la D.G.E.R. qui ont arrêté le docteur Petiot, pourtant protégé à l'époque par le parti communiste.

La D.G.E.R. est sous les ordres du colonel Passy. En gros, c'est un service secret français né à Londres au cœur de la France libre. Pourquoi la D.G.E.R. aurait-elle recruté Loutrel? Ses agents ne peuvent pas ignorer qu'il a travaillé pour René Launay, à la Gestapo de l'avenue Foch. Quelle monnaie d'échange a-t-il pour se faire couvrir par la

D.G.E.R.? A partir de ce moment, on affirme qu'il accomplit pour le service de nombreuses missions. Il a des références, certes, mais on se demande comment une police secrète... tout de même sous les ordres du gouvernement provisoire... peut accorder un minimum de confiance à cet ancien voyou de la Carlingue qui, en plus, est alcoolique et dont les réactions sont difficiles à contrôler?

Et pourtant c'est ce qui ressort en dernière analyse de cette affaire. Loutrel va travailler pour la D.G.E.R. Il faut croire que certaines missions ne peuvent être accomplies que par des gens sans aveu. On va l'envoyer début 1945 en Espagne pour s'occuper de Szkolnikoff. L'exécuter ou le ramener en France, on ne saura jamais quels étaient les ordres au départ.

Encore une parenthèse... donner quelques précisions au sujet de ce Michel Szkolnikoff, un commerçant juif du Sentier qui a réussi le tour de force de faire fortune avec les Allemands dans le marché noir. On dit qu'il recevait dans son appartement, rue de Presbourg, les patrons du S.D... Knochen et Oberg. Certain soir de 1943, il accueillit, dit-on, le Reichführer Heinrich Himmler en personne.

Un personnage, comme Joanovici, qui défie l'imagination. A la fin de l'Occupation, Szkolnikoff a une fortune colossale. Il a investi dans l'immobilier à Paris. Sur la Côte d'Azur, les plus grands hôtels lui appartiennent. On estime qu'il a gagné environ deux milliards en quatre ans. Lorsque le vent a tourné, il a réussi à s'enfuir avec sa femme en Espagne. Il est recherché par les autorités françaises, bien sûr, mais aussi par toutes sortes de gens qui ont des comptes personnels à régler avec lui et qu'il pourrait compromettre s'il était arrêté et extradé. On ne comprend pas pourquoi il n'a pas pris encore plus ses distances... en Espagne on l'a retrouvé, en Amérique du Sud il pouvait voir venir ses exécuteurs.

Curieux aussi que les patrons de la D.G.E.R. confient à Loutrel la mission d'aller liquider Szkolnikoff. Ou bien le kidnapper, on ne sait au juste. Il est possible que l'enlèvement prémédité ait mal tourné. On a vu dans d'autres affaires de barbouzerie des exemples de bavures du même genre. Loutrel en Espagne pouvait, ayant ou non accompli sa mission, se tirer des pattes. Ou alors il faut admettre qu'il était bien *tenu*. Mais comment?

Qui pouvait avoir intérêt à ce que Michel Szkolnikoff, ramené en France, fût traduit devant une cour de Justice où on risquait un épouvantable lavage de linge sale entre Résistance et Collaboration?

Toujours est-il que le 17 juin 1945 on va retrouver le corps de Szkolnikoff calciné dans sa voiture incendiée dans la région de Burgos... Comme Pierrot-le-Fou a été libéré par la D.G.E.R. de la prison Saint-Michel en octobre 44, on se demande un peu ce qu'il a pu maquiller pendant huit mois. Il n'était pas homme à se retirer dans un coin à la campagne pour lire et annoter les œuvres de Paul Claudel.

Vraisemblablement, il a sévi pendant cet entracte dans la région de Marseille où il se serait taillé une solide réputation de flingueur. Spirito a pris la tangente... Carbone est mort depuis longtemps... Maintenant les frères Guérini tiennent le haut du pavé marseillais. Eux ont joué la carte de la Résistance et je suppose qu'ils ne voient pas d'un très bon œil un trublion comme Loutrel ajouter au désordre de l'après-Libération. Pour que leurs affaires marchent, ils ont besoin d'ordre. Ça explique pourquoi un peu partout et toujours les caïds de la pègre soutiennent les mouvements de droite.

Dans la région, il se déroule tellement de mauvais coups, rackets, fausses perquisitions, braquages... qu'on ne risque pas de se tromper en imaginant Pierrot-le-Fou, comme à Toulouse, en train de se livrer à ses sports favoris.

Mais rien ne transpire. Peut-être a-t-il séjourné assez longtemps en Espagne avant de découvrir le repaire de Szkolnikoff. Il ne réapparaît officiellement, si l'on peut dire, que vers juillet 1945. Les indics le signalent à Marseille où il traîne dans les rades d'une soûlerie à un poker. Au *Bagatelles*, une boîte rue Seinac, il est accroché par un nommé Degatz. « Je te connais, toi... tu travaillais avenue Foch. » D'entrée... à haute voix... en guise de présentation. Loutrel ne bronche pas, sourit et propose à l'homme de sortir pour s'expliquer... Sans doute un malentendu, une confusion! Degatz n'est certainement pas un type très futé... il accepte et il se fait abattre à bout portant par Pierrot dans la porte à tambour. En guise d'exemple, afin que personne dans le Milieu ne s'avise de lui rappeler son passé.

On est donc à peu près en juillet, août 45... ce qu'on va appeler le gang des tractions avant commence à se former. Abel Danos débarque lui aussi à Marseille. Après ses exploits avec l'équipe de la rue Lauriston, il s'est mis en cavale. Arrêté au mois de janvier, il a réussi à s'évader aussitôt par le toit du Dépôt. On se doute qu'il est prêt à tout, le Mammouth. Il est dans une situation des plus curieuses. Recherché par toutes les polices, il a cependant une femme et deux enfants réfugiés en Italie et qu'il se doit d'assister. Il le fait ponctuellement... beau être gangster, il a le sens de la famille.

Un beau jour Pierrot, qui est remonté à Paris pour je ne sais quelle affaire, se trouve nez à nez avec Jo Attia, son vieux copain, son pote des *Bat' d'Af.* Le hic... il rentre de déportation le Grand Jo, rescapé de Mauthausen où Lafont l'a fait déporter. En fin 42, Jo Attia avait retrouvé Loutrel alors dans la Carlingue. Celui-ci lui avait fait rencontrer Lafont. Un homme comme Attia pouvait être une recrue de choix pour la rue Lauriston. Seulement Jo, contrairement à la plupart des truands, avait des principes.

Un, en tout cas... celui de ne jamais accepter de se mettre au service de la Gestapo.

S'ensuivit un affrontement orageux auquel assistait Abel Danos qui, en s'interposant, évita le pire... que Lafont flingue Jo Attia qui l'avait insulté. Il sera arrêté, torturé puis déporté à Mauthausen. Comme il a connu les *Bat' d'Af*, la maison de correction, Jo est mieux armé que les autres pour supporter le régime du camp nazi. Pendant les deux ans qu'il y passe, il va avoir une conduite qui forcera l'admiration de ses compagnons de misère. Il en sauvera quelques-uns par son courage, son sens de la solidarité entre réprouvés... grâce à toutes les ruses, les astuces de taulard qu'il a apprises naguère.

Parmi les rescapés de Mauthausen, ils seront nombreux à lui en garder une vive reconnaissance. Sans le savoir, sans le préméditer, Jo s'était constitué une liste de témoins à décharge pour le jour où il passerait aux assises... Et quels témoins! Magistrats, médecins, hommes de science. On verra un jour à la barre, demander l'indulgence de la Cour, le R.P. Riquet, l'écrivain André Lacaze, le procureur Raphaël, le professeur Richet, Robert Lecourt et Edmond Michelet, futur ministre de la Justice... en passe aujourd'hui d'être canonisé par l'Église catholique.

On pourrait croire que Jo Attia a gardé une haine indéfectible pour les truands qui ont choisi la Carlingue. C'est mal connaître les us et coutumes du Milieu. Certes, Attia aurait descendu volontiers Bonny et Lafont si ceux-ci n'avaient pas été fusillés très rapidement en décembre 1944. Pour les autres, Loutrel, Boucheseiche, Fefeu, Danos, ça ne lui pose pas de problème de conscience. Selon sa morale, dans la société, il y a les riches et les caves d'un côté, de l'autre les affranchis... ceux qui se font du fric par les moyens illégaux.

Bien des romanciers, historiens ont brodé sur les

retrouvailles de Jo et de Loutrel dans un bar de Montmartre. Vraisemblablement, ils se sont donné l'accolade sans se poser de question. Il n'y avait qu'une autre alternative pour Jo... descendre le Fou... se lancer dans une sorte de vendetta dont il ne serait certainement pas sorti vivant. La fraternité des voyous primait le reste. On a souvent répété qu'il y avait, comme ailleurs, deux camps dans le Milieu, celui de la Collaboration avec la Gestapo et celui de la Résistance. Il faut revoir cette division un peu sommaire... Les truands qu'on retrouve dans les rangs de la Résistance, il est nécessaire d'examiner une chose essentielle : *la date de leur entrée dans le bon camp.* Se demander aussi ce qu'ils faisaient avant cette date... De là, une révision déchirante d'un joli cliché.

Dans leur grande majorité, les gens du Milieu ont choisi le camp allemand qui leur permettait de se livrer ne serait-ce qu'au marché noir. Toutes les officines de Gestapo à Paris et en province sont farcies de recrues sortant de prison. Ça permettra d'ailleurs aux honnêtes gens de se dédouaner à meilleur compte... On fusillera les voyous comme boucs émissaires et tout le monde sera bien content.

Les plus malins vont passer sans trop d'encombres la période épuratrice... les prudents... ceux qui ne sont pas trop mouillés... ou ont su se mouiller et se sécher très vite au soleil des maquis.

Attia sait tout cela et il a vite fait son compte. S'il veut prendre avec l'existence un raccourci, il ne lui reste qu'à ouvrir les bras à son pote Pierrot et à devenir à part entière un membre de son gang.

Difficile, pour certains, de situer le moment où ils se sont embarqués dans l'aventure de Pierrot-le-Fou. Très vite, on va parler de Georges Boucheseiche... Le Gros Jo, lui, on l'a rencontré rue Lauriston. Il n'y a pas joué les vedettes. C'est un homme plus installé que les autres dans le Milieu. Il a, par le truchement de sa régulière Janine A., pignon sur rue dans un monde où l'on tapine. Par la suite, ça sera sa plus fructueuse activité... les hôtels de passes, les maisons de rendez-vous ou de partouzes. Jo Boucheseiche, dans un sens, est plus raisonnable que les autres. Il participera aux actions du gang en s'arrangeant pour être à l'écart lorsque le sang coulera. Comme il a dû s'éclipser lorsque les choses se gâtaient rue Lauriston. Il semble qu'il ait su se créer des liens sérieux avec les gens de la D.G.E.R. Plus tard, il jouera un rôle important dans la barbouzerie... il travaillera pour le S.D.E.C... ce qui explique peut-être qu'on ait passé l'éponge sur ses compromissions avec la Gestapo.

Lorsqu'on parle de bande, de gang, on a trop tendance à imaginer toujours une équipe de trois ou quatre hommes exécutant de concert tous les coups. Pierrot, selon les endroits, les dates où il opérera, sera avec Fefeu ou bien avec Naudy, Boucheseiche ou Jo Attia... D'autres truands moins remarquables vont participer aussi à certains braquages... se perdre ensuite dans la nature... revenir... aider celui-ci, celui-là en difficulté. Viendra se joindre à la bande Marcel Ruart, dit Le Gitan, un ex-maquisard qui s'est trouvé emprisonné injustement pour le pillage d'un dépôt de munitions en Corrèze pendant l'Occupation. Absurdité de la justice, on le poursuit pour une action jugée répréhensible sous Vichy. On le relâchera lorsqu'il aura fait preuve de son appartenance au groupe Morhange, mais entre-temps, on en aura fait un révolté qui ne trouvera plus son chemin qu'avec les hors-la-loi.

Avant de commencer le récit des campagnes malfrates du gang, il me semble utile de se poser la question de savoir si l'impunité dont Pierrot va jouir pendant près d'un an serait la contrepartie des services qu'il continuerait à rendre à la D.G.E.R. Peu probable. Après la mission espagnole sur Szkolnikoff, on conçoit mal que Loutrel – ou certains de ses complices – aient eu le temps de mener à bien des opérations secrètes... entre autres, des exécutions de personnages haut placés qui gênent le gouvernement. On pousse un peu loin le bouchon. A partir de la fin 45, Pierrot-le-Fou est devenu irrécupérable, un *outlaw*... rien ne peut plus arrêter sa marche vers la destruction. Il est comme Bonnot après l'attentat de la rue Ordener. Comme lui, il va tuer... des gens qui lui barreront la route, employés de banque ou gendarmes... des indics... tous ceux qui s'opposeront d'une façon ou d'une autre à sa volonté. Il va mourir en route et il ne sera jamais jugé. Impossible d'évaluer le nombre de ses victimes, d'autant plus que certaines ne font pas partie des gens dont la famille porte plainte. On peut tout de même lui attribuer un palmarès digne de figurer parmi ceux des grands criminels.

*

Démarrage sur les chapeaux de roues le 7 février 1946... avenue Parmentier à Paris, l'attaque par deux tractions avant du fourgon du Crédit Lyonnais. Pierrot est en piste avec Jo Attia, Boucheseiche, Naudy, Fefeu. Trois briques de butin. Pas de bavure... sans que les colts, ni les mitraillettes Sten crachent.

Trois jours plus tard... Pierrot remet le couvert gare de Lyon... une camionnette des P.T.T. arraisonnée. Huit millions.

Le 4 mars, arrachage de la sacoche du trésorier-payeur d'une usine à Issy-les-Moulineaux... sept millions. Il semble que ce soit Attia qui dirige cette opération menée de main de maître. Loutrel, lui, est descendu sur la Côte d'Azur. On va dire plus tard que la bande d'un commun accord s'est scindée en deux. Jo Attia reste dans le secteur Nord : la région parisienne et Loutrel dans le Sud : Nice, Marseille, la Côte. Vraisemblablement, les choses se sont faites d'elles-mêmes. Loutrel a voulu descendre se dorer au soleil avec Marinette. Naudy et Ruart les ont suivis. D'où l'attaque à main armée de deux employés de l'E.D.F. à Nice, rue Notre-Dame, le 14 mars. Une action menée rondement toujours en traction avant. Butin un peu moins important, mais un million deux cent mille francs de 1946, c'est toujours bon à prendre.

Trêve de trois semaines. Pierrot se déplace vers Marseille pour attaquer un encaisseur des établissements Boirie. L'homme est coincé le long d'un mur, boulevard de Longchamp, par une 11 CV. Le truand qui le braque avec un Colt 45 semble saoul. L'encaisseur essaie désespérément de protéger sa serviette, de sauver l'argent qu'on lui a confié, il en résulte qu'il se fait descendre à bout portant. Pour peu de chose si l'on considère le butin des hold-up précédents : sept cent mille francs.

L'assassinat de cet encaisseur, M. Falecci, remue l'opinion marseillaise. Les flics se mettent à rafler, perquisitionner, installer à l'improviste des barrages dans les rues. On arrête quelques voyous qui n'ont rien à voir avec Loutrel. Le Milieu traditionnel des souteneurs, des patrons de bar apprécient modérément cette série de braquages qui viennent troubler leurs bons rapports avec les condés. Bien entendu, les indics sont à l'affût, c'est par eux que le miracle arrive pour les policiers.

Pour réaliser leurs coups, les truands ont besoin de renseignements sérieux. Dans les affaires de l'avenue Parmentier, de la gare de Lyon et d'Issy-les-Moulineaux, le gang a pu agir comme à la manœuvre et ça lui a rapporté gros. A Nice et à Marseille, les tuyaux étaient moins bons, mais tout est relatif. La plupart du temps ils sont donnés par des gens qui de près ou de loin travaillent pour l'entreprise visée. Ensuite, ils ont droit à leur fade... leur part. Ce qui permet des fois à la police de mener à bien ses enquêtes en surveillant les dépenses de quelques employés suspects. Le fric gagné de la sorte, on finit par le sortir, par en jouir d'une façon l'autre et c'est là que les boys de la maison poulaga surgissent dans la séquence.

On comprend mal comment le gang de Pierrot a pu récolter autant de rencards en aussi peu de temps, puisque les braquages vont se succéder à un rythme accéléré pendant l'année 46. Un mystère de plus. Les accointances avec les gens qui gravitent autour du Milieu sont dangereuses. Les tuyaux qu'on récolte par là sont souvent crevés d'avance... court-circuités par les indics, les casseroles de toutes sortes qui pullulent dans les lieux fréquentés par la pègre. On peut tout supposer, jusqu'à des complicités dans la police. En tout cas, la loi du silence a bien fonctionné. Peut-être y a-t-il eu quelques cadavres le long de la route... cadavres qui n'ont jamais livré leur secret. Pierrot sur la Côte se planque avec ses amis dans des villas de location. Les femmes suivent... parmi elles Pierrette Chaude, la maîtresse de Raymond Naudy, une jolie brune dont il est très amoureux. Le drame... Loutrel picole de plus en plus et il n'hésite pas à monter sur une affaire après avoir ingurgité force pastis, fines à l'eau, bouteilles de champ.

Le 25 mai, le gang attaque le Comptoir d'Escompte à Aix-en-Provence. Une semaine plus tard, deux encaisseurs du Crédit Lyonnais de Gap. Ça n'arrête plus. Où passe leur trésor de guerre? Certes, il leur faut payer les planques, les silences, les renseignements, mais à ce rythme, on se demande quelle fièvre les tenaille.

Continuons... Braquage raté le 8 juin à Cagnessur-Mer. Le coup est mal conçu... tout le fric disponible est enfermé dans un coffre blindé. Le personnel est tenu en respect, bras en l'air, tandis que Naudy et Fefeu embarquent le coffre sur une camionnette. Une opération trop longue. A la sortie de la ville, barrage de gendarmerie... Loutrel fait feu, tue un agent des forces de l'ordre. Tout ça pour sept cent mille francs.

Le gang se planque ensuite à Saint-Jean-Cap-Ferrat, villa *Marie-Antoinette.* Pêche, baignades, les doigts de pieds en éventail sur la plage... Les truands ont réussi à se faire passer pour de paisibles touristes. Le soir, ils jouent à la pétanque avec les pêcheurs et même les gendarmes qui sont ravis de rencontrer de si joyeux partenaires.

Mais Loutrel ne tient pas en place, on le signale à Paris, à Marseille. Il y fait des allées et venues rapides. On lui attribue, peut-être à la légère, la liquidation d'un indic qui aurait donné naguère Abel Danos à la police. Il règle aussi un conflit avec un maque nommé Horstein dont il aurait séduit la femme. Explication orageuse... le hareng présomptueux exige l'amende traditionnelle prévue par les règles du Milieu. Pierrot-le-Fou le paie à coups de flingue dans une rue mal éclairée... Inutile de vous décrire la scène, on l'a reproduite cent fois au cinéma.

Tout ça finit par mettre le Mitan sur ses gardes... On commence à se méfier de Pierrot. On se goure que c'est lui l'âme du gang des tractions et qu'il est extrêmement dangereux.

Un temps la police a pataugé, ne sachant trop à quelles équipes de malfrats elle avait affaire. Peu à peu, grâce aux nombreux témoignages des victimes de hold-up et par ses informateurs spéciaux, elle localise mieux les choses. Il se dessine que, derrière toutes ces opérations de banditisme, il y a une seule et même bande extrêmement mobile, capable de toutes les audaces.

Elle va le prouver d'une façon éclatante à Nice. On connaît le tuyauteur du coup, un postier nommé Gérard. Il s'agit de pirater la recette d'une journée des P.T.T. de Nice. Cette fois, le Fou prépare son affaire minutieusement. Il est comme ça, Pierrot, cyclothymique. Dans ses bons jours, c'est un chef de bande ingénieux et qui sait tout prévoir... dans ses périodes de délire, il entreprend n'importe quoi.

1er juillet. A 5 heures du matin, une camionnette d'entreprise de maçonnerie se range le long du trottoir devant l'hôtel des Postes, boulevard Thiers. Une 11 CV se gare derrière elle. Un peu plus loin une 15 CV est en attente depuis dix minutes. De la camionnette sortent deux ouvriers... deux peintres en bâtiment qui déchargent de leur véhicule des pots de peinture, pinceaux, truelles, sacs de plâtre. Il s'agit de Pierrot et Naudy qui se sont grimés... lunettes, perruques... etc. Ils se présentent à l'entrée latérale de la Poste où un gardien leur ouvre la grille aimablement. Les deux truands traversent la cour intérieure et vont frapper à la porte blindée du bâtiment des coffres. Là, pour se faire ouvrir, il faut savoir le mot de passe. Gérard l'a donné, c'est *Domicile* ce jour-là. Loutrel et Naudy vont se faire ouvrir et pénétrer dans la place sans encombre.

Personne ne se méfie... ils font semblant de préparer leur travail. Ils montent au premier étage où se trouve la chambre forte avec leurs pots de peinture. Les postiers sont en train de préparer les sacs pour les convoyeurs. La porte du coffre est entrouverte. On peut voir les liasses de billets qui s'entassent sur les rayonnages.

De leurs sacs de toile, les deux truands extirpent tout à coup des mitraillettes Sten et entrent dans la salle du coffre.

En deux secondes les postiers ont compris la

situation. Avec le minimum de mots, Loutrel les oblige à entasser le fric dans les sacs, après quoi les deux malfrats les bouclent dans la salle. Dans une pièce voisine, ils cisaillent la grille qui protège la fenêtre avec une pince coupante et font basculer les sacs dans la rue où Ruart est en attente avec un deuxième homme près de la traction avant. Celui-là, on ne saura jamais son nom... Les témoins n'ont pas eu le temps d'enregistrer son signalement et le Gitan, qui sera arrêté un mois plus tard, assumera le braquage de l'hôtel des Postes sans mettre en cause aucun de ses complices.

Loutrel et Naudy parviennent à s'échapper du bâtiment en menaçant de leurs Sten le personnel de la salle de tri. Dehors, au coin de la rue Berlioz, ils s'engouffrent dans la 15 CV. Démarrage en trombe.

L'opération a duré un quart d'heure et rapporte aux malfrats trente-trois briques. Le butin le plus important réalisé en France jusqu'alors au cours d'une attaque à main armée.

La police va réagir vigoureusement. Sur toute la Côte, entre Nice et Marseille, elle multiplie les coups de filet. Les membres du gang se sont séparés. Pierrot et Naudy se planquent avec leurs femmes Marinette et Pierrette à Bandol, chez un ami, Jo F. propriétaire de la villa *L'Oasis*. Ils y passent quelques jours paisibles à se baigner, se promener, faire l'amour puis, par sécurité, ils émigrent à Cassis à l'hôtel *Maxim's*. Cette fois les flics ont fini par trouver leurs traces. Ils arrivent trop tard à *L'Oasis*, mais un renseignement *top confidentiel* les propulse vers l'hôtel *Maxim's* le 14 juillet. Sont surpris au repaire : Loutrel, Naudy et Ruart. Seulement, ils ont les réflexes prompts. Les policiers, qui sont entrés dans la salle de restaurant un peu imprudemment, y sont accueillis par un concert de P 38 et de Colt.

Deux blessés côté flics. Les malfrats arrivent à s'extirper du piège, à sauter un mur derrière lequel ils ont une traction avant en réserve. Tout ça en échangeant un feu nourri avec les poulets. Ruart est blessé mais arraché *in extremis* par ses amis. Un comparse reste aux mains des forces de l'ordre. Maigre résultat, alors que le commissaire Mattei avait mis en place un important dispositif...

La traction a pris la route de Marseille. On dépose le Gitan chez un médecin qui soigne clandestinement les gens du Milieu. Ensuite Pierrot et Naudy se rendent rue de Sébastopol où un ami d'Antoine Guérini leur a prêté son appartement. Après l'alerte de Cassis, le plus sage serait de rester là, à faire un peu de pyjama en attendant que les choses se tassent. Seulement Naudy veut aller récupérer Pierrette restée à Cassis. C'est de la folie mais les hommes de ce gang défient le bon sens le plus élémentaire. Chez l'ami d'Antoine Guérini, Pierrot, lui, ne devait pas bouger. Il y a là tout ce qu'il faut pour qu'il mange, boive et se repose. En ces temps de restrictions – deux ans après la Libération, le système de rationnement, de cartes d'alimentation est toujours aussi draconien que sous l'Occupation – le frigo est bien rempli. Mais Pierrot va tout de même sortir... pour le motif le plus futile. Dans la planque, il y a bien quelques cartouches de cigarettes, mais ce sont des blondes, des américaines... et lui, il ne peut pas se passer de Gauloises bleues. Elles n'étaient pas encore en vente libre, sans doute Loutrel savait où en trouver dans un bistrot où on les vendait au marché noir.

Le voici donc dans la rue. Il devrait tout de même se méfier... les flics n'ont pas désarmé, loin de là. Dans Marseille et toute la région, ils dressent des barrages. Et bêtement Loutrel va tomber dans un de ces coups de filet... rue Thubaneau, haut fief des dames qui se défendent sur le bitume, brusquement un car de police bloque le bout de la rue, un autre car surgit à l'autre extrémité qui interdit toute velléité de fuite. Pierrot ne perd pas son sang-froid. Il a sur lui une fausse carte d'identité qu'il tend au brigadier qui vient le taper aux fafs. Certains récits de cette anecdote rapportent que les policiers ont trouvé sur lui un P 38. Dans ce cas on se demande pourquoi, alors qu'ils sont à la recherche des truands qui leur ont filé dans les pattes à Cassis, ils ne passent pas immédiatement les menottes à ce suspect. La version où Loutrel n'est pas armé paraît la bonne... Pierrot a tendu sa carte au brigadier qui l'embarque dans le panier à salade pour une vérification d'identité plus approfondie. Il est inconcevable que les flics, s'ils avaient trouvé sur Loutrel un P 38, se soient contentés de le conduire à l'Évêché[1], parmi la piétaille ramassée dans le secteur : voleurs à la tire, clodos, julots à la mie de pain. Une situation tellement idiote que le Louf va chercher à s'en sortir à n'importe quel prix. Puisqu'on ne le surveille pas particulièrement, il se tient à carreau... il attend l'occase propice. Une fois au quartier général de la police marseillaise, on trie le gibier... Pierrot s'arrange pour rester en queue de peloton... son instinct prodigieux le guide toujours.

Plus assez de place dans les cages de garde à vue. On le fait asseoir sur un banc avec quelques vagabonds au milieu de la salle de garde. Les flicards se reposent, débouclent leur tunique... rangent leurs mitraillettes au râtelier d'armes. Pierrot a repéré tout de suite les sulfateuses alignées à quelques mètres de lui. L'atmosphère est à la détente... les litres de pinard circulent. On attend sans doute les inspecteurs qui vont venir procéder aux vérifications d'usage.

Et tout à coup... Pierrot bondit, envoie un gardien

1. *L'Évêché* : siège de la police à Marseille.

les quatre fers en l'air. Le reste du corps de garde n'a pas eu le temps de réagir... Loutrel s'est emparé d'une mitraillette dans le râtelier et il braque tout le monde.

– Personne ne bouge! Mains en l'air!

Le ton sur lequel il ordonne ça ne prédispose pas à regimber. Les flics s'exécutent tandis qu'à reculons Pierrot passe la porte, fonce dans le couloir, puis l'escalier qu'il dévale quatre à quatre. Branle-bas de combat. Des cris. Quelques gardiens sont en faction dans la rue. Loutrel leur crie : « Un type s'est évadé! Rattrapez-le! » Il fonce devant les flics à qui il crie des ordres. « A gauche! Vous à droite! » Ça devient du guignol... une énorme farce à peine crédible dans un film, mais qui va réussir. Loutrel finit par atteindre le quai de la Joliette et il s'évapore. Encore une fois il a eu la baraka. Ce 14 juillet-là les flonflons de la fête nationale étaient pour lui.

Il ne perd pas de temps, Pierrot, à se remettre de ses émotions. Il bondit dans le train *via* Paris où il retrouve d'abord Marinette puis ses complices Jo Boucheseiche, Attia, Naudy, Abel Danos. Il a déjà prévu un coup pour le 16. Ça paraît ahurissant, le rythme de ses braquages! Et ils sont dans l'ensemble bien préparés. Là, ils vont attaquer un fourgon qui transporte des fonds pour la Société Générale. Deux tractions avant entrent en piste pour bloquer le fourgon rue de Rivoli.

Opération éclair... en moins de trente secondes le gang rafle trois millions deux cent mille francs. Il remet la gomme le 27... Oui, oui, juillet... onze jours plus tard. Attaque de la Société d'approvisionnement de la S.N.C.F. Un coffre-fort est vidé de son contenu devant les employés neutralisés sous la menace des flingues. Neuf briques qui tombent dans l'escarcelle des truands.

Le 1er août la bande est toujours en action. Cette

fois, l'affaire tourne court. Il s'agissait de rafler cinq cents kilos d'or rue Dareau au Comptoir des métaux précieux. Pierrot avait encore une fois bien mijoté son coup. Après avoir assommé le concierge de l'établissement, les malfrats tombent sur le camion, destiné au transport de l'or, vide... La direction avait prévu l'éventualité d'une attaque de ce genre et mis un autre véhicule à la disposition des convoyeurs.

Pierrot est furieux, il a raté le coup du siècle, mais il va remettre ça le 24 août en attaquant un fourgon postal rue de Maubeuge. Huit briques... ça ne vaut pas cinq cents kilos d'or mais c'est toujours bon à chouraver.

On en arrive toujours à se poser les mêmes questions. Pourquoi prendre autant de risques alors qu'on n'en a plus besoin? Le total en fric de leur butin est considérable, si l'on admet qu'à l'époque un salaire de dix mille francs par mois était considéré comme une bonne paye.

Chez Loutrel, on peut mettre cette fébrilité sur le compte de son état... alcoolique, mégalomane, caractériel... son goût du risque et par là même du suicide. Chez ses complices, on se demande ce qui les motive, à partir du moment où ils ont largement de quoi se mettre à l'abri pour profiter de leur pognon. Reviennent encore les interrogations sur les tuyaux... les indicateurs de ces coups. Ça nécessite de connaître des gens bien placés un peu partout. Il faut les rétribuer, bien sûr, mais ils ne bouffent pas tout le bénéfice.

Peut-on encore invoquer les accointances de Loutrel, Danos ou Boucheseiche avec des gens assez haut placés? Une part importante du butin de ces opérations va-t-elle remplir les fonds secrets de quelques services spéciaux... de quelques partis politiques? On l'a murmuré... ainsi s'expliquerait peut-être le rythme endiablé de ces braquages. En les suivant dans la chronologie, on a davantage l'impression qu'ils sont l'œuvre de terroristes plutôt que celle d'une bande de simples truands.

*

Dans la première partie de l'année 1946, la police n'a pas encore fait la synthèse de toutes ces affaires d'attaques à main armée. Loutrel est signalé, soit sur la Côte méditerranéenne, soit dans la région parisienne. On imagine mal qu'il soit à l'origine de tous ces hold-up.

D'autres bandes sont aussi à l'ouvrage. Nous sommes dans la période trouble de l'après-Libération... les mitraillettes des maquisards n'ont pas toutes été rendues à l'armée régulière. On ne commence seulement à loger Loutrel et ses complices qu'après l'affaire de l'hôtel des Postes de Nice. Le Milieu se méfie de plus en plus de celui qu'on surnomme le Fou, le Dingue ou le Louf. Il surgit brusquement dans les bars, les boîtes de nuit à Paris ou à Marseille. La plupart du temps, il a bu... il est agressif, pétardier, jouant facilement du calibre. Les derniers mois de sa vie, on le dira en proie à des crises de delirium tremens, ce qui paraît exagéré si l'on considère le sang-froid dont il fait preuve lorsqu'il est à l'ouvrage, le flingue au poing.

Bien des témoignages sont contradictoires sur la personnalité de Loutrel. On le dépeint parfois comme une brute de western série B... d'autres fois on le dit séduisant... avec des gestes de grand seigneur. Il est généreux comme savent l'être les truands qui brûlent le fric qu'ils ont volé. Pierrot a le pourboire royal... Il paie des tournées à tous les malfrats qu'il rencontre... Voilà... il sort de sa poche des liasses de billets. Il peut tout aussi bien distribuer sa fortune que la mort autour de lui.

A quelle époque se situe sa rencontre avec Martine Carol?... encore une date incertaine! La scène se serait déroulée au *Baccara,* un cabaret de la rue de Ponthieu. Ceux qui placent cette anecdote en 1945 n'ont pas bien à l'esprit que Martine Carol n'était absolument pas connue à ce moment-là. Elle n'atteindra à la célébrité qu'en 1947 lorsqu'elle aura la une des journaux après un suicide manqué.

Pour l'acteur Georges Marchal, elle aurait tenté de se noyer dans la Seine. Repêchée alors qu'elle n'a encore que les pieds mouillés, la presse et les chansonniers en font un scandale pour rire. Le but que vise la belle Martine. De là, on pourrait en déduire que son enlèvement par Pierrot-le-Fou est du même ordre. Il se déroule lorsqu'on commence à parler un peu d'elle et beaucoup de Pierrot-le-Fou.

Ce soir-là, Loutrel a déjà bu... il entre au *Baccara*, escorté de Naudy et Fefeu... tournée de champ! Martine est là avec ses amis, elle est resplendissante de beauté. Pierrot ne peut que la repérer. Il l'invite à danser. Martine lui trouve sans doute un genre voyou qui lui donne un petit frisson. Pierrot la serre très fort contre lui en dansant. Elle ne proteste pas, sourit de l'incident, se montre coquette. Du coup, Pierrot pousse ses avantages et lorsque Martine regagne la table où l'attendent ses amis – entre autres un certain Commodore Drouilly, un type très riche – le Louf va carrément l'embarquer en menaçant tout ce beau monde. Fefeu et Naudy d'ailleurs se sont approchés et ont entrouvert leur veste de façon à montrer aux éventuels récalcitrants qu'ils sont enfouraillés. On dit aussi que Loutrel a été chercher une petite valise qu'il transporte souvent avec lui et qui contient une Sten. Difficile à croire... On le voit mal ouvrant sa mallette pour montrer sa mitraillette. Le plus probable est qu'il avait sur lui, comme Fefeu et Naudy, un P 38 ou bien un Colt. Toujours est-il qu'ils entraînent Martine hors du cabaret et la font monter dans la Delahaye de Pierrot. Martine maintenant a la frousse. Démarrage en trombe de la voiture. On sort de Paris. La suite est confuse. On ne sait pas au juste si Naudy et Fefeu sont restés dans la Delahaye. Pierrot stoppe devant une villa, où il essaie d'entraîner Martine en vue de lui faire subir ce qu'on appelle les derniers outrages. Martine se débat, se met à hurler, Pierrot rageur lui flanque une rouste dans les règles chez les voyous. Il la laisse dans la boue, les fringues arrachées, et il repart au volant de sa Delahaye sans l'avoir violée.

Curieux que les amis de Martine n'aient pas signalé à la police ce qui apparaît à l'évidence comme un enlèvement, une sorte de rapt! La presse ne parlera de l'incident que lorsque Martine Carol le racontera avec cette conclusion étonnante : le lendemain de cette soirée mémorable, elle reçut une énorme corbeille de roses rouges accompagnée d'une carte : « *Avec les excuses de Pierrot-le-Fou.* »

Les méchantes langues diront plus tard que cette version est beaucoup trop romanesque. Martine, en réalité, aurait suivi de bon gré Loutrel. S'en serait suivie une courte liaison. On les aurait vus souvent ensemble quelque temps. Possible... Martine, après tout, avait bien le droit de s'offrir une passade avec un truand comme certain bourgeois se paie une fille de mauvaise vie. Ça me paraît dans la logique de l'égalité des sexes... Martine Carol était déjà débarrassée des petits préjugés et tabous qui emprisonnaient et empoisonnaient l'existence de ses sœurs.

Le gang des tractions avant parvient en septembre 1946 à son apogée. La chute va en être rapide mais avec encore une belle page de l'histoire des faits divers. Édouard Depreux, ministre de l'Intérieur, s'en mêle. Il veut en finir avec ce nouveau banditisme en automobile. On commence à faire des comparaisons avec la bande à Bonnot. Après le siège de Champigny, l'analogie sera complète. Surtout qu'on se demandera si les forces de l'ordre, sur je ne sais quelle injonction discrète, n'avaient pas l'intention de liquider purement et simplement tous les protagonistes de ce gang dont nul n'ignore que la plupart des membres viennent de la Gestapo française et se sont ensuite plus ou moins refait une virginité à la D.G.E.R.

Depreux convoque tous les chefs de services de police... P.J. et Sûreté nationale. Comme dans les plus classiques scènes de polar, le ministre tonne, il exige des résultats... qu'on mette fin à toutes ces exactions... les paisibles citoyens ont besoin d'ordre... tous ces hold-up mettent les populations de plus en plus en émoi...

La police manque d'effectifs, de moyens modernes pour s'opposer aux gangsters. Reste aussi que depuis la Libération, les promotions se sont multipliées, que certains commissaires sortis du rang le 25 août 44 sont loin d'avoir les qualités nécessaires pour exercer leurs fonctions. On parle aussi de toutes sortes de magouillages... nous sommes à l'époque où M. Joseph... Joanovici, le ferrailleur milliardaire qui a fait fortune avec les Allemands, a encore une influence souterraine considérable à la P.P. On sait qu'il était au mieux avec Lafont et Bonny et qu'il a financé leur brigade nord-africaine[1]. A-t-il rencontré des gens comme Abel Danos, Boucheseiche ou Loutrel?... Certains historiens n'hésitent pas à dire que Joanovici les protégeait. C'est lui attribuer une puissance qu'il n'avait peut-être pas et en tout cas une sollicitude à leur égard un peu surprenante.

Il résulte de cette réunion chez le ministre de l'Intérieur que tout va être mis en œuvre pour mettre fin aux exploits de Pierre Loutrel. On va coordonner

1. Il s'agit de truands algériens recrutés par la Gestapo pour effectuer des opérations de nettoyage contre les maquis du centre de la France.

l'action de toutes les forces de police... y compris la gendarmerie.

A la P.J. branle-bas de combat. On apprend juste après la conférence chez le ministre que le gang a attaqué deux encaisseurs à Champigny. Encore deux millions qui transitent chez les truands.

Champigny!... ça provoque un déclic chez les condés. Dans ce secteur... Saint-Maur, Nogent, ils savent que les voyous parisiens viennent prendre leurs quartiers de repos dans les auberges des bords de la Marne. Entre autres, un certain *Chalet des Marronniers* à Saint-Maur où la fine fleur du Mitan – messieurs et dames – vient faire bombance. Quelques indics ont signalé que des amis de Pierrot-le-Fou traînaient par là.

Ces *Marronniers* appartiennent à un ancien chef de la Résistance de la région de Toulouse, Lucien de Marmande dit Le Manchot. Il a connu Loutrel à la Libération et il a travaillé avec lui. Mais ça, les poulets ne le savent pas encore.

Le commissaire Casanova décide de mettre en surbime – surveillance en argot de la Grande Maison – Champigny, Saint-Maur et plus particulièrement les *Marronniers*. On organise des planques avec des inspecteurs déguisés en ouvriers de la voirie, en pêcheurs à la ligne... on utilise des camionnettes équipées de postes émetteurs. Le grand jeu, quoi! Avec en supplément les petits indics, maquereaux ou tricards qui s'efforcent d'avoir les yeux derrière la tête et les oreilles sous les tables.

Tout nous porte à croire que le fameux déclic de la police, lorsqu'il fut question de Champigny, est venu de quelques confidences, coups de fil au Quai des Orfèvres de la part d'amis qui ne veulent que du bien à ces bons messieurs de la P.J. Le dieu des flics est un hasard nommé Indic. Ce que racontent la plupart des anciens de la Grande Maison dans leurs mémoires. Roger Borniche est encore au bas de l'échelon en

1946, mais il joue déjà un rôle dans cette affaire, en obtenant d'un souteneur nommé Gilbert Deschamps les renseignements qui conduisent les policiers à mettre sous surveillance les *Marronniers*.

Le but poursuivi par les patrons de la police... coincer l'ensemble du gang. Déjà deux gros poissons vont lui échapper... Julien Le Ny et Raymond Naudy qui sont descendus à Marseille. Naudy, les derniers temps, s'est quelquefois affronté avec Pierrot à qui il reproche de boire trop... ce qui l'entraîne à des excès qui pourraient les compromettre tous.

Il a d'ailleurs failli être arrêté le 15 septembre au cours d'une beuverie à Couilly en Seine-et-Marne. Un scandale de nuit... dans les rues de cette localité... des cris... des coups de feu. Les habitants avaient alerté la gendarmerie. Fort heureusement, ceux-ci n'avaient pas osé intervenir... la Delahaye de Loutrel étant immatriculée C.D... Corps diplomatique. Les pandores s'étaient contentés de faire un rapport comme dans un film à la de Funès.

Le 25 septembre le commissaire Casanova, qui a loué un pavillon dans le voisinage des *Marronniers* afin de mieux avoir la bande dans son collimateur, décide d'agir. Les derniers renseignements qu'il reçoit lui permettent de penser que les plus gros gibiers sont réunis à l'auberge.

Les renforts arrivent pour le coup de filet du siècle : les inspecteurs de la Criminelle et des agressions, armés de mitraillettes, munis de gilets pare-balles, etc. On investit la place. Ruée dans l'auberge. Tous les oiseaux se sont envolés peu de temps auparavant. Il n'y a là que le patron, André Finckheimer, qui les reçoit trop aimablement pour être honnête. Certains flics sont prêts à le malmener, mais il leur rappelle opportunément qu'il est un héros, connu sous le nom de Commandant de Marmande dans la Résistance où il a perdu un bras. Les flics se méfient... on va se contenter de l'interroger pour la forme... se répandre ensuite en excuses. Par les temps qui courent, on ne sait jamais.

A partir de là, les divers récits de cette affaire sont contradictoires. Un gamin venu chercher à l'auberge six paquets de Gauloises bleues aurait mis les poulets sur la bonne piste. En septembre 1946, je le rappelle, il faut encore des tickets de rationnement pour acheter du tabac. On est inscrit dans le bureau le plus proche de son domicile où l'on va chercher, tous les dix jours, les deux ou trois paquets de cigarettes auxquels on a droit.

Les flics sont toute une pléiade autour du commissaire Pinault, une vraie volière de poulets... parmi eux, l'inspecteur Nouzeilles qui travaille sur le dossier Loutrel depuis déjà longtemps. Au milieu de la cohue policière, dans la salle de l'auberge, ce gosse entre et vient demander à de Marmande ou à sa femme, n'importe... « Les six paquets de Gauloises ». On les lui donne et il sort sans payer.

Les Gauloises ont donc été commandées, elles attendent là qu'on vienne les chercher. Tout à coup, l'inspecteur Nouzeilles a un trait de génie... les cigarettes en question sont peut-être destinées aux hommes du gang? Immédiatement, il fait part de son intuition au commissaire Pinault et, sur son ordre, voilà l'inspecteur qui sort, qui se met à filer le gamin. Celui-ci traverse le pont du Petit Parc... Quai Gallieni, à Champigny, il entre dans un hôtel-restaurant tout simplement baptisé *L'Auberge*. Nouzeilles s'approche... observe, écoute... des gens festoient à *L'Auberge*... braillent, chantent! Nouzeilles revient prévenir ses chefs. Entre-temps, de nouveaux renforts sont arrivés. Le préfet de Police Luizet en personne vient diriger les opérations. On expédie encore des hommes en avant-garde. La fenêtre de la salle à manger est ouverte... on aperçoit une douzaine d'hommes et de femmes qui crient, qui sablent le champagne.

Parmi eux, Nouzeilles et Casanova reconnaissent Jo Attia.

Voilà un point qui diffère selon les récits des uns et des autres. Selon certains, Attia ne peut pas être à l'intérieur de *L'Auberge* puisque c'est lui qui va intervenir pendant le siège au volant de la Delahaye. Selon d'autres, il est là... il picole avec les copains... Boucheseiche, Fefeu, quelques comparses... et c'est Loutrel qui tout à l'heure va intervenir.

De toute façon tout le monde en est d'accord, Pierrot n'est pas à *L'Auberge*. A son habitude, il a pinté et il n'a pas voulu participer aux agapes de ses complices. On dit qu'il est furieux à cause du départ de Naudy. Il est à Charentonneau au bar des *Sept Arbres*... une autre guinguette à la limite de Champigny, en compagnie de Marinette. Le Louf en est à son énième perniflard ou pastis. Au point où il en est arrivé, tous les alcools sont bons pour faire marcher l'alambic. Laissons-le là... le spectacle commence ailleurs à quelques kilomètres.

Autour de *L'Auberge* de Champigny, le siège se prépare. On va le comparer dans la presse, non sans raison, à celui de Choisy-le-Roi autour de Bonnot. Le préfet Luizet, tout comme son prédécesseur Lépine, a voulu prendre les choses en main personnellement. Il attend le moment propice pour donner l'assaut.

Cette *Auberge* appartient à un certain Mario Prost, un homme qui n'est pas à proprement dire un voyou, mais qui accueille volontiers les truands parce que ce sont d'excellents clients. Il a une autre affaire rue Lepic, un bistrot où Jo Attia vient souvent prendre l'apéritif. Un sympathisant, si ce n'est un militant de la truanderie.

Pour l'instant, les forces de police s'agitent, piaffent d'impatience. Luizet fait l'inspection. La nuit tombe. En principe, il faudrait attendre le lever du jour pour attaquer. Toujours cet insoluble problème de procédure! Mais tout va être balayé dans quelques instants. La bavure... un homme sort de *L'Auberge*... Toute la flicaille a les yeux... le canon des Stens... fixés sur lui. On ne le connaît pas. Il est 21 heures 30. L'homme observe les choses autour de lui. A-t-il eu l'intuition de ce qui se prépare? On ne le saura jamais. Il fait un pas et il a un geste qu'un policier va mal interpréter... il dira qu'il a cru que l'homme l'avait repéré et sortait une arme. En réalité, le truand ouvrait sa braguette pour pisser. Le flic imbécile tire et l'homme s'effondre. Il s'agit d'un nommé André Décurzier... un troisième couteau qui n'a jamais participé à un braquage avec Pierrot-le-Fou.

Immédiatement, toutes les lumières s'éteignent dans *L'Auberge*. L'effet de surprise est anéanti. Le commissaire Casanova, qui pensait faire irruption dans le restaurant sans que les malfrats aient le temps de réagir, va devoir mener un siège en règle. On commence à tirailler de part et d'autre.

La bavure se complique. André Décurzier n'aurait été que blessé par la balle du policier trop nerveux... il aurait rampé vers une voiture pour se mettre à l'abri et pourtant il sera retrouvé après l'assaut avec une balle dans la tête. A-t-il été achevé? Par qui et pourquoi? On se perd en conjectures surtout qu'on ne voit pas bien qui chez les policiers ou chez les truands aurait intérêt à liquider ce personnage.

A l'intérieur de *L'Auberge*, Boucheseiche, Fefeu et Attia ont tout de suite compris le sérieux de la situation. Pour se sortir de ce merdier, ça risque d'être coton.

Je prends l'hypothèse où Attia est à l'intérieur et où Pierrot va intervenir. Rien ne permet d'ailleurs d'affirmer le contraire... les rescapés que la police va arrêter diront tous des choses contradictoires... des contrevérités.

Cette fois, ça y est... ça devient le même genre de

siège que pour Bonnot. Toute la police est là... deux cents agents casqués... cinquante motocyclistes... deux autos blindées viennent prendre position... on amène des mitrailleuses lourdes... des lance-grenades... un bazooka. Luizet se donne le ridicule de se jucher sur le capot d'une voiture pour donner ses ordres en brandissant un 6,35. Son plan de bataille s'exécute dans la plus incroyable pagaille. Le comble... il a tenu à ce que des Américains de la *Military Police* viennent assister à la corrida. Il va leur montrer le spectacle de la police française au combat!

Tout le gratin de la Grande Maison est là... Les journaux ont dépêché leurs reporters. Luizet veut gagner sa bataille d'Austerlitz. Il ne se doute pas que le lendemain il sera la risée de toute la presse. Lépine au moins, en appelant à la rescousse un régiment de zouaves, avait fini par liquider Bonnot.

La façade de *L'Auberge* éclairée comme en plein jour par des projecteurs ressemble à un décor de cinéma. Les flics tirent comme à l'exercice... un feu nourri qui crible le mur, les fenêtres... la porte d'entrée. Dans la salle de restaurant, il n'y a pas que des brigands... il y a aussi des clients ordinaires plus morts que vifs, blottis sous les tables, derrière le comptoir... quelques putes innocentes... venues là pour se faire un petit supplément.

Jo Attia, Boucheseiche, Fefeu se sont planqués près des fenêtres et ripostent avec précision. Malgré l'obscurité qui les entoure, ils réussissent à faire mouche, blessant quelques assaillants.

Et voici que Mario Prost, un peu inconscient, ouvre une fenêtre au premier étage... il veut parlementer, arrêter ce massacre. Très visiblement, il lève les bras mais il n'a pas le temps de dire un mot, une rafale l'en empêche. Il s'écroule mortellement atteint. S'ensuit un flottement dans les forces de l'ordre. Le commissaire Casanova proteste énergiquement auprès de Luizet... cette affaire devient une tuerie inutile... Luizet l'éconduit... superbe, il prend toute la responsabilité de l'action. On reste confondu devant un personnage aussi grotesque placé à un tel poste.

Et la pagaille va s'amplifier. Les différentes brigades de police se tirent les unes sur les autres. Une automitrailleuse est en panne... quelques hommes la réparent et se font flinguer par leurs collègues. On racontera même que Luizet, ayant voulu grimper sur le toit du bâtiment voisin de *L'Auberge*, a glissé et il s'en est fallu de peu pour qu'il se casse une jambe. Tout cela sous le regard des Américains goguenards qui se demandent s'ils n'assistent pas à la répétition d'un film comique.

Jo Attia tente de s'arracher du piège... il déglingue un projecteur d'un coup de feu et il bondit pour profiter de l'obscurité. Il se fait allumer immédiatement... le bras, la hanche... Fefeu bondit et arrive à le ramener dans *L'Auberge*.

Si Luizet ordonnait l'assaut à ce moment, certes, il y aurait encore quelques morts mais il réussirait partiellement son affaire. Après tant de bravades, curieusement il tergiverse... ses subordonnés renâclent. Il invoque l'irrégularité de cette attaque avant l'heure légale. Bref, il se comporte d'une façon de plus en plus incohérente.

Détail étrange, le téléphone fonctionne toujours à *L'Auberge* et quelqu'un a réussi à prévenir Loutrel au bar des *Sept Arbres* afin qu'il ne vienne pas se fourrer dans ce traquenard. On a attribué ce coup de fil à de Marmande... ce qui paraît peu probable puisque, depuis son interpellation par les hommes de Casanova aux *Marronniers*, il doit être soumis pour le moins à un interrogatoire serré.

Pierrot en tout cas reçoit le message cinq sur cinq... et il produit l'effet inverse de ce qu'on pourrait attendre... qu'il prenne la tangente... s'éloigne le plus vite possible de ce secteur brûlant. Dessoulé sur-le-champ, il va se livrer à un fabuleux rodéo automobile pour sauver ses potes. Avant tout, entre en jeu ce sens sacré de l'amitié entre voyous, qui n'est pas un vain mot, surtout entre anciens des *Bat' d'Af*. Cette nuit-là le sobriquet de Pierre Loutrel va se justifier au-delà de toute espérance.

Il bondit au volant de sa Delahaye... démarrage habituel sur les chapeaux de roues. Sa Sten est là sur le siège avant et il va l'utiliser d'une main tout en conduisant. Il fonce vers Champigny... en quelques minutes il est rue Diderot en vue du champ de bataille. Sans doute profite-t-il de l'énorme pagaille qui règne dans le camp des assaillants, de l'obscurité et de la surprise. Comment Luizet pourrait-il imaginer que Pierrot-le-Fou arrive seul derrière ses troupes alors qu'il le croit dans *L'Auberge*? Une telle démarche est insensée... Loutrel fonce à cent à l'heure au milieu des forces de l'ordre. Le barrage vole en éclats. Un flic est projeté par-dessus le capot de la Delahaye. On tire de partout et dans tous les sens... La Delahaye stoppe en dérapage contrôlé devant l'entrée de *L'Auberge*... Pierrot sort de la voiture, à coups de mitraillette il oblige les policiers à se replier, s'aplatir au sol tandis que Fefeu et Jo Attia, qui n'ont pas été longs à comprendre, se sont propulsés dans la Delahaye. Fefeu prend le volant... Pierrot, à la portière, continuant d'arroser les flics.

L'action n'a pas duré dix secondes... la bagnole a viré et réussi à forcer une nouvelle fois le barrage. Un vrai prodige! La police flouée d'une telle façon, Luizet devrait le lendemain donner sa démission. Il s'en gardera bien et offrira à la presse un communiqué de victoire qui va donner pâture à de jolis titres. « *Assaut contre le repaire du gang des tractions avant* », « *Le préfet voit luire son soleil d'Austerlitz* ».

Sous un déluge de balles, la Delahaye des truands parvient à disparaître en zigzaguant. Lorsqu'on la retrouvera dans le bois un peu plus tard, les pneus crevés, la carrosserie percée de toutes parts, les trois malfrats seront déjà loin. Ce jour-là, ils ont la baraka... pour prendre le relais de la Delahaye inutilisable, ils tombent sur un cabriolet en stationnement à Saint-Maur. Ils ont tôt fait de se l'approprier et ils foncent hors de la banlieue sud-est où les barrages de police commencent à se mettre en place.

Luizet pendant ce temps a donné l'assaut à *L'Auberge*. Ses petits soldats ont investi la place sans rencontrer à présent la moindre résistance. On pourrait penser qu'il va avoir au moins Jo Boucheseiche à se mettre dans les menottes. Celui-ci lui échappe d'une façon rocambolesque. Tout bonnement, il est entièrement immergé au fond du puits de *L'Auberge*, et il respire avec une paille, comme un Viet pendant la guerre d'Indochine pour échapper aux patrouilles françaises.

Il va rester là toute la nuit, jusqu'à ce que les hommes de Luizet aient définitivement quitté la place. Cet épisode a paru tellement incroyable qu'on s'est demandé si Boucheseiche n'avait pas réussi à s'éclipser en profitant d'une complicité quelconque parmi les forces de l'ordre. Ce qui nous ramène à la D.G.E.R... aux accointances du gang avec les services secrets. En tout cas il n'a pas cherché, lui, à forcer l'encerclement. Et cette planque dans le puits, il avait bien fallu qu'il la prévoie avant l'attaque finale.

Vers 23 heures 30... l'ordre règne à *L'Auberge*. Luizet passe en revue les prisonniers nez contre le mur, les bras en l'air. Jusqu'à 3 heures du matin, on va trier les bons d'avec les méchants. Les clients du restaurant qui étaient là par hasard, qui se sont terrés dans la cave pendant la fusillade. Parmi eux, quelques frimants de cinéma des studios de Joinville qui viennent de prendre un cours d'art dramatique sur le vif. Au début de la bagarre, ils ont d'abord cru que les poulets étaient des gangsters qui attaquaient *L'Auberge*. L'un d'eux a téléphoné au commissariat de Nogent pour demander des secours. Ils sont arrivés... et les flics se sont mis à tirer sur leurs collègues parisiens ajoutant à la confusion.

Les résultats de la bataille sont navrants. Pierrot, Attia, Fefeu, Boucheseiche se sont envolés en ridiculisant la police. Elle n'a à se mettre sous les verrous que quelques voyous de gouttière... Joseph Barri, Charles Vaillant... Gilbert Deschamps, l'indic de Borniche... sept crânes au total, plus deux malheureuses putes en infraction de visite médicale[1].

A Pigalle, un simple car de police en rafle davantage chaque soir.

Et pourtant le lendemain Édouard Depreux adressera du ministère de l'Intérieur ses plus chaleureuses félicitations au préfet de Police.

La presse, mis à part *Le Canard Enchaîné*, va relater les événements dans le dithyrambe sans trop insister sur le bilan dérisoire du coup de filet... sur ses énormes bavures... de nombreux policiers blessés et deux tués par inadvertance dans le camp des assiégés... Mario Prost et André Décurzier.

Quant à Pierrot, cette fois, il est à la une de tous les journaux. Il va y rester fort longtemps... bien après sa disparition, on va lui attribuer tous les hold-up retentissants, les règlements de comptes les plus sanglants. Lorsqu'il vivait et commettait braquage sur braquage, on ne l'avait pas identifié... lorsqu'il sera mort, on le signalera partout. Il deviendra une telle pâture pour la presse qu'elle fabriquera de toutes pièces un Pierrot-le-Fou numéro deux en la personne de Pierre Carrot, truand de moindre envergure, qui n'en demandait pas tant.

1. A l'époque, les prostituées étaient en carte, et devaient passer chaque semaine un examen prophylactique.

La seconde version des faits veut que ce soit, non pas Loutrel, mais Jo Attia au volant de la Delahaye qui fonce dans le dispositif policier et s'en tire d'extrême justesse, grièvement blessé. Après avoir largué sa voiture criblée par le tir des flics, il parvient à la *Bonne Oseille*, chez son ami Cornélius, pour se planquer le temps qu'un médecin, en cheville avec le Milieu, le remette sur pied.

On se demande alors ce que Jo Attia a été faire à *L'Auberge* au volant de la Delahaye, risquant sa vie sur le fil du rasoir puisque Pierrot n'y était pas et qu'il n'a pas enlevé Boucheseiche?

Comment départager les choses? A l'évidence, une Delahaye a bien accompli ce rodéo extraordinaire. Pourquoi les uns l'attribuent-ils à Loutrel et les autres à Jo Attia? Peut-être s'agit-il seulement de mettre cet exploit à l'actif de ce dernier parce qu'il représente dans le gang un des rares personnages positifs. Pierrot a été mouillé avec la Carlingue, alors il est préférable de le dépeindre totalement sous les couleurs les plus noires. Ainsi en va-t-il d'un certain manichéisme. Les salauds se doivent pour la légende de mourir lâchement.

Une explication qui en vaut une autre... maintenant il s'agit peut-être d'une erreur d'appréciation et de témoignages contradictoires. Comment les flics ont-ils pu identifier l'homme qui était au volant de la Delahaye? Les choses se sont passées si rapidement qu'Attia ou Pierrot ont pu être confondus. D'autre part, Nouzeilles et Casanova ont cru reconnaître Jo Attia parmi la clientèle qui festoyait à *L'Auberge*.

La version Loutrel paraît tout de même la plus plausible. Quoi qu'il en soit les rescapés, après s'être emparés du cabriolet rouge, ont roulé en Seine-et-Marne jusqu'à ce qu'ils tombent en panne d'essence en forêt d'Armainvilliers. Pour s'en sortir, ils stoppent un camion. Le chauffeur a le tort de s'arrêter croyant avoir affaire à d'honnêtes automobilistes en panne. Il est assommé, viré de son bahut qui va servir aux trois malfrats pour atteindre Auvers-sur-Oise où ils ont une planque.

Là encore, une énigme. De quelle planque s'agit-il?... on n'en sait trop rien! On va parler dans la presse du trésor de la bande, évalué au pif à cent millions. Question qui ne sera jamais résolue. Le fric ou une partie du fric était-il à Auvers-sur-Oise? Dans une carrière ou une grotte, ce qu'affirment des gens qui se prétendent bien renseignés.

En 1959, j'ai partagé quelque temps la cellule de Jo Attia accusé à ce moment-là d'une extorsion de fonds. Jamais il ne parlait de ce siège de Champigny ou alors par de brèves allusions ironiques. Hors de propos de lui poser la moindre question... ce qui est plus inconvenant que d'aller en public mettre la main au valseur de Lady Di. Je connaissais depuis lurette les us et coutumes du Mitan. Jo parlait d'autre chose... du Tour de France où l'Espagnol Bahamontès triomphait d'Anquetil et de Rivière... de la guerre d'Algérie... des gonzesses... parfois il évoquait de très vieilles connaissances voyoutes, des caïds totalement effacés de nos mémoires. Un compagnon de cellule tout à fait plaisant... on tapait les brèmes avec le troisième homme de la cellule, un Russe qui chantait le soir des airs d'opéra à la fenêtre. L'avantage d'être co-ratier de Jo Attia... que les matons nous foutaient une paix royale. Les anciens l'avaient connu dans les années 48-50... il s'était tissé entre eux des rapports presque cordiaux. Jo était la vedette de la division, il en profitait sans en abuser. J'écoutais sa jactance... du jus d'argot grande cuvée!

A la *Bonne Oseille* ou à Auvers-sur-Oise, n'importe... l'équipe va se séparer sous la pression de la police qui multiplie les descentes partout où les renseignements leur signalent la trace la plus ténue de Pierrot-le-Fou... Dernière station du parcours de Loutrel, *La Titoune* à Porcheville chez Edmond

Courtois, dit Monmon... un ancien des *Bat' d'Af*, un peu retiré des affaires, qui élève des chiens dans une petite propriété sur les bords de la Seine.

Là va se jouer la dernière séquence du scénario. Ça, le dingue ne le sait pas. Il tutute de plus en plus et contrairement à toute attente, sans souci des risques qu'il prend, il remonte à Paris où il se fait encore remarquer dans les boîtes et les bars à Montmartre. Il s'est fait teindre les cheveux en roux, pour changer de look, comme on dirait de nos jours. Et toujours le champagne qui coule à flot, les billets de banque qu'on distribue... les coups de flingue dès que ça lui chante de foutre la panique autour de lui.

Les flics commencent pourtant à marquer des points. L'inspecteur Nouzeilles a fait mettre un garage suspect sur table d'écoute à Meaux. On lui a signalé là une traction avant volée en réparation. D'un bar montmartrois, il enregistre un coup de fil... *un client* demande si sa voiture est prête. Le client en question, c'est Henri Fefeu. Il est cueilli dès qu'il se présente par les flics du secteur. Fefeu, c'est enfin une grosse prise. Il a été presque de tous les braquages de Pierrot. Son pedigree est éloquent... *Bat' d'Af*... Carlingue... proxénète recherché pour plusieurs règlements de comptes.

Pas question de prendre des gants avec lui. On ne risque pas d'en appeler aux organisations humanitaires. Il va subir pendant près de quatre jours, dans les locaux de la P.J., un interrogatoire musclé où les inspecteurs se fatigueront de cogner. Il arrivera à la Santé absolument méconnaissable. On dirait que sa tête a doublé de volume. Son corps est tuméfié. Il s'est évanoui dix fois sous les coups... On l'a douché pour le faire revenir à lui afin de mieux reprendre la corrida. S'il parle, toute la bande est confondue... il connaît les planques, les complicités, tous les secrets de ceux qui en ont croqué avec la Carlingue. Un dur, d'entre les durs, le petit Sarthois... il ne dira pas un mot. Son leitmotiv... « Je ne parlerai qu'en présence de mon avocat. »

Pour éviter de finir sur la guillotine, Fefeu, déjà mal en point, s'est appliqué à l'infirmerie de Fresnes à avaler les crachats d'un tuberculeux de son dortoir pendant plusieurs jours. A force, il est tout de même tombé malade. On l'a envoyé au sanatorium pénitentiaire de Liancourt. C'était juste avant l'arrivée des antibiotiques sur le marché de la tubardise. Fefeu est mort d'une hémoptysie. Qu'on réfléchisse à ce destin, à cette existence, entre la maison de correction et cette fin abominable. Il était voué au crime comme d'autres le sont aux belles lettres, entre une naissance à Auteuil et un fauteuil à l'Académie française...

En octobre, Attia est convalescent. Il ne reste pas longtemps à goûter les beautés de l'automne de Porcheville. Il se relève pour participer avec Pierrot et Naudy à l'attaque d'un transporteur de fonds à Bercy. Il s'agit de la recette d'un groupe de négociants en vins. Borniche relate cette affaire en détail dans son livre *Le Gang*. Il avait tendu un piège pour prendre les truands en flagrant délit... mais un quiproquo a fait tout échouer. Les truands ont raté leur coup et Borniche rate les truands.

Arrive ce 6 novembre où Loutrel va encore tenter le diable et on ne peut s'empêcher de se demander encore où est son trésor de guerre. Il va se mouiller sur une affaire plutôt minable... en tout cas, dont il n'a apparemment pas besoin. Depuis plus d'un an qu'il braque à un rythme effréné les convoyeurs, les transporteurs de fonds, les banques... le gang a empoché des sommes considérables... pourquoi encore se fourvoyer dans le braquage d'une bijouterie? On racontera que se promenant dans le quartier de l'Étoile avec Marinette, Pierrot lui a montré une parure en diamant à la vitrine d'une bijouterie en lui disant : « Je te l'offre. » Bien entendu Pierrot-le-Fou ne paie jamais les bijoutiers qu'au Colt ou au P 38. Certes, l'anecdote justifie bien le sobriquet de Loutrel, mais que Jo Attia, Danos et Boucheseiche acceptent de le suivre dans cette affaire, devient tout à fait incompréhensible.

On ne sait trop qui était exactement sur ce coup. Ça commence la veille, le 5 novembre, Loutrel a expliqué à ses équipiers son projet... l'attaque de la bijouterie, 36, rue Boissière. Il ne semble pas qu'Abel Danos ait participé à cette réunion préparatoire. Jo Attia est chargé de voler une traction avant. Pierrot ira seul chez le bijoutier, les autres seront là pour intervenir en cas de nécessité. Prévu pour le lendemain 19 heures.

Auparavant, ce fameux jour, aura lieu la rupture entre Loutrel et Naudy. Ils se sont donné rencard pour déjeuner à 13 heures chez *Prunier* avenue Victor-Hugo. Naudy, déjà installé, voit arriver Pierrot avec sa gueule des mauvais jours. Il est sapé comme un milord avec son lardeuss poil de chameau, son chapeau marron, ses pompes en daim à triple semelle... mais il a la démarche légèrement hésitante, ce qui indique qu'il en a déjà un coup dans l'aile. Or, il a promis à Raymond de ne plus picoler avant de monter sur un braquage. Tout le monde lui conseille, s'il ne veut pas mal finir, de se faire désintoxiquer. Il faut croire qu'au fond de lui-même le Louf a décidé de mal finir. Il sait confusément, depuis le jour où il est entré à la Carlingue de l'avenue Foch, qu'il ne pourra jamais mourir de sa belle mort. Il redoute simplement de se faire piquer vivant par les flics et d'aller un matin sur la bascule à Charlot... la Veuve... que le commun des caves appelle la guillotine. A tout prendre, il préfère se faire descendre au cours d'une fusillade. Peut-être d'ailleurs ce qu'il recherchait à Champigny au volant de sa Delahaye sous la mitraille des poulets.

A présent, son embarcation tangue comme lui-même. Elle est soûle, elle aussi... Le Milieu, qui en a sa claque de toutes ces facéties sauvages, la Police ne donnent pas cher de sa peau. Déjà Fefeu est au trou... si Abel se fait coincer, il est bon pour les douze balles réservées aux traîtres... Ils ont tous trop tiré et pas que sur la corde.

Naudy reçoit Pierrot sans amabilité superflue. A voix basse... l'explication orageuse. Au point que Loutrel est à deux doigts de dégainer pour flinguer son pote. Et c'est la rupture. Naudy déclare forfait pour le braquage de la bijouterie et il quitte le restaurant sans serrer la main de Pierrot.

Ils ne se reverront plus... ou alors dans l'au-delà. Naudy a beau jouer la prudence, il va finir lui aussi de mort violente deux ans plus tard.

Après le départ de Naudy, Loutrel a tout de même mangé une douzaine d'huîtres, bu du blanc d'Alsace... et puis il a été se promener du côté de la rue Boissière. Une reconnaissance dans la bijouterie où Mme Sarrafian, la femme du commerçant, le reçoit. Il se présente comme un client désireux d'acheter une montre-bracelet en or pour sa femme. Plus question de parure de diamants. Mme Sarrafian lui a demandé de repasser lorsque son mari serait de retour en fin d'après-midi. Pourquoi cette dame n'a-t-elle pas essayé elle-même de vendre sa marchandise? Peut-être s'est-elle méfiée... intuition féminine. N'importe... Loutrel a peut-être lui-même écourté l'entretien. Il faut qu'il retrouve Jo Attia et Boucheseiche qui doivent assurer ses arrières.

Une autre version des faits élude la rupture avec Naudy. Celui-ci ne serait pas revenu depuis septembre. Il tente déjà de se refaire une vie toute neuve en Italie avec sa maîtresse, Pierrette. Pierrot aurait donc décidé subitement d'aller attaquer la bijouterie Sarrafian qu'il a remarquée le matin même. Sans préparation, comme ça... au flan... tandis qu'il buvait dans un bar avec Boucheseiche et Attia. Ceux-ci essaient vainement de le dissuader.

Lorsque Loutrel est fin beurré et qu'il a une idée dans la tronche, rien ne le détourne d'un projet... puisque ses potes se déballonnent, il ira tout seul avec son Colt. Mis au pied du mur, Jo Attia et Jo Boucheseiche sont bien forcés d'accompagner Pierrot. Qu'il aille seul dans la bijouterie d'accord, mais ils seront là tout de même avec la 11 CV pour l'arracher lorsqu'il aura fini son coup.

Les deux versions se rejoignent devant le 36 de la rue Boissière où la traction s'arrête et où le Louf descend. Il marche droit mais aucun doute il est ourdé à zéro... en le voyant charger son calibre, ses amis ont remarqué que ses mains tremblaient.

M. Sarrafian, le bijoutier, a sorti pour Loutrel un présentoir sur lequel il y a des montres serties de brillants, des bracelets, des gourmettes. Pierrot n'hésite pas, il choisit la plus belle pièce, une montre-bracelet de cent quarante mille francs. Il demande qu'on la livre au *Grand Hôtel*, il va verser des arrhes... cinquante mille francs.

– Très bien, monsieur, je vais vous faire un reçu.

En guise de billets de banque, Loutrel extirpe son Colt.

– Videz vos tiroirs! Vite! Je suis Pierrot-le-Fou!

Mme Sarrafian, qui est derrière son mari, est pétrifiée de peur... mais pour lui... bon cave de bijoutier, Pierrot-le-Fou, ça ne lui dit rien... sans doute ne lit-il pas les faits divers dans la presse. Il n'est pas le moins du monde impressionné par ce type visiblement soûl qui gueule :

– Je vais vous buter tous les deux... Votre fric, vite! Vos bijoux!

Et, geste insensé, M. Sarrafian se précipite sur le

Colt pour désarmer Loutrel. Une détonation... le bijoutier touché au ventre est projeté contre le mur derrière son comptoir. Loutrel rafle les bijoux en vitesse tandis que Mme Sarrafian, en criant, se précipite dans la rue.

Dehors, Jo Attia n'était pas tranquille... intuitivement, il sentait venir la catastrophe. A toutes fins utiles, il était sorti de la Citroën et s'approchait de la boutique lorsque le coup de feu a éclaté. Il tente de maîtriser la femme qui ameute les passants en hurlant de plus belle.

Loutrel, toujours dans la boutique, lâche son butin et il recule vers la porte où Attia vient d'apparaître.

– Fonce, Pierrot! Fonce!

Pierrot s'exécute comme un pantin. Il s'affale sur la banquette arrière. Attia s'embarque à son tour. Boucheseiche démarre. Tout cela se déroule en trente secondes... Le plus inattendu, c'est que M. Sarrafian, pourtant touché à mort, trouve la force, le courage de sortir pour poursuivre son agresseur. Il parvient sur la chaussée au moment où la traction avant s'éloigne. Il est renversé par une autre voiture qui arrive, qui n'a pas le temps de freiner.

Une autre relation des faits voudrait que cette voiture soit une seconde traction, conduite par Abel Danos, qui volontairement passe sur le corps du bijoutier. Elle est plus ou moins accréditée par le témoignage de Mme Sarrafian qui, ayant atteint en courant le café Kléber, a vu une deuxième traction venant en sens inverse... « Par la portière, une balle fut tirée. Elle n'atteignit pas mon mari mais, par contre, celui-ci fut renversé et écrasé par le véhicule. »

Il semble que Mme Sarrafian dans son émotion n'ait pas réalisé exactement la situation. On voit mal un tel déploiement de mécanique pour un malheureux braquage de bijouterie. Je pense que la version de la police, sans doute étayée par le recoupement de tous les témoignages et les expertises de la balistique, est plus près de la vérité.

La traction avant conduite par Boucheseiche a pris rapidement ses distances. Elle a atteint les quais de la Seine par la place d'Iéna et, sur le quai de Passy, en fonçant vers le pont Mirabeau, se produit l'accident qui va coûter la vie à Pierre Loutrel. Arrivé à cet endroit il veut rengainer son flingue... le passer dans la ceinture de son pantalon. Le meurtre de Sarrafian ne l'a pas tellement dessoulé... il a l'œil vitreux, les gestes imprécis. En enfonçant le canon de son Colt, il heurte la boucle de sa ceinture... Il s'énerve, pousse sur la crosse. C'est pourtant un tireur d'élite hors pair, Pierrot-le-Fou, un grand spécialiste des armes à feu... un personnage qu'on imagine facilement dans les règlements de comptes à O.K. Corral... Pourtant, ce jour-là, il est tellement paf qu'il appuie sur la détente de son flingue. S'ensuit une détonation énorme... la 11 CV fait une embardée... Jo Attia se retourne et s'aperçoit du désastre.

La balle du 11,43 a transpercé le ventre de Pierrot. Par la suite, le chirurgien dans son rapport dira qu'elle a traversé la vessie en pénétrant par le côté droit de l'abdomen et qu'elle est ressortie dans la région anale. Pierrot perd son sang en abondance. Il souffre. Mais à tout prendre, il ne reçoit que la monnaie de sa pièce. M. Sarrafian lui aussi souffre et se meurt, il n'arrivera pas vivant à l'hôpital.

Jo Attia décide d'emmener Loutrel chez une maîtresse d'Edmond Courtois, leur pote des *Bat' d'Af*. Une femme de confiance qui habite rue Achille-Luchaire près de la Porte d'Orléans. On fera venir le toubib qui a remis Jo sur pied en septembre. Ça va être la première étape de la marche de Pierrot vers la mort.

On a suggéré de part et d'autre – dans la police et

dans le Milieu – que Loutrel aurait pu être liquidé par ses complices... Attia ou Boucheseiche... qui ne supportaient plus ses crises d'éthylisme où il risquait un jour de les flinguer. On ne voit pas alors pourquoi ils vont s'efforcer de le sauver. S'ils avaient eu l'intention de le descendre, il leur suffisait de le conduire dans un bois, de l'achever et de l'enterrer... un scénario de ce genre.

Non, il faut admettre dans ses grandes lignes le déroulement des événements tel qu'il nous est parvenu par les différents protagonistes de cette aventure.

Un toubib est venu rue Achille-Luchaire chez l'amie de Courtois. Lui, on ne saura jamais son nom. Ils étaient quelques-uns qui rendaient ce genre de service aux hommes du Milieu. Pierrot était dans le cirage, il perdait toujours son sang. Ce toubib se déclare impuissant à soigner la blessure de Loutrel. Une intervention chirurgicale est nécessaire dans les plus brefs délais. Il indique aux truands une clinique, avenue Daumesnil, où un chirurgien de ses amis pourra l'opérer en urgence pourvu qu'on le fasse admettre sous une fausse identité.

Deuxième étape : la clinique Diderot dans le XIIe arrondissement. On y conduit Pierrot dès la nuit tombée. Il est inscrit sous le nom de Paul Chapelain et passe immédiatement sur le billard.

Le chirurgien est un fortiche... que l'on suive bien ses prescriptions, et il garantit que Loutrel sera sauvé. Il a pratiqué une laparotomie et posé un drain en caoutchouc de près d'un mètre dans l'abdomen du blessé. On a mis M. Chapelain au premier étage, chambre 19. Il va encore s'en tirer. Décidément il a une drôle de baraka, Pierre Loutrel!

Où était Abel Danos au moment du siège de Champigny?... on n'en sait trop rien. Il a, en contrepartie de ses activités de ruffian, une vie de famille...

sa maîtresse, Hélène, à qui il a fait deux enfants et auxquels il tient beaucoup. Ça lui est sûrement difficile de mener ces deux existences si peu conciliables. De temps en temps, pourtant, il arrive à se mettre en congé de gang... et il va goûter secrètement on ne sait où les joies de la paternité.

D'après les sources les plus officielles, celles du dossier d'instruction, Abel n'est pas en arrière-garde dans une traction rue Boissière, le 6 novembre. Il est probable que Jo Attia et Boucheseiche savent où le joindre et lui font savoir que Pierrot est blessé...

En tout cas, ils se retrouvent tous les trois le 10 novembre au Vél' d'Hiv', rue Nélaton, pendant les *Six Jours*. Le Mammouth est un fervent de la petite reine... dans sa jeunesse, il s'est essayé dans les courses d'amateurs. Je suppose qu'il était trop lourd, trop massif pour devenir un champion cycliste.

André Pousse qui participait à ces *Six Jours* se souvient bien de Danos qui venait le voir dans sa cagna quand il se reposait. Il m'a dit qu'Abel avait un accent paysan, qu'il roulait un peu les *r* comme Pierre Loutrel. Ce soir-là, il est installé à une table d'invités au bord de la piste et Dédé Pousse se déchaîne sur son vélo. Danos se passionne... Attia et Boucheseiche viennent le rappeler à la réalité... Pierrot dans sa clinique avec son drain depuis trois jours! Une chose les tracasse... bien beau d'avoir fait inscrire Loutrel sous un faux blaze, et que le chirurgien n'ait pas posé de question. On lui a raconté que c'était un accident, mais dans la clinique, les infirmières, les autres médecins peuvent se méfier et le balancer aux flics. En principe, tous les accidents causés par une arme à feu doivent être signalés à la préfecture de Police. On peut faire un rapprochement avec l'affaire Sarrafian. Si Pierrot est identifié, il a beau être en voie de guérison, il est foutu. Il sera, au contraire, en pleine forme pour aller à la guillotine ou au poteau d'exécution. Son palmarès criminel ne permet pas d'envisager une autre issue. Attia lui a toujours promis qu'il ne le laisserait pas prendre vivant par les flics... qu'au besoin, il l'achèverait lui-même et irait l'enterrer dans un coin où on ne retrouverait jamais son corps.

Danos a quitté le Vél' d'Hiv' à regret mais *le devoir passe avant tout*. Les trois malfrats décident d'aller chercher le Dingue et de le planquer ailleurs... à Porcheville, par exemple, chez ce brave Monmon Courtois. Il suffit simplement de le prévenir.

Alors, dans la nuit de novembre, les trois hommes vont enlever Pierrot de sa clinique. Ils ont volé une ambulance et se sont déguisés en infirmiers avec des blouses blanches. (Une version des faits dit qu'ils n'ont même pas d'ambulance. Il paraît invraisemblable que les gens de garde à la clinique laissent partir un opéré aussi fragile en traction avant.)

Attia s'est présenté au gardien... à l'interne de service. « On vient chercher M. Chapelain. » Étrange clinique où l'on n'en demande pas davantage. Tandis qu'Abel et Boucheseiche vont sortir Pierrot sur un brancard, Attia règle la note... quarante-sept mille cinq cents francs. Ce détail aussi a de quoi surprendre, les services administratifs d'une clinique ne sont jamais ouverts la nuit.

Enfin, on embarque Loutrel, ensuqué aux somnifères, que le transport fait gémir. Danos s'est mis au volant... il tombe cette petite pluie fine de novembre, ce crachin de l'Ile-de-France des mauvais jours d'automne.

Porcheville est dans la région de Mantes-la-Jolie, à une cinquantaine de bornes de Paris. Le trajet va être particulièrement pénible. En 1946, la route nationale est encore en mauvais état... Abel roule doucement mais il ne peut éviter les cahots. Loutrel souffre le martyre sur son brancard... A l'évidence ce transport est aberrant. Les secousses, les coups de freins ont dû provoquer je ne sais quel dégât dans l'abdomen du blessé.

Ils arrivent chez Courtois toujours sous la pluie. Le secteur est sinistre en cette saison... les chiens de l'élevage aboient furieusement. On installe tant bien que mal Pierrot dans une chambre. Il est à bout... en sueur... il dérouille de plus en plus. Germaine, la femme de Monmon, a tout de suite compris que Pierrot est foutu. Dernier espoir... on téléphone à ce toubib qui a envoyé Loutrel à la clinique Diderot. Bien sûr, il ne va pas être sur place à la seconde. On l'a réveillé... il lui faut s'habiller, venir (d'où, on ne sait pas). Et commence une longue attente... une veillée quasi funèbre des gangsters autour de leur chef qui agonise.

Lorsque le médecin arrivera, il sera trop tard... il ne pourra plus qu'administrer un calmant à Loutrel pour atténuer ses souffrances. Pendant le transport, la sonde s'est déplacée provoquant une occlusion intestinale. Le mal provoqué est irréparable.

A quatre heures du matin, Loutrel a rendu son âme sans doute au diable, mais Attia veut qu'on l'enterre chrétiennement. Il est comme ça, Jo, il a de la religion et il s'oppose à Boucheseiche qui voulait jeter le corps à l'eau dans un sac avec des grosses pierres.

En face de Limay, il y a quelques îlots au milieu de la Seine. Edmond Courtois suggère qu'on aille l'enterrer à l'île de Gillier, la plus proche de *La Titoune.* Ce qui semble la moins mauvaise solution. On enroule Pierrot dans une couverture. Abel est parti, après la visite du docteur, pour aller perdre l'ambulance dans Paris. Il reviendra dès qu'il pourra et il a aussi pour mission d'aller avertir Marinette.

L'île de Gillier s'appelle aussi l'île des Châtaigniers. De nos jours, on a déjà du mal à s'y retrouver, alors de nuit, il fallait qu'Edmond Courtois connaisse bien les lieux. Avec Attia et Boucheseiche, ils ont transporté le cadavre dans une barque. La Seine à cet endroit est tumultueuse par mauvais temps, elle charrie une eau boueuse. Toujours sous la pluie, le vent... cette besogne de pompes funèbres clandestines! Pour accoster, ça n'a pas dû être très commode. On s'enfonce dans la boue, la terre molle... on avance péniblement dans les buissons avant de trouver l'endroit, je ne dirais pas idéal, mais le moins broussailleux pour creuser un trou, près d'un saule... point de repère qui aidera, trois ans plus tard, Monmon Courtois à retrouver la tombe de Loutrel.

Attia et Boucheseiche se mettent au boulot à la bêche et à la pioche. Courtois les éclaire avec une lampe électrique. La terre est pleine de racines qu'il faut arracher, couper.

Ils ont fini par creuser assez profond pour déposer leur pote. Voilà. On retrouvera, lorsqu'on l'exhumera, un chapelet autour de ses doigts. Qui a eu cette idée pieuse? Peut-être Germaine Courtois ou pourquoi pas Jo Attia qui, avant de recouvrir le corps de Pierrot, s'agenouille et dit une prière. Un Ave Maria, comme on lui a appris au catéchisme lorsqu'il était petit en Bretagne. Beau être braqueur, flingueur, truand de grands chemins, on n'en a pas moins le respect des choses de la religion. Ils ont un côté moyenâgeux, coquillard, ces gangsters des tractions avant. On a du mal à les juger, les jauger à l'aune de nos normes du XXe siècle.

Marinette est arrivée quelques heures plus tard en taxi lorsque le jour était déjà levé. Abel lui avait simplement dit qu'ils avaient transporté Pierrot à *La Titoune*... que son état s'était aggravé.

Suit une scène relatée par certains journalistes où Marinette apprend la mort de son homme et accuse Attia et Boucheseiche de l'avoir tué. Elle est au courant de l'assassinat du bijoutier Sarrafian... On ne sait pas au juste pourquoi elle traite Attia et Boucheseiche d'assassins, de salauds, ce qui laisserait entendre alors que la mort de Loutrel ne serait pas accidentelle. Dans le flot de récriminations, elle les menace de les balancer aux flics. Jo Boucheseiche a enregistré... Marinette a signé son arrêt de mort.

Jo Attia parvient tout de même à la calmer. Elle veut voir le lieu où ils ont enterré son mec. On prend la barque, on retourne dans l'île. Marinette se laisse tomber sur le rectangle de terre retournée sous lequel est couché Pierrot. Elle gémit, elle se met à griffer le sol boueux. Tout à coup une détonation... Jo Boucheseiche s'est penché, un Colt à la main, le canon braqué derrière la nuque de Marinette, il a appuyé sur la détente. Un geyser de sang... J'ai déjà vu ça à la libération de Paris lors de l'exécution d'un traître présumé.

Ça, c'est la version la plus répandue... celle de l'inspecteur Borniche, par exemple. Une autre voudrait que Marinette se soit suicidée. De toute façon, Marinette Chadefaux a disparu définitivement ce jour-là. On l'a peut-être elle aussi ensevelie un peu plus loin dans l'île, mais on n'a jamais retrouvé son corps.

Pierrot-le-Fou va alimenter la chronique des faits divers encore pendant trois ans, le gang des tractions avant a fait des petits. Il s'est multiplié et on signale Loutrel un peu partout. Pourtant son association de malfaiteurs a éclaté. Fefeu se meurt en taule... le Gitan va passer plusieurs fois aux assises dans le midi de la France et il sera condamné à une lourde peine de travaux forcés. Le 10 juillet 1947, Jo Attia, balancé à Marseille par un indic, se fait arrêter par la P.J. Boucheseiche à son tour dégringole... à Cannes, le commissaire Mattéi l'arrête sans qu'il ait le temps de sortir son flingue pour se défendre.

Ces deux derniers vont s'en sortir avec le minimum de casse... Comme ils ne se mettront jamais à table, ils vont obtenir quelques non-lieux extraordinaires. Pour le reste, le passé de Jo Attia à Mauthausen va lui valoir l'indulgence de la Cour. Quant à Boucheseiche, on n'arrivera pas à faire la preuve de son appartenance à la Gestapo de la rue Lauriston. Il va s'en tirer en faisant moins de dix ans de taule. On dit que ses amis bien placés naguère à la D.G.E.R. et depuis au S.D.E.C. l'ont puissamment aidé à recouvrer sa liberté. Donnant donnant, on le retrouvera dans de nombreuses affaires de barbouzerie. Il va disparaître dans l'affaire Ben Barka, sans doute grâce aux bons soins de M. Oufkir. Ceci est une autre histoire, mais elle découle de celle-là... Elle a ses sources assez lointaines à l'époque de la rue Lauriston.

Jo Boucheseiche était devenu patron de nombreux hôtels de passe, de partouzes... de bars... à Paris aussi bien qu'au Maroc. On imagine mal qu'il se soit mouillé dans certaines affaires politiques uniquement par idéal. Julien Le Ny qu'on a aperçu autour de Loutrel a suivi la même trajectoire.

Jo Attia est le seul de la bande à être mort de sa belle mort dans son lit... toujours façon de dire. Il était atteint d'un cancer de la gorge. Après sa sortie de prison pour les affaires liées à l'odyssée de Pierrot-le-Fou, on le retrouvera dans quelques histoires de truandage dont il se tirera sans être inculpé. D'où son surnom de Roi du non-lieu. Il est mêlé avec Boucheseiche à l'enlèvement du colonel Argoud. Celui-ci affirme aujourd'hui que la mission des barbouzes était de le supprimer et que Jo Attia s'y est opposé.

Après la mort de Loutrel, Abel Danos a été rejoindre Raymond Naudy en Italie. A Milan, sévit une équipe de truands qu'on appelle la bande des Français. Naudy et Danos vont s'y incorporer sans avoir à faire leurs preuves... ils ont des références sérieuses. Ils participent ainsi à un hold-up à Gênes où deux convoyeurs d'une société de transport sont abattus. A Milan, en octobre 1948, ils descendent un marchand de tabac et son employé pour leur voler six millions de lires. Deux de leurs complices italiens sont arrêtés et les balancent.

D'où un retour assez précipité en France par Vintimille. Naturellement, ils ne peuvent passer la frontière qu'en fraude. Ce qui complique les choses... ils sont accompagnés! Abel, de sa femme et de ses deux enfants, Raymond Naudy, de Pierrette sa maîtresse qui est enceinte.

Arrêtés par des gardes frontières qui les prennent pour de simples fraudeurs, une fusillade va s'ensuivre. Bilan : du côté des flics, un mort et un blessé... du côté des fuyards... Naudy est abattu et sa compagne grièvement atteinte s'en tirera mais en accouchant d'un enfant mort-né.

Abel, avec femme et enfants, a réussi à passer entre les mailles du filet. Son histoire a inspiré à José Giovanni un roman adapté au cinéma par Claude Sautet, *Classe tous risques*. Danos va finir très mal... traqué de toutes parts, abandonné par le Milieu, il est obligé pour survivre d'aller casser n'importe où... au flan comme un débutant. Il se fera prendre, lui Le Mammouth, le dur du gang des tractions avant, au cours d'un cambriolage dans une chambre de bonne. Après une poursuite, c'est un pompier qui le ceinturera sur la plate-forme d'un autobus.

Surprise de la police lorsqu'elle s'apercevra que ce voleur minable, c'est Abel Danos, recherché depuis des années comme un ennemi public de première grandeur.

Il sera condamné à mort et fusillé au Fort de Montrouge en 1952, ses activités « politiques » sous l'Occupation lui ont permis d'échapper à l'ignominieuse guillotine... Comme il se doit à un homme de sa classe, il meurt crânement. On parlera encore longtemps de lui dans les prisons, dans le monde de la pègre. Personnage à double face, le commissaire Chennevier écrit dans ses mémoires qu'il lui garde une sorte d'estime malgré tous ses crimes.

Cette fin misérable d'Abel Danos nous ramène encore une fois à se demander où passait le butin des braquages. Il est logique de penser qu'Abel Danos avait une planque, du fric enfoui quelque part, ne serait-ce que pour subvenir aux besoins de sa femme et de ses enfants. Non, rien n'a transpiré de ce côté-là. Et pourtant la police a dû mettre tout en œuvre pour trouver ce magot.

Mis à part Boucheseiche qui s'est lancé dans ses affaires hôtelières, il ne semble pas non plus que les autres membres du gang aient joui de leur bien mal acquis.

Il y a là un mystère que l'on retrouve d'ailleurs au sujet du docteur Petiot ou de Joanovici. Les crimes n'ont pas payé pour leurs auteurs mais ils ne sont pas restés sans profiteurs.

Finalement, quelqu'un se met à table en 1949 à propos de la mort de Loutrel. Qui? On ne le dit pas... les flics ont en ce domaine un devoir de réserve. Même Borniche dans ses chroniques sur la truanderie des années 40 brouille les cartes. Il affuble les gens qu'il ne veut pas compromettre de sobriquets fantaisistes et il sait masquer les choses quand il le faut.

Là encore, plusieurs versions en présence. Celle d'un indic qui se dédouane de je ne sais quel délit, en conduisant la police sur la bonne piste. Celle aussi d'un chauffeur de taxi qui reconnaît Loutrel, Attia et Boucheseiche sur des photos et se rappelle les avoir conduits trois ans plus tôt à Porcheville chez Courtois, l'éleveur de chiens. On parle aussi dans un autre rapport d'informations fournies par une prostituée de la Madeleine.

De toute façon, on aboutit chez Edmond Courtois. Une dernière version veut que ce soit Courtois lui-même qui ait averti l'inspecteur Nouzeilles. Peut-être a-t-il subi des pressions?... Retiré des affaires, il risquait de graves ennuis pour non-dénonciation et recel de malfaiteurs. En tout cas Nouzeilles obtient les aveux de Courtois. Loutrel est enterré dans l'île de Gillier en face de *La Titoune*.

Le 6 mai 1949, le Parquet se déplace... les fouilles commencent. Après quelques tâtonnements, on exhume un squelette avec un drain et un chapelet. Tout est conforme au récit d'Edmond Courtois mais on n'identifiera formellement Pierrot-le-Fou que grâce au témoignage de sa sœur dont la destinée est assez surprenante. Viviane Loutrel a épousé un maharadjah et habite aux Indes. Au cours d'un voyage à Paris, elle se présente à la police en 1950, ayant été convoquée en 1947 suite aux affaires concernant son frère. Bien entendu, elle ne l'a plus revu depuis 1938. Elle a vaguement appris qu'il avait eu des démêlés avec la Justice, mais elle se désintéresse de son sort.

La police lui apprend tous les détails de l'épopée du gang des tractions avant... la fin de Pierrot... le squelette exhumé l'année précédente. Elle donne alors un détail... son frère s'était cassé un petit morceau de dent... une incisive... en tombant d'un arbre. Le crâne découvert dans l'île a la même incisive cassée. Plus de doute, il s'agit bien de Pierre Loutrel.

J'ai vu ce crâne à la bibliothèque de l'Institut médico-légal. Mme Rudler, la directrice, l'a sorti d'une armoire vitrée où il voisine avec d'autres boîtes crâniennes d'assassins ou d'assassinés. Ça m'a donné l'occasion de dire des choses que j'ai crues définitives sur le crime en prenant la tête de Pierrot-le-Fou dans les mains. Je n'aurais jamais pu imaginer ça, lorsque je lisais ses aventures dans *Détective* il y a quarante ans.

M. BILL

ou

A combien Pigalle
revient aux fils de famille

« *Ah! nota Toussaint, il faut bien dire que les femmes, si on les corrige pas de temps en temps, y a quelque chose qui manque à leur bonheur.* »

Ange Bastiani
Le Pain des jules

Georges Rapin, qui se faisait appeler M. Bill, est un cas de mythomane qui s'identifie tragiquement à celui qu'il rêvait d'être. J'ai choisi pour cela de l'isoler... d'en faire un criminel type alors que la mémoire collective l'a effacé.

En 1960, lors de son procès, il a fasciné... toutes les célébrités du moment étaient naturellement dans la salle des assises de la Seine... Françoise Sagan, Bernard Buffet, Auguste Le Breton, H. G. Clouzot qui préparait *La Vérité*, un des meilleurs films qu'on ait tourné sur une affaire judiciaire. On se posait des questions... les psy... les sociologues... les patentés de la connaissance de la mécanique humaine...

Oui, on a oublié ce triste M. Bill, il en va des gloires du crime comme des autres... Certaines restent, on les déterre périodiquement, elles sont devenues des personnages quasi mythiques. On ignore à peu près ce qu'a pu faire Bonnot, mais il fait partie du paysage historique. Pour le commun des mortels c'est un anar, un homme en révolte contre la Société. Pierrot-le-Fou est lié pour toujours à la traction avant, même s'il préférait les Delahaye... etc. Landru, c'est Barbe-Bleue... Petiot, avec sa chaudière de la rue Lesueur, reste le criminel le plus trouble des temps troublés.

Bill, lui, n'a pas tenu la distance. Pourquoi? Je

crois tout d'abord qu'il a eu les ailes coupées trop vite... Il commençait sans doute une longue série, il prenait goût à tuer et le dieu des policiers, aidé de ses saints indicateurs, lui a mis la patte dessus avant qu'il n'ait pu nous composer encore quelques symphonies sanglantes. Dans le genre, certes, depuis on a vu mieux... fils de famille dévoyés aux marges du Milieu. Les attaques à main armée de la bande à Bonnot ont été dépassées elles aussi... en qualité technique, en audace et avec des butins fabuleux. N'empêche que, dans le contexte de leur époque, elles constituent des actions criminelles de plus grande importance.

M. Bill était dans l'air du temps, au physique bien sûr, avec sa coiffure post-zazou... déjà un peu rocker... sa fine moustache de séducteur de dancing... ses costards croisés... ses lunettes aux verres fumés. En feuilletant les journaux de l'époque concernant les faits divers, je me suis aperçu que Georges Rapin était presque le sosie d'un autre assassin de cette décennie, un certain Vivier, guillotiné lui aussi pour avoir tué des amoureux dans le Parc de Saint-Cloud en complicité avec un nommé Sermeuse, en 1956. Vivier a la même coiffure... même look pour parler comme aujourd'hui. En 1954, un autre jeune du même style, Jacques Fesch, avait tué un flic au cours de l'agression d'un agent de change rue Vivienne.

Un fils de famille qui rêvait lui aussi d'on ne sait quelle vie aventureuse. Son exécution fit grand bruit, tant ce coupable-là avait de circonstances atténuantes.

Tout ça participe d'une espèce de mimétisme de la pègre. Depuis l'après-guerre, les films de truands, les romans de la *Série Noire* font florès. De tout temps, certes, le monde des hors-la-loi a exercé une fascination sur les honnêtes gens, mais depuis le cinéma, ça a pris une toute nouvelle dimension. On a créé un mythe. Peut-être sans intention bien précise, les auteurs de films ont magnifié le truand. Il est souvent interprété par des acteurs prestigieux. Il est fort, courageux. Jean-Pierre Melville portera au plus haut point cette légende qui finira par n'avoir avec la réalité qu'une ressemblance de plus en plus incertaine. Les héros de ses films sont des personnages froids, silencieux, implacables. Melville leur a donné une sorte de rituel, dont le modèle le plus achevé sera Alain Delon dans *Le Samouraï*. L'aspect vénal, sordide de la démarche du voyou est gommé... Les critiques à ce propos ont parlé de tragédie grecque... en oubliant que dans les tragédies classiques, les antagonistes s'entre-tuent pour des motifs nobles... pour l'honneur, pour la famille, la patrie, tandis que dans les histoires de gangsters, on se flingue pour le pognon. En ce sens, ils sont plus près des personnages de Balzac que des héros de Sophocle.

Redoutable imagerie pour les esprits faibles. M. Bill était un de ceux-là. Il précède *Le Samouraï* pour ce qui est du gestuel. J'ai voulu écrire pour le cinéma l'histoire de M. Bill... *Le Samouraï* décortiqué... l'envers du décor.

Pas question de fourguer ma petite idée à un producteur ou à un metteur en scène. Elle allait à l'encontre de l'attente du public qui ne veut que des héros. Blancs ou noirs, n'importe, des saints ou des diables... qui reflètent le moins possible la vérité. Notez bien que mes producteurs ou réalisateurs avaient raison, un film coûte cher et il faut toujours tenir compte du marché. Ajoutons qu'à ce moment-là aucune vedette n'aurait eu envie d'incarner un type comme. M. Bill. Il s'agit d'image de marque.

Dans l'enquête que j'ai menée sur les grands criminels, Bill Rapin a été le plus mal perçu. On a trouvé sans trop de mal des défenseurs, ou presque, de la bande à Bonnot, de Carbone, du gang des tractions avant. Landru se sauve un peu par le rire... il amuse par son côté Barbe-Bleue petit-bourgeois.

Petiot s'inscrit dans le contexte d'une époque si noire qu'il devient l'homme du *tout était possible*.

Bill a d'abord contre lui ses origines. On ne pardonne pas aux gosses de riches de tuer comme un môme élevé dans la zone. La vénalité étant, la plupart du temps, le mobile de ces crimes de truands, on ne le comprend pas puisqu'il n'avait pas besoin d'argent. Petiot, non plus, au moment où il entame sa série de crimes, n'a aucun problème de fric. Il a un cabinet médical qui marche bien. Il est propriétaire d'immeubles. Pour arrondir ses fins de mois, il fait même des avortements et des ordonnances complaisantes pour les drogués. Donc il va se mettre à liquider des gens pour *autre chose* en définitive que le simple désir d'augmenter sa fortune. Tout est dans cette autre chose.

En comparaison, Bill Rapin paraît un bien pauvre type... une victime, je lâche le mot... de sa perversité naturelle, bien sûr, mais surtout de son imbécillité qui s'est cristallisée dans une ambition de cinéma.

Trente ans ont passé depuis cette affaire. Pour éclairer mes propos, il est avant tout nécessaire que je vous raconte l'histoire de Georges Rapin, le fils de famille qui se prenait pour M. Bill, truand de Pigalle, et qui a laissé sa tête dans cette aventure de mythomanie devenue réalité.

On a beaucoup dit qu'il avait eu ce qu'il est convenu d'appeler une enfance dorée. Il faut tout de même apporter quelques précisions pour nuancer un peu les choses. Georges Rapin est un petit garçon physiquement très frêle. Ses parents le couvent particulièrement parce qu'ils ont eu avant lui un premier gosse qui est mort d'une méningite en bas âge. Ils ont peur de perdre le petit Georges qu'ils surnomment Pinpin. Le père est un ingénieur de haut rang sorti major de l'École des mines. Ses affaires ne lui laissent pas beaucoup de temps pour s'occuper de sa famille et Pinpin est élevé par sa mère et sa grand-mère. Une seule idée : *ne pas le contrarier...* la consigne donnée aux nurses par les deux femmes. Il en découle qu'il est extrêmement capricieux. Il fait un début de méningite lorsqu'il a dix ans... Tout comme ce frère qu'il n'a pas connu. Une horreur pour les parents qui s'acharnent avec les médecins pour le guérir. Et ils y parviennent non sans que ça lui laisse des séquelles. Il sera sujet à des maux de tête au point qu'il n'arrivera pas à suivre des études normales. On le dorlote, le gâte d'autant plus. On lui passe absolument tout. Il a eu la chance, Pinpin, de naître dans une famille aisée, mais d'un autre côté le sort s'acharne sur lui... cette méningite a retardé sa croissance, il tourne nabot... un mètre quarante-cinq à quatorze ans. Ses parents luttent pour remédier à cette tare. On consulte les plus grands spécialistes qui prescrivent un traitement aux hormones et de douloureuses séances d'élongation. Grâce à tous ces soins il finira, adulte, par atteindre un mètre soixante-deux. Il ne sera pas un homme très grand mais sur ce plan un être normal.

Arrêt. Réflexion. Pour la défense de Georges Rapin, on a déjà de quoi jouer du violon des circonstances atténuantes. Le début de méningite ouvre peut-être les portes de l'article 64 qui prévoit, comme on sait, que le crime commis en état de démence ne relève pas du Code pénal.

D'autant plus qu'à l'âge de quinze ans, un psychiatre l'examine et en conclut qu'il est incapable de contrôler ses impulsions. Il ne fout rien en classe. On le vire de tous les lycées... Janson... Buffon... le cours La Fontaine. Il est vrai que son père voyage beaucoup pour son métier et il est permis de parler ici de carence paternelle. C'est un peu passé de mode dans les prétoires et chez les psy, la fameuse carence paternelle. Peut-être est-elle tombée en désuétude avec le déclin de la famille en tant que cellule sociale et avec pour conséquence la chute du père sous les coups de boutoir du féminisme.

Simplement je peux me permettre d'apporter un petit témoignage bâti sur l'expérience. J'ai fait partie dans les années d'après-guerre de petites équipes de malfrats, mes lecteurs fidèles ne l'ignorent pas. On s'est occupé de coffres-forts à décortiquer, si possible de nuit et sans témoin gênant... de fausse monnaie... etc. Babioles qui nous ont menés, les uns et les autres, à répondre de nos erreurs devant les tribunaux. Découlant de tout cela, je me suis farci quelques années sabbatiques au placard de justice. Le temps de réfléchir et de changer mon flingue d'épaule. De voir aussi... réfléchir... constater. Parmi les membres de mon équipe, l'un d'eux, orphelin de mère, dont le père était un affreux ivrogne, avait été élevé par deux vieilles tantes sordides dans une quincaillerie... L'autre, son dab tenait une auberge avec *serveuses montantes*, avatar du bordel depuis que Mme Marthe Richard s'était occupée de la question... Un troisième larron était carrément issu de l'Assistance publique... et votre serviteur plumitif, enfant naturel, n'avait jamais connu de père autre qu'un brave paysan du Loiret chez qui il avait passé sa première enfance.

Déjà en 1960, à Liancourt, au sanatorium pénitentiaire où je finissais ma tranche de vie carcérale, je me faisais des petites statistiques dans ma tête. Autour de moi c'était le cheptel courant de ce genre de maison de repos, et pour peu que mes codétenus se laissent aller aux confidences, il était facile de constater que presque tous les voleurs, escrocs ou proxénètes avaient eu, non pas une enfance martyre, mais sans tutelle paternelle.

Je n'irais pas jusqu'à dire que l'autorité d'un père empêche un fils de devenir délinquant ou criminel, mais souvent il le retient autant que faire se peut.

Le contrepoids de cette autorité, c'est l'affection...

le domaine presque exclusif des femmes. Certains criminels, comme Émile Buisson, en ont manqué totalement. Pas le cas de Georges Rapin qui a deux femmes pour l'élever, plus des nurses. Dans son cas, la balance penche trop d'un côté. Il est aimé mais il n'est pas réellement éduqué.

Nous sommes dans les années 50 dont on célèbre l'éclat actuellement dans la presse. Éclat qui ne nous est pas apparu en les vivant au quotidien. En tout cas, en dehors de Françoise Sagan, Minou Drouet, Brigitte Bardot et M. Antoine Pinay, pour ce qui concerne cette affaire, c'est surtout la grande époque de la *Série Noire*. Entrée magistrale d'un Français avec *Touchez pas au grisbi* d'Albert Simonin dans la célèbre collection de Marcel Duhamel jusqu'alors réservée aux auteurs anglo-saxons. Vont suivre Auguste Le Breton, Ange Bastiani, José Giovanni.

Au cinoche, succédant aux médiocres prestations d'Eddie Constantine dans le rôle de Callaghan, héros de Peter Cheyney, arrivent les films adaptés du *Grisbi* par Jacques Becker et du *Rififi* par Jules Dassin, la meilleure facture dans le genre.

Bons ou médiocres, on y trouve de quoi alimenter les fantasmes des garçons d'aussi faible caractère que Georges Rapin.

A dix-sept ans, il a déjà tout raté en ce qui concerne les études. En désespoir de cause, ses parents le font embaucher à la librairie Gibert comme vendeur. Il ne tient là que quelques mois. Mauvais employé, il somnole dans les rayons et finalement il est renvoyé parce qu'on l'a surpris à jouer avec un pistolet.

Pas d'autres précisions sur l'anecdote. Elle donne pourtant déjà à penser. Rien ne marche. Il est apathique, incapable de fixer son attention sur un travail. Naturellement, pour tout arranger, il en nourrit un complexe d'infériorité.

Mais toujours maman et grand-mère qui lui passent toutes ses lubies... ses quatre volontés. Il reçoit déjà cent mille anciens francs par mois d'argent de poche. Beaucoup de pognon en monnaie d'avant le nouveau franc! Un ouvrier devait gagner à peu près quarante mille balles mensuels pour vivre avec sa famille... (A l'époque les femmes n'étaient pas encore entrées en force sur le marché du travail.)

Puisqu'il va bientôt se métamorphoser en M. Bill, on a tout lieu de supposer que Pinpin tète le lait de tigre de la *Série Noire*. Puisqu'il ne lui est pas possible de s'intégrer dans un univers bourgeois comme celui de son père et qu'il en résulte une frustration inexpugnable, Georges Rapin gamberge du côté des héros noirs... les braqueurs, les maques, les casseurs. Dans tous les films, le mythe du truand est monté en neige. Le mec qui méprise ceux qui bossent, qui vont au charbon. Il est inflexible avec les nanas. Macho est un mot faible. La femme est uniquement faite pour aller aux asperges, c'est-à-dire faire le trottoir pour le compte de son homme... que cézigue ne manque de rien... toute la panoplie du parfait julot 1953... le costard grande coupe, pardessus poil de chameau... les pompes en croco... les chemises sur mesure marquées aux initiales de Monsieur... la chevalière en jonc, et puis la charrette, la tire... si possible décapotable. Buick ou Packard... du moment que ça en jette aux yeux des minables! On est loin des voyous d'avant-guerre avec leur gapette, leur froc pattes d'éléphant, leurs tatouages, rouflaquettes et java vache. Le truand new-look se fringue, à quelques détails près, comme un bourgeois... il fume des américaines et il boit du scotch.

Toutes les règles du Milieu sont plus ou moins énoncées dans chaque long métrage, dans chaque roman. *L'homme* ne parle pas chez les flics, sinon il devient une *balance*, et il y a de fortes chances pour qu'il finisse criblé de balles de Colt ou de parabellum. *L'homme* ne prend pas la femme d'un ami.

L'homme règle toujours ses dettes de jeu... etc. Et aussi, je note ça pour la suite, si la femme, la gagneuse d'un maque vient à lui *manquer*, à commettre une faute contre les règles de la bonne marche de la prostitution, le jules se doit de la punir très sévèrement et parfois même de l'envoyer *ad patres* vérifier l'existence de Dieu. Les récits des auteurs de ces fictions ne sont pas sans rapport, loin de là, avec la réalité. On a pu le constater à propos du gangstérisme sous l'Occupation et au cours de l'épopée de Pierrot-le-Fou. Ces mœurs existent, elles ont un relent de primitivisme. Elles sont cruelles surtout parce que les truands, s'ils veulent subsister, n'ont d'autres ressources que d'avoir des règles impératives... beaucoup moins bien respectées que dans les romans. On n'arrive pas à tenir dans cet univers sans douloureuse compromission. Combien de caïds ont le nez propre? Question à mille francs, réservée aux fonctionnaires du ministère de l'Intérieur.

Pinpin Rapin ne loupe pas un film noir... Il n'a pas pu lire Racine et Molière mais la collection de Marcel Duhamel, il s'en gave l'esprit jusqu'à ne plus savoir très bien où il en est. Déjà il se dédouble, il devient peu à peu M. Bill... un personnage qu'il se fabrique à partir de ses lectures et de ses rêveries. « A nous deux Pigalle! » Ça y est, il y pénètre. Maman qui n'y voit que du feu, qui n'y comprendra jamais rien, lui a offert une Dauphine Gordini. Ce qu'on fait de mieux, à ce moment-là, pour se pavaner au volant devant les filles.

Pour apaiser sa famille qui s'inquiète de son oisiveté, il exprime tout de même un désir... Il veut un bar... oui, tout simplement devenir patron de bar. Il doit penser que ça va le mettre en position d'accéder à ce fameux Milieu qui est à ses yeux comme Lourdes pour un chrétien ou Moscou pour un communiste. Le bar, c'est un peu la chapelle des voyous. Là où ils se retrouvent pour préparer les coups ou taper le carton... lieu magique pour Georges Rapin.

Le père rechigne. Lui, n'est pas aussi aveuglé que sa femme par son rejeton... Il le juge à sa juste valeur... inapte à tout travail suivi. Il cédera cependant. Pinpin l'a menacé de rompre toutes les attaches familiales si on ne lui permet pas de se *réaliser* en tant que taulier de bar.

Il va donc concrétiser sa rêverie sous forme de *Bill's bar,* rue Pascal dans le Ve arrondissement. Il n'a pas trouvé d'établissement à vendre à Pigalle, bien forcé de se rabattre sur un quartier moins *Série Noire.* N'empêche, Georges Rapin rôde au volant de sa Gordini entre Pigalle et la place Blanche. Il traîne les rades de voyous. Il est à présent tout à fait au point dans la peau du rôle qu'il s'est choisi. Il entre en scène. Il coiffe soigneux sa tignasse un peu rousse, ajuste ses lunettes noires et se présente comme M. Bill, bien sûr, puisqu'il est propriétaire d'un bar du même nom. Certains qui l'ont connu, croisé à cette époque, disent qu'il prenait l'accent corse pour faire encore plus truand. Le prestige des Corses dans le Milieu est tel que certains demi ou même quart-de-sel, attardés, pauvres d'esprit, *jouent au Corse.*

Georges Rapin est nettement immature. Il joue au voleur. Le drame, c'est qu'on lui a donné les moyens de le jouer avec une certaine vraisemblance qui ne trompe pas les vrais malfrats. Eux et les flics savent *qui est qui* au premier coup d'œil, en tout cas à la première conversation. Ce Bill est un donbi... un bidon en verlan, le langage à l'envers qui se pratiquait en argot depuis des lustres... bien avant que Renaud en lance la mode avec ses chansons dans la jeunesse.

Bill n'est pas le premier donbi qui se frotte à l'univers de la voyoucratie. S'il a du fric, le donbi est apparemment accepté pour être mieux tondu ensuite. Bill ne fait pas exception à la règle, d'autant qu'il a les moyens de briller. Certes, son bar de la rue Pascal ne lui rapporte rien... il est incapable de le gérer sérieusement et il sera bientôt obligé de le revendre. Il n'en a cure... ce bar lui sert juste à rouler des mécaniques, à essayer de se faire passer pour un *homme* aux yeux des gens de la pègre. Pour avoir de l'argent, il tape sa famille. Lorsque maman se fait tirer l'oreille, il fait appel à sa grand-mère. La vieille dame, qui a une fortune personnelle, cède toujours à son Pinpin. Elle lui donnera environ cinq à six millions en deux ans pour satisfaire ses frasques. C'est considérable pour l'époque... une petite fortune avec laquelle Pinpin, métamorphosé en M. Bill, va flamber à Pigalle.

Pendant un court séjour dans l'armée où il avait précédé l'appel, il a appris à jouer au poker... le jeu des hommes! Dans le *Rififi* d'Auguste Le Breton, Tony-le-Stéphanois, le héros, joue au poker. Dans tous les films du genre, on nous offre la séquence où les truands, le Borsalino légèrement rejeté sur l'arrière de la tête... en bras de chemise et bretelles, flambent en silence, dans un éclairage enfumé. Le noir et blanc se prêtait admirablement à ce cinoche... on y ajoutait une musique qui vous laissait deviner une suite sanglante.

M. Bill enquille dans tous les tripots accessibles à Montmartre. Il est au comble de la félicité lorsqu'il tire lentement sur sa cigarette blonde avant d'abattre son jeu. Les autres vicelards, les vrais, sinon les purs, connaissent la partition... on fait gagner le cave un certain temps pour mieux l'essorer au final. Bill perd en *homme*... il règle ses dettes, avec l'argent de grand-mère, impassible, sans ciller.

En veine de confidences dans les rades, il se laisse aller à raconter aux filles des histoires où il se donne le beau rôle... les courses de moto qu'il a gagnées à Montlhéry... ses succès auprès des nanas, toutes plus belles les unes que les autres, et qui le supplient de prendre leur monnaie acquise à la transpiration du sexe. Il laisse entendre qu'il s'est *mouillé* sur des coups fumants où il s'est foutu ouvertement de la gueule des flics.

Ceux-ci d'ailleurs ont très vite retapissé M. Bill. Pas de mal à savoir quel Pinpin se cache derrière ce zigoto. Ils ne se font aucun souci les flics. En cela, ils ont tort... Ils sont payés pour tout prévoir, même l'irrationnel.

Parce que, là, on y est. Pinpin et M. Bill, voilà encore *un nouveau cas étrange du Dr. Jekyll et Mr. Hyde*! Comme pour Landru, Weidmann, Petiot, un dédoublement, une duplicité difficile à cerner pour un esprit cartésien. Georges Rapin, de plus en plus, va mener deux vies parallèles. Celle de la nuit et celle du jour.

En tout cas, rien d'irréparable jusque-là... Beaucoup de gâchis, une vie qui s'enfonce dans un magma de mythomanie et de puérilité. Après tout, si Georges Rapin s'était contenté de dilapider la fortune de ses parents, c'eût été le moindre mal. Seulement, qu'est-ce qu'il a exactement dans la cervelle ce Pinpin? Il n'est pas idiot... par moments, il doit bien avoir conscience des choses réelles... de son incapacité à vivre normalement. En 1957, il a eu des velléités de devenir comédien. Après tout, certains sont devenus sur l'écran de sacrés M. Bill, payés royalement et pouvant se permettre de donner des leçons à leurs contemporains, en ce qui concerne la morale, la politique, l'art... que sais-je encore? De nos jours, n'importe quel minus accède assez facilement à la gloire par la chansonnette ou le cinéma. Il faut croire que Georges Rapin n'était vraiment pas doué... Il suit des cours chez Mme Bauer Thérond. Il n'est pas spécialement brillant. Ceux qui l'ont connu trouvent (ses camarades de cours) qu'il manquait de présence. Il n'a pas l'étoffe d'un futur Jean Gabin. Il se lasse encore très vite et abandonne l'apprentissage du métier d'acteur.

Savoir ce qu'il peut ressentir? Il est frustré, il piaffe intérieurement. Peut-être veut-il se prouver qu'il est capable de devenir un homme du Milieu, un véritable dur. L'enchaînement qui va le mener au crime devient inéluctable.

En 57, M. Rapin père se laisse encore embobiner pour acheter à son fils un deuxième bar, *Le Porto*, boulevard Saint-Marcel. On est de plus en plus confondu par la faiblesse de cet homme. Beau être sorti de l'École des mines, en ce qui concerne l'éducation de son fils, il aurait tout à apprendre chez le premier épicier venu.

Maintenant, Pinpin-Bill se promène dans sa voiture avec un 22 long rifle, une matraque en caoutchouc et un flingue passé dans la ceinture de son pantalon. Un 7,65... il se paie le plaisir d'en laisser entrevoir la crosse lorsqu'il ouvre sa veste. De l'arme au crime, la distance devient plus facile à parcourir. Georges Rapin est-il vraiment un pervers-né? On le dira, bien sûr, mais lorsqu'il ne sera plus possible de remédier aux conséquences de cette tare...

En jouant au dur, il cherche évidemment à s'affirmer, puisqu'il ne peut rivaliser avec l'image de son père, il va chercher à s'accomplir contre lui... hors des normes de la bonne société. Il sera un *homme*, et les vrais hommes n'existent pour lui que dans le Milieu. Un peu court comme raisonnement et surtout bien hasardeux, bien naïf lorsqu'on connaît un peu le dessous des cartes. N'empêche, il y va bonne mesure sans se rendre compte qu'à Pigalle on se fout de lui derrière son dos. Même la plus minable des putes ne s'y trompe pas. M. Bill n'est qu'un cave.

Il le prouve d'une certaine façon. Rien n'est très simple dans cette foutue histoire. Dans sa phase docteur Jekyll, c'est-à-dire Pinpin, Georges Rapin a rencontré l'amour. Ni plus ni moins. Un amour à l'eau de rose, un amour de quatre sous... une idylle pour lectrice de *Confidences*. Elle se prénomme Nadine, elle a seize ans à peine, elle est lisse et blonde et candide. Elle est apprentie coiffeuse et elle croit rencontrer le prince charmant. Manque de pot vraiment, puisque c'est M. Bill le prince charmant. Mais ça, elle ne peut pas s'en douter, la pauvrette! Elle ne connaît que Georges Rapin avec sa voiture décapotable, ses moustaches de conquérant, sa coiffure bien nette et ses costumes coupés sur mesure. Pour elle, il se prétend professeur au lycée Buffon... pour se changer un peu de M. Bill.

Dans ce nouveau rôle, il est poli, courtois, il ne prend pas Nadine pour une petite pute puisqu'il demande à être présenté à ses parents. C'est M. et Mme Pipelet, les parents... concierges comme dans Eugène Sue... rue de Gergovie dans le XIVe. Pensez si M. Georges Rapin leur en fout plein les châsses! Un jeune homme bien sous tous rapports et qui ferait le bonheur de la petite Nadine!

S'il ment en se prétendant professeur, il est sincère, il le prouvera, lorsqu'il se dit amoureux fou de Nadine. Dans cet emploi, il est convaincant. Les braves concepiges l'admettent comme fiancé officieux de leur fille et ils vont fermer les yeux lorsqu'il ira la rejoindre dans sa chambrette, au rez-de-chaussée près de la loge. Je précise qu'en 1957 une vraie jeune fille comme Nadine ne recevait pas ordinairement un garçon chez elle. Pour les rassurer, Georges a offert une bague et une chaîne en or à Nadine. Il affirmera toujours avoir eu dès le début l'intention de l'épouser. On peut le croire, même s'il pressent que ce mariage avec une fille de concierges lui causera quelques difficultés auprès de ses parents grands bourgeois. N'auraient-ils eu que ce problème de mésalliance, ils auraient pu remercier le ciel. Pour les beaux yeux de Nadine, M. Bill redevient, sinon Pinpin, du moins Georges Rapin. Il vient attendre sa fiancée à la sortie de son salon de coiffure pour la raccompagner en Gordini jusque chez elle. On imagine le bonheur de Nadine!

Elle a trouvé l'homme de sa vie... celui dont on parle dans les chansons, les romans-photos! Georges l'emmène en week-end à Deauville, Étretat... ils se font des serments au clair de lune lorsque le ciel normand le permet.

On pourrait penser que cette fraîcheur, cette passion amoureuse pourrait chasser M. Bill de l'univers mental de M. Rapin. Il n'en est rien. Il va mener ses deux vies de front... parfois étroitement mêlées.

Il a donc cédé le *Bill's bar* à un certain Granier avec lequel il est plus ou moins ami. La clientèle de son deuxième établissement *Le Porto* ne lui plaît pas. Il s'attendait à voir arriver des truands, comme dans un rade du *Rififi*, et il ne reçoit aux heures de l'apéritif que des *pue-la-sueur...* des ouvriers, des artisans... et même des Arabes, des sauvages qui ne boivent que de la limonade. Un beau matin, il n'ouvrira pas *Le Porto*. Tout simplement il laisse tomber... il en a marre et il ne cherche même pas à revendre son fonds de commerce. Les clés restent chez la concierge et il ne donne plus signe de vie.

Il essaie toujours de s'intégrer au monde de Pigalle. On le rencontre souvent au *Sans Souci*, un petit rade de la rue de Douai. Il y roule des mécaniques auprès des filles qui tapinent dans le secteur. Il se persuade que le Milieu, peu à peu, l'adopte. Certains petits malfrats lui tapent dans le dos et l'appellent familièrement Bill. Il fait comprendre à tout un chacun qu'il est enfouraillé. Ça se devine à la bosse sous son veston croisé. Vaut mieux pas le chercher... on le trouverait immédiatement.

Il n'y a pas de règle, d'examen pour entrer dans ce fameux Mitan, aux frontières d'ailleurs incertaines, mais pour y être admis, il faut avoir quelques états de service dans le braquage ou le proxénétisme. Tous ceux qui vivent là, qui gravitent autour des boîtes, ont tout de même un point commun, ils sont issus des classes sociales les plus défavorisées. Pour échapper à l'usine, aux ateliers, aux petits boulots dans le commerce, ou même à un avenir de gratte-papier, ils préfèrent prendre quelques risques dans un raccourci avec la vie. C'est cette mécanique qui fabrique les truands... maques, casseurs, fourgues, faussaires, trafiquants de toutes sortes. Pas d'autres moyens pour s'enrichir. Ils n'ont pas la patience d'attendre pour grimper péniblement les échelons de la réussite sociale. La plupart se cassent les dents à ces petits jeux... l'aventure se finit en de plus ou moins longs séjours derrière les hauts murs des prisons... parfois encore plus mal dans le sang d'un règlement de comptes.

L'existence de voyou n'est pas si facile. Il y faut du vice, de la ruse, de la chance aussi. Ceci est une autre histoire, mais comment voulez-vous que Bill puisse s'insérer dans ce monde? Il est riche, lui... il n'a pas besoin de voler, de receler, de trafiquer... de devenir un gibier de justice. Alors c'est quoi? un dévoyé, un dingue. Ce sentiment d'incompréhension des gens du Milieu trouvera son expression exacte dans un article d'Auguste Le Breton publié dans *Arts* au moment du procès : « *Je te plains pour ce que tu as cru être et que tu n'es pas, ce que tu as cru devenir et n'es jamais devenu : un truand.* »

Au *Sans Souci*, M. Bill finit par croire que c'est arrivé. Il parle avec des ellipses dans le propos au sujet de ses *affaires...* Exactement comme il l'a vu dans les films. Il étudie soigneusement ses attitudes... son texte. Puisqu'il n'a pas réussi à s'accrocher chez Mme Bauer Thérond, il joue presque toutes les nuits à Pigalle sur la seule scène de théâtre qu'il croit à sa mesure.

Il est tellement imprégné de son personnage, il y croit tellement qu'il va tuer une première fois avec une facilité déconcertante. Que fait-il au volant de sa Gordini, la nuit du Vendredi saint 1958 sur la Nationale 7? On ne sait. En tout cas, il est dans la peau de M. Bill. Il a l'œil mauvais sous le verre de ses lunettes noires. Il fume en tenant sa cigarette sous la main comme font les taulards de Maison centrale pour ne pas être vus du maton. Voilà. Il a besoin d'essence, il s'arrête à une station-service pour faire le plein. Le pompiste s'approche. Il s'appelle Roger Adam, un père de famille qui a quatre enfants... ancien combattant, ancien déporté. Dans toutes ces histoires, la victime est neuf fois sur dix ancien combattant et père de plusieurs gosses. Un brave type cet Adam, un Parisien que M. Bill n'impressionne guère avec ses airs de caïd à la mords-moi. Une altercation éclate. Le motif le plus futile. Tout sera raconté par Georges Rapin au cours de l'enquête. Il n'y a aucun témoin de la scène. Le pompiste n'exécute pas son travail assez vite au gré de M. Bill qui lui en fait la remarque sur le ton que l'on devine... imitation *Série Noire*. Roger Adam prend ça quasi à la blague... il rétorque avec sa gouaille banlieusarde et il renverse un peu d'essence sur la carrosserie, en retirant le serpent de caoutchouc. M. Bill à ce moment-là est hors de sa voiture... il insulte Roger Adam qui le traite de petit con ou de merdeux, n'importe... Quelque chose d'assez bien venu, si le merdeux ou le petit con ne se croyait pas dans un très mauvais film de gangsters. Il ne peut, lui, un *homme*, un vrai, supporter une insulte pareille. Ce cave lui a *manqué*! Aussi sec, il extirpe de sa veste un P 38 et il fait feu plusieurs fois. Le pompiste n'a pas le temps de comprendre, il s'affaisse. M. Bill le regarde froidement mourir en perdant son sang, puis il remonte dans sa belle auto et démarre comme si de rien n'était.

Crime absurde... gratuit. Bill n'a pas pris le soin de voler la caisse de la station-service. Non, il a donné la mort pour affirmer son personnage. Uniquement vis-à-vis de lui-même puisque ce meurtre il ne le racontera à qui que ce soit avant d'être arrêté. Mieux, s'il ne l'avouait pas, sans qu'on lui ait rien demandé, on n'aurait jamais découvert le coupable. Il n'y avait aucun lien entre la victime et l'assassin qui n'avait laissé aucune trace.

Raconté comme ça, c'est d'une imbécillité effarante. Il est vrai qu'en 1958 nous sommes déjà dans l'ère de l'automobile reine... idole numéro un du Français moyen. On verra des tas de rixes sanglantes, parfois mortelles, pour une place de parking, pour une aile froissée. Le bipède motorisé est une espèce assez redoutable. Son instinct meurtrier se réveille au changement de vitesse... il se grise... il décolle des lois communautaires si contraignantes dans la vie pédibus.

Cet élément s'ajoute à la folie meurtrière de Bill. Là, il s'est enfin senti un *homme*. Il a fait un acte qui l'a affranchi du monde des caves. Le pompiste tué, il n'accélère pas pour autant l'allure. Il remonte vers Pigalle. Il offre une tournée générale au *Sans Souci*. Sans doute arrose-t-il en son for intérieur son baptême de dur. Au petit jour ce samedi saint, il va pourtant rejoindre Nadine... elle lui a confié un double de la clé de sa chambre. Et rue de Gergovie, M. Bill, le tueur de pompiste, s'efface. Il redevient le gentil fiancé de la petite coiffeuse qui l'attend comme Iseut son Tristan. Ils vont aller visiter ce week-end les châteaux de la Loire. Petit intermède culturel dans la *Série Noire*.

Le P 38 qui avait servi à descendre Roger Adam appartenait à Granier, le successeur de Rapin derrière le comptoir du *Bill's bar*. A lui, il va simplement dire, en lui restituant son flingue : « J'ai descendu un mec qui m'a manqué. » Granier ne pipe pas... sa religion est faite depuis longtemps. Georges Rapin est un mythomane qui lui en a déjà boni bien d'autres. Il fait toujours semblant de le croire mais ne le prend pas le moins du monde au sérieux.

On en arrive maintenant à la période la plus sinistre de l'affaire Rapin. Tant va le fils de famille à Pigalle qu'il finit par se trouver dans une embrouille... et M. Bill, l'embrouille, il va la régler d'une façon tout à fait imprévisible.

On appelle embrouille en argot une situation qui se complique à loisir, entretenue volontairement par ceux qui désirent en tirer profit. Il se trouve que je connais une version des faits un peu différente de celle qui sera rapportée devant la cour d'assises de la Seine. Il me faut, comme avec un décalque, superposer ma version à l'officielle.

Tout d'abord, M. Bill rencontre Dominique... Muguette Thiriel pour l'état civil. Une belle môme, une brune bien roulée, piquante, qui fréquente un peu le *Sans Souci.* Elle ne fait pas le tapin à proprement parler, mais elle se *défend.* Elle tire donc le plus clair de ses revenus d'une prostitution un peu moins hâtive que celle du trottoir. En gros, elle est entraîneuse, elle marche au bouchon... plus clairement, au pourcentage sur les bouteilles de champagne bues par des clients qu'elle embarque à la fermeture de la boîte de nuit pour achever de les soulager des biffetons qui leur restent.

Forcément elle a un jules... un nommé Stello, sinon elle ne pourrait pas faire son business à Pigalle. Au moment où Dominique rencontre Bill, il est en cabane, ce Stello, pour une histoire de films pornos... Dans les années 50, on était encore loin des sex-shops et du cinéma hard sur les boulevards... dans le domaine du dessous de la ceinture, tout était à peu près interdit et sanctionné par les articles 283, 285, 287, 290, 50 et 60 du Code pénal. J'en sais quelque chose. J'ai été condamné à deux mois de prison ferme pour la rédaction d'un livre qui pourrait aujourd'hui figurer dans la bibliothèque de Mgr Lustiger.

Stello n'est pas exactement un souteneur. Il bricole avec les films, les photos licencieuses. Dominique, sa maîtresse, l'assiste lorsqu'il est au placard. Ainsi des mœurs du Milieu d'autrefois, certains voyous qui ne sont pas des proxénètes habituels, casseurs ou braqueurs, le deviennent par nécessité absolue lorsqu'ils sont derrière les barreaux. Madame s'explique périodiquement sur un bout de bitume. On dit aussi en termes plus imagés qu'elle va aux asperges. Les honoraires d'avocats sont élevés... sans compter toutes sortes de frais de justice et, en outre, il faut adoucir le séjour de Monsieur soumis aux rigueurs du régime jockey pénitentiaire.

Dominique, bien entendu, lorsqu'elle rencontre Bill, qu'elle sympathise avec lui, ne lui raconte pas qu'elle a son hareng au placard. Peut-être lui dit-elle qu'elle est née dans une famille pauvre... que pour gagner sa vie, très jeune, elle était serveuse de restaurant à Reims avant d'arriver à Pigalle où elle est devenue entraîneuse.

On se doute que M. Bill ne pouvait pas lui donner le change trop longtemps. Les vrais voyous, elle savait les retapisser... Les autres, les truffes, les naves, les michetonneurs, elle les pratiquait tous les soirs. La vie de ce côté-là n'avait rien à lui apprendre et pourtant M. Bill allait la surprendre sans qu'elle ait le temps d'en revenir.

Récit de leur rencontre. On ne sait que ce que Rapin a bien voulu dire aux flics et au magistrat instructeur. D'après lui, ce fut le coup de foudre, Dominique était restée sous son charme. Enfin, ce qu'il s'était figuré. Après un premier verre au *Sans*

Souci, il invite Dominique à dîner à *La Boulangerie*, un restaurant ouvert toute la nuit rue Chaptal. Dominique accepte, après tout ce type est peut-être un client possible. Savoir ce qu'elle en pense? Qu'il roule les mécaniques, ça ne l'impressionne pas. Dominique est une fille qui ne s'en laisse pas conter facilement. Néanmoins, après le dîner, elle l'emmène dans son lit et elle ne le fait pas payer. Pour M. Bill, le couronnement de tous ses efforts pour devenir un *homme*.

Il décide alors que Dominique sera sa *femme*... dans l'argot du proxénétisme, ça signifie qu'elle va tapiner pour lui... qu'enfin il a gagné ses premiers galons de voyou. Il va être dorénavant un vrai jules. Il est un peu comme un séminariste qui accède au diaconat... qui va porter pour la première fois sa soutane. Je parle bien sûr de cette époque... en 1958... depuis la soutane n'est plus qu'une pauvre guenille qui traîne aux orties.

C'est la version M. Bill, et par conséquent celle qui sera débattue dans le prétoire. Il est dit, d'après d'autres renseignements, que Dominique Thiriel est une cabocharde, surnommée La Panique... qu'elle est fantasque, capricieuse, qu'elle n'a peur de rien. Ce qui donne une explication cohérente à ce qui va suivre. Tout ça se déroule dans un laps de temps assez court. Bill, après avoir pieuté avec Dominique, s'accroche dans son sillage. Il faut qu'à Pigalle on sache qu'il est son maque.

Il est comblé au-delà de toutes ses espérances! Tandis que Dominique va éponger le micheton, lui, va frimer avec les truands autour des tables de poker. Dominique accepte cette situation, ce qui ne manque pas d'être étonnant lorsqu'on sait que son véritable jules est à la Santé.

Et puis brusquement au bout d'une quinzaine de jours, elle en a marre. Beau dire qu'elle est lunatique, il s'agit d'un comportement à peu près incompréhensible de la part d'une fille aussi inféodée au Milieu.

Elle signifie à Bill son congé... sans préavis et sans indemnité de licenciement. Celui-ci le prend mal, on imagine, il se croit à présent un souteneur à part entière... on ne peut pas lui faire un affront pareil! De quoi aurait-il l'air dans le petit monde de Pigalle où l'on est aussi soucieux du qu'en-dira-t-on que dans un salon de Marcel Proust, ne l'oublions pas.

Réaction. Il ne songe pas à la corriger comme ferait peut-être un véritable julot. Il sait que Dominique trimbale dans son sac à main un couteau... un cran d'arrêt dont elle menace à l'occasion ceux qui lui manquent de respect. Enfin, c'est ce qu'on dit... ce que dira Bill lui-même pour essayer de justifier son crime. Puisque Dominique veut se *libérer*, selon la règle, elle doit payer une amende à son homme. Au cas où elle part avec un autre jules, ce dernier doit régler l'amende au maque précédent. Ainsi des mœurs maquignonesques du Milieu... le mot maque vient d'ailleurs de maquignon... au Moyen Age, les souteneurs étaient assimilés à des marchands de bestiaux.

Il est à noter, au passage, que certains manquements qui ne se réglaient à l'époque des fortifs que dans le sang, par un duel à mort entre voyous au couteau à cran d'arrêt, se solutionnent de nos jours avec de l'argent. On est passé de la chevalerie à l'ère bourgeoise... de la chanson de geste au roman balzacien.

Voilà ce que Bill, un certain soir, vient dire à Dominique et qu'il a fixé cette amende à cinq cent mille francs[1]. Version officielle, bien sûr. Je vais vous donner l'autre sous toutes réserves. Elle m'est parvenue par le réseau radio-prison qui en vaut bien un

1. Il s'agit d'anciens francs, le franc Pinay n'apparaîtra qu'en 1959.

autre, en tout cas en ce qui concerne le domaine qui nous occupe. Pendant que Stello se morfond à la Santé, il a un ami, un prénommé Jean... son patronyme importe peu... qui s'occupe de ses intérêts. Un associé... un type en qui il a entièrement confiance. Ce Jean qui nage dans les mêmes eaux marécageuses que Stello a repéré M. Bill. Les bidonneurs de son espèce sont des proies rêvées pour tomber dans les pièges des arnaqueurs de la pègre. On les coince dans un engrenage dont ils ne se sortent qu'en crachant espèces sonnantes et trébuchantes. En faisant croire à un industriel qu'il allait exécuter un gendre gênant pour la somme de cinq millions, en 1959, Jo Attia réussit à extorquer la moitié de la somme à ce cave qui eut le culot ensuite de porter plainte pour escroquerie.

Jean X et Stello Z (lui, de sa cellule) vont imaginer un petit scénario soigné, assez malin sur le plan psychologique, pour que M. Bill envoie un peu de monnaie à des jeunes gens comme eux toujours dans le besoin. Ils se renseignent. Pas difficile de savoir que ce Bill s'appelle Georges Rapin, qu'il habite dans un bel appartement boulevard Saint-Germain et que son papa est riche. Puisqu'il veut jouer au truand, on va lui faire payer la dîme. Tout simple, on lui flanque Dominique dans les bras, on le laisse se berlurer, s'imaginer qu'il est devenu un vrai petit hareng et un beau jour on se pointe pour lui demander des comptes. Dans cette version, Dominique est forcément complice. Elle est de mèche depuis le premier soir au *Sans Souci*. La scène où elle annonce à Bill qu'elle le plaque n'existe pas. C'est Bill lui-même qui l'inventera et, là, ça devient fantastique, *il agira de la sorte pour ne pas donner Jean et Stello à la police*. Sa logique l'amène à ce comportement incroyable. On va donc rentrer dans une autre séquence... je parle un peu en scénariste... j'écris ce dialogue sans difficulté. La scène se passe dans une boîte, dans la rue ou dans la Gordini, au choix du metteur en scène... Jean vient trouver M. Bill.

– Dominique est la femme d'un ami à moi, tu le sais?

M. Bill ne sait pas, c'est une vraie pomme blette... il n'est qu'attitudes vaniteuses mêlées de frustration. Il joue simplement l'impassibilité, la plus grande froideur. Ça fait partie de son personnage. Il interprète son rôle dans le laconique... la sobriété à la Melville :

– Et alors?

L'autre lui rétorque que, s'il ne veut pas avoir de gros ennuis, il devra payer l'amende.

– T'es un homme, tu comprends ça!

M. Bill n'a pas d'autre choix que de se mettre en guerre avec toute la racaille poissonneuse de Pigalle ou d'envoyer la soudure. Il tire lentement sur la Lucky.

– Combien?

On tourne *Le Pain des jules*... Séquence en noir et blanc...

– Cinq briques. Dominique les vaut. C'est une gagneuse.

– Donne-moi une semaine... ça te va?

Bill avale sa salive et affronte le regard ironique de son interlocuteur.

– Entendu. Tchao!

Un petit signe du bout des doigts sur le rebord du Borsalino et Jean s'éloigne... se perd dans la nuit de Pigalle constellée d'enseignes au néon.

Pour lui, l'affaire est *in the pocket*... le barbillon à la mie de pain est ferré, plus qu'à tendre l'épuisette. Une semaine... le temps d'aller extorquer les cinq bâtons à son cher papa.

A peu de chose près, je vous reconstitue les choses... j'entre sans trop de mal dans les pensées des protagonistes. Seulement, Jean et Stello et peut-être Dominique n'ont pas prévu la dinguerie profonde de

Rapin Bill... C'est bien sûr un cave, mais il va se rebiffer d'une singulière façon.

D'après ce qu'on jugera aux assises, Dominique feint de céder... elle accepte de verser l'amende à Bill... pour ce faire, elle est obligée de travailler davantage. Ce qui lui demande quelques jours de délai et puis elle annonce à Bill qu'elle veut aller voir sa famille dans les Ardennes. Pas question, Bill prend ça pour une dérobade, un moyen de lui faire la valise. Si Dominique fout le camp, il perd sa cote, sa réputation dans le Milieu. Et ça serait à ce moment-là qu'il décide de la liquider.

Ce qu'il dira dans un premier temps, lors des interrogatoires, et l'accusation se contentera de cette explication. Il est vrai qu'ayant affaire à un mythomane, ce genre d'explication en vaut une autre. Avec M. Bill, la frontière entre le vrai et le faux, la réalité et la fiction est bien duraille à tracer.

D'autant que durant cette période qui précède l'assassinat de Dominique Thiriel, Georges Rapin file toujours le parfait amour avec la petite Nadine, rue de Gergovie, où il la rejoint presque tous les jours après ses escapades nocturnes. La collection *Harlequin* après la *Série Noire*, une alternance entre Delly et Hadley Chase. Que raconte-t-il à la malheureuse Nadine pour expliquer ses arrivées au petit jour? Des horaires pareils ne sont pas ceux du professeur au lycée Buffon qu'il prétend être. N'importe... la succession de mensonges est telle avec ce lascar qu'on a bien du mal à s'y retrouver. Et pourtant... tout ce qu'il y a de plus sérieux ses fiançailles avec Nadine. Il a parlé d'elle à sa maman... il veut se marier... il va la lui présenter. Seulement la gamine se fait prier pour aller boulevard Saint-Germain. Ces grands bourgeois l'intimident, elle a peur d'être toisée, jugée indigne d'épouser un si beau parti que Georges. Ça serait cocasse si en même temps le beau parti ne préméditait pas un crime affreux. La preuve, il a été en parler à Granier, le patron du *Bill's bar*, pour ainsi dire son confident.

Témoignage de Granier :

– Bill m'a dit : « Il faut que je liquide une fille qui n'a pas été régulière avec moi. J'ai pensé qu'on pourrait l'enterrer dans la cave. »

Granier, pourtant habitué aux affabulations de Georges Rapin, en reste confondu. Bien sûr, il n'en croit rien et il se défile, sans vouloir trop le contrarier. Il argumente que l'opération est trop compliquée... les coups de pioche dans la cave pourraient alerter le voisinage... l'odeur du cadavre que les clients du bar pourraient sentir.

– Tu ferais mieux d'aller à la campagne pour creuser ton trou, tu serais plus tranquille.

M. Bill réfléchit. Granier croit toujours qu'il est en plein dans son délire de mythomane. Il a tort. M. Bill cherche vraiment un moyen pour se débarrasser du corps de Dominique lorsqu'il l'aura assassinée.

Il ne reculera plus. La scène du *Bill's bar* se passe le 25 mai 1959. Dominique n'a plus que cinq jours à vivre.

Pour une simple dérobade de la fille, je me demande si Georges Rapin aurait été jusqu'à la supprimer. C'est pourtant ce que le juge d'instruction retiendra. Version officielle dénotant chez Bill une effroyable bêtise. En réalité, il a compris les tenants et les aboutissants du traquenard que les hommes du Milieu lui ont tendu... Il sait que Dominique le trahit de la façon la plus odieuse à ses yeux, en le tenant pour un pigeon, un jeune bourgeois que les voyous vont repasser de première et surtout ridiculiser. C'est ça qu'il ne peut pas pardonner. Comment a-t-il découvert la vérité? Probablement par déduction, il est mythomane mais les experts psychiatres le trouvent responsable de ses actes et d'une intelligence un peu au-dessus de la moyenne. Il a donc pu comprendre tout seul, en tout cas pressentir les choses et peut-être se les faire confirmer par Dominique elle-même pendant sa promenade de la mort le 30 mai.

La plupart de ces grands procès d'assises laissent dans l'ombre beaucoup de points importants. Il y a ce que la Police sait sans pouvoir le prouver... il y a aussi les éléments que l'accusé et les témoins cachent. Souvent, une semi-vérité arrange les affaires de la défense autant que celles de l'accusation.

Ce que j'avance comme motivation de Georges Rapin dans l'assassinat de Dominique Thiriel n'est étayé que par ce qui s'est propagé dans le Milieu et dans les prisons. J'y ajoute foi parce que cela me semble mieux expliquer le comportement de M. Bill...

Selon le dossier, celui-ci propose à sa future victime de venir lui donner un coup de main pour récupérer deux ou trois briques que lui doivent des trafiquants de drogue. Tellement énorme qu'on comprend mal pourquoi Dominique qui veut quitter Bill accepte de l'accompagner. En revanche, si elle est entrée dans le jeu de son maque et de Jean, elle se doit de simuler et lorsque Bill lui propose un week-end à Fontainebleau (on est un samedi), elle ne peut pas ne pas accepter.

Sur les circonstances exactes du meurtre, nous devons nous contenter des déclarations du meurtrier. Il donnera de lui-même force détails à la police. En tout cas au début de l'enquête.

En argot, ce genre de promenade avec terminus à la morgue s'appelle : *emmener en belle*. L'expression convient ce 30 mai 1959. Il fait beau... M. Bill roule vite sur la Nationale 7 au volant de sa Gordini. Que dit, que pense la jolie Dominique à côté de lui? Donne-t-elle le change le mieux qu'elle peut, elle a l'habitude professionnellement! M. Bill, lui, il a sa sale petite idée derrière la tête. Il a tout prémédité... dans le coffre, il a prévu deux bidons d'essence et le chargeur de son 7,65 est plein... avec en plus une balle dans le canon. « Cette salope va payer », voilà à peu près ce qu'il pense.

Forêt de Fontainebleau. Bill arrête sa tire, route de la Ronde, sur un terre-plein près du carrefour du Touring-Club. Quel prétexte donne-t-il à Dominique pour cet arrêt en pleine nuit dans cet endroit désert? Balade d'amoureux? Peu probable. Ce rendez-vous fictif avec les trafiquants? Une telle histoire ferait-elle sortir Dominique de la voiture pour s'engager dans le sous-bois en marchant devant Bill?

Il a parlé dans une de ses nombreuses versions des faits d'une dispute... de Dominique sortant de son sac son cran d'arrêt pour le menacer. La suite ne confirme en rien cette explication. On trouvera son corps trop loin du lieu où s'est arrêtée la Gordini pour que le meurtre soit le résultat d'une altercation qui aurait mal tourné. Tout laisse penser que Dominique marchait dans le sous-bois lorsqu'elle fut atteinte par la première balle. Ensuite elle a couru, la pauvre, elle a peut-être supplié... elle s'est tordu le pied sur son talon aiguille comme c'était la mode, surtout pour les filles qui aguichent le client sur le trottoir.

Georges Rapin s'est complaisamment prêté quelques semaines après son arrestation à la reconstitution du crime. Et là, il a donné la véritable relation du crime. Celle qui correspond avec le rapport de la balistique. Dominique était devant lui... il a sorti son 7,65 et la première balle l'a atteinte dans le dos entre les omoplates. Ensuite elle s'est mise à courir en zigzaguant tandis que M. Bill continuait à la tirer comme un lapin.

On ne saura jamais exactement si Dominique était encore en vie lorsque Georges Rapin est venu l'arroser avec ses jerricanes d'essence. Tout d'abord, il s'en est vanté. Il a même parlé d'un coup de poing au visage qu'il lui aurait donné pour la faire tenir tranquille lorsque dans un dernier sursaut elle tente de se relever, l'essence froide lui ayant permis de se ressaisir. Elle a la force de hurler mais personne n'est là pour la secourir. A ce moment-là, Bill n'avait pas encore vidé tout son chargeur, elle n'était que blessée. Voilà... la vengeance de l'*homme* est terrible. Après l'avoir aspergée d'essence, M. Bill tortille un journal, sort son briquet, allume la torche et la jette sur le corps de sa victime. Flambée immédiate. Bill garde son calme en regardant le corps de Dominique qui commence à brûler... en entendant le crépitement des flammes...

Certains journalistes en rajoutent-ils lorsqu'ils ajoutent quelques détails sordides... que Bill a relevé la jupe de Dominique pour lui arroser d'abord le pubis et le ventre d'essence... qu'il est resté longtemps à regarder son corps se consumer? A vrai dire, il est capable de tout, Bill, à ce moment-là. Il est arrivé où il le voulait... il se sent un vrai tueur, un de ceux dont il a lu les exploits dans les romans de Hadley Chase. Il nous faut tout de même convenir que l'instinct meurtrier est bien vif en lui... il n'en est pas arrivé là par simple mythomanie. Celle-ci lui a donné l'occasion d'exprimer, de réaliser quelque chose d'enfoui au plus profond de lui-même.

Son forfait est hallucinant, abominable. Il va déchaîner la colère de l'opinion. Avec juste raison, certes, mais il y a lieu de préciser que ce genre de crime n'est pas si rare. M. Bill n'a pas innové en la matière, les auteurs de polars ont trouvé leurs modèles dans une terrible réalité. Il ne se passe pas une année sans qu'on retrouve des corps de jeunes femmes calcinés, dont on ne saura jamais si elles ont ou non été brûlées vives. Quand on peut les identifier, on s'aperçoit toujours qu'il s'agit de prostituées... de filles qui tapinaient à Marseille, Lyon, Paris ou Grenoble. Elles aussi ont dû *manquer* à leur jules d'une façon l'autre... tenter de le larguer ou le balancer aux flics. La sanction est là... une peine de mort qui ne soulève pas les populations... qui ne provoque pas de pétitions. Juste un fait tout à fait divers dans *France-Soir, Le Provençal*, ou *Le Dauphiné libéré*... en quatrième page, tout en bas, perdu parmi les accidents de la circulation du dernier week-end.

Ce qui est différent dans le cas de Dominique Thiriel... son meurtrier n'appartient pas à la faune habituelle du proxénétisme! C'est un fils de famille, un bourgeois... un dévoyé. D'où le retentissement de cette affaire. Sur le fond est-il vraiment plus coupable que tous les proxénètes qui font subir le même sort aux malheureuses qui se rebellent ou qui trahissent le code du Mitan?

S'il ne s'agissait, dans le cas de Georges Rapin, que de cette histoire sanglante, après l'exécution du pompiste, cela ne mériterait peut-être pas qu'on s'y arrête... qu'on y retourne après trente années écoulées... L'intéressant, chez ce personnage, plus que ce phénomène d'identification à des héros de Série Noire... c'est ce qui va suivre, cette persistance à jouer le jeu, à respecter la loi du silence alors qu'elle ne correspond pour lui à aucune nécessité ni pour se défendre, ni par fidélité à des gens qui l'ont bafoué. Cette attitude qui va le conduire à la guillotine dans un contexte d'une absurdité totale.

Chronologiquement M. Bill, son crime accompli, rentre sur Paris et il va retrouver Nadine dans sa chambre. L'extraordinaire... après ce forfait monstrueux, il va rejoindre son bel amour, cette héroïne de roman à quatre sous... Il arrive vers deux heures du matin rue de Gergovie et il passe avec précaution devant la loge des parents. Il n'a pas vu Nadine depuis quinze jours... une petite brouille de fiancés... aucune conséquence... Bill ne va pas pour une chamaillerie sacrifier Nadine par les flammes sur l'autel du sacro-saint Milieu. Lorsqu'il est avec elle d'ailleurs, le Milieu s'efface... il devient un autre. Lequel est le véritable Georges Rapin? La justice n'aura pas d'autre alternative que de condamner M. Bill... les rêves éveillés ne sont pas prévus dans le Code pénal.

Il pénètre donc dans la chambre de Nadine, celle-ci se réveille. Quel bonheur, Georges est là! Lui, le seul... « Oh! Georges, comme je suis heureuse! » Il la serre contre lui et il lui fait l'amour. Il est comme ça, Bill... comme un guerrier après le pillage, l'incendie du village ennemi... il rentre de mission et demande de la tendresse, de l'érotisme... il pue le sang, la poudre, l'essence... qu'importe, il bande! Il prend Nadine avec ardeur, voilà... et elle en redemande jusqu'au matin.

Enfin, certaines réponses au cours des interrogatoires de Rapin laissent entendre qu'il s'est d'abord comporté de la sorte, en amant fougueux... mais au petit jour, M. Bill lui est remonté à la gorge. (On ne peut tout de même pas dire à l'âme... on est encore loin des remords.) Peu à peu Nadine découvre que Georges n'est pas arrivé les mains vides. Il a posé une valise sur la table et puis un sac à main en cuir blanc... le sac de Dominique. Elle pose des questions à Georges... le sang sur les manches de la chemise lui fait croire à un accident.

– Ne me demande rien, veux-tu?

Il devient sec tout à coup, nerveux. Il a besoin d'elle, mais il ne faut pas qu'elle cherche à comprendre, voilà ce qu'il lui explique. Il faut découper les poignets de sa chemise, les jeter à la poubelle... ses gants aussi qui puent l'essence... Le mieux, c'est de les déchiqueter auparavant... ainsi que le sac à main, le tailler en lamelles. De la valise, il sort un revolver et le couteau à cran d'arrêt de Dominique.

– Tu garderas ça avec toi, j'irai demain soir les reprendre à ton salon.

On imagine l'effarement de Nadine. Elle acquiesce, bien sûr, mais elle le supplie de lui en dire davantage et Georges finit par l'introduire un peu dans l'univers de Bill. D'ailleurs, il en a besoin, il commence sérieusement à redouter les investigations policières. Il lui avoue avoir tué une pute... une salope qui cherchait à lui nuire. Il lui donne quelques précisions, qu'il a arrosé son corps d'essence et y a mis le feu.

Nadine entre brutalement dans le cauchemar... comment pouvait-elle s'attendre à une histoire pareille... venant de son Georges qu'elle prenait pour un professeur du lycée Buffon!

– Si on t'interroge, il faut que tu dises que je suis arrivé à une heure du matin et qu'on ne s'est pas quittés de la nuit.

Ce qu'il lui demande... ordonne plutôt, dans la tonalité de M. Bill qui n'admet pas la réplique! Le plus énorme, c'est que Nadine, la pauvre petite shampooineuse, accepte. Oui, elle dira tout ce que Georges lui demande, elle l'aime tant qu'elle ne peut pas croire que, s'il a commis ce crime, il n'avait pas une raison morale impérieuse... qu'il ne pouvait pas faire autrement.

Le dialogue est délicat à reconstituer. Mettez-vous un peu à la place d'un scénariste, une scène pareille relève de l'invraisemblable. Fabriquée, diraient les critiques... une histoire à dormir debout. Pourtant, il a bien fallu que Georges Rapin trouve quelques arguments pour se justifier. Sans doute lui a-t-il raconté une version impossible mais que ses talents d'affabulateur ont rendue plausible. Elle ne l'a pas dit, mais elle a obéi... lavé la chemise (qu'elle a gardée au lieu de la jeter), fait disparaître les gants, le sac et son contenu. Sans doute est-elle naïve au point de croire que tout va s'arranger, que son bonheur reste entier... que cette aventure ne sera qu'une petite parenthèse vite oubliée dans son existence.

*

A présent, aux poulets d'entrer en piste. Le genre d'énigme que pose un cadavre calciné dans un bois a d'autant plus de chance d'être résolu que le cadavre est encore chaud. Le cas, en l'occurrence, puisque le corps de Dominique Thiriel presque entièrement carbonisé est découvert dès le matin du 30 mai par deux automobilistes qui passaient sur la route Ronde. Le feu couvait encore... il avait attaqué les chairs, les cheveux... le visage de la jeune femme brûlé au troisième degré était méconnaissable.

Branle-bas de combat policier... Les spécialistes de la Médico-légale se mettent au travail. On relève cinq douilles de 7,65 sur le sol. La victime a été touchée au foie, au poumon et au front. C'est la nommée Muguette dite Dominique Thiriel, vingt-deux ans, fille soumise, comme on dit alors sur les fiches de la Mondaine, qui va être rapidement identifiée. Entre autres, grâce à cette chaussure à talon aiguille qu'elle avait perdue en s'enfuyant. Une boutique de Pigalle était spécialisée dans ce genre d'escarpins, accessoires de travail pour les dames du trottoir. Dominique en avait acheté une paire peu de temps auparavant... la commerçante s'en souvenait et elle donna des renseignements qui menèrent les flics au *Sans Souci.*

Du *Sans Souci* à M. Bill il n'y a qu'un pas, l'enquête devenait élémentaire. D'autant que la P.J. était rencardée... Dès que Dominique fut identifiée, que sa photographie fut à la une des journaux, on imagine la panique dans le vivier de la gente truandière. Jean avait tout de suite compris que l'assassin ne pouvait être que M. Bill. Il s'apercevait un peu tard que c'était un jobard dangereux... le mieux était qu'il tombe entre les pattes des condés. Facile de faire part de ses soupçons dans quelques bars où des esgourdes attentives se font un plaisir d'aller rapporter le renseignement à ceux qui détiennent leur droit de vivre en exploitant la chair plus ou moins fraîche sur l'asphalte du quartier.

La police racontera autre chose à la presse, une histoire de numéro minéralogique de voiture relevé par un quidam sur la route de Fontainebleau. Dans ces affaires, les flics sont bien obligés de trouver une version plausible pour ne pas compromettre leurs indicateurs.

Le commissaire Chaumeil chargé de l'enquête va débarquer un matin boulevard Saint-Germain chez les Rapin. Il en a vu de toutes sortes durant sa carrière, ce brave fonctionnaire, mais il n'est pas habitué, en allant *sauter* un voyou, à être reçu par le domestique qui le fait attendre Monsieur au salon. Dans son for intérieur, Bill n'est pas surpris de la visite de ce flic qui vient lui demander de le suivre, il est programmé dans le destin qu'il s'est choisi. Le commissaire Chaumeil n'est pas encore convaincu à ce moment-là qu'il tient le coupable. Il fait même une petite erreur, il permet à Georges Rapin d'aller aux toilettes avant de le suivre. Dans la cuvette des w.-c., celui-ci se débarrasse de quelques cartouches de 7,65.

Bill garde l'espoir que son alibi va tenir, que Nadine va venir raconter que la nuit du crime, ils étaient ensemble. Il l'a si bien chapitrée depuis le 30 mai... il est sûr d'elle... sûr de son pouvoir sur elle. Il a poussé ses pions au point de se vanter d'être ce mystérieux M. Bill dont on avait publié le portrait-robot dans la presse depuis qu'on avait identifié Dominique. Subjuguée, Nadine acceptait toutes les excuses que Georges se forgeait pour justifier son acte. Des histoires de brigands dont Dominique était, disait-il, l'âme damnée.

Il n'avait pas tort de croire en Nadine... elle va se conduire en femme aimante jusqu'à se faire incarcérer pour recel, non-dénonciation de malfaiteur et faux témoignage. De son mieux, elle allait accréditer l'alibi de son fiancé pour la nuit du 30 mai.

Georges Rapin montre qu'il est loin d'être un véritable truand, dans son erreur d'appréciation au sujet de Granier dont il avait fait son confident au point de lui confier son 7,65 et le couteau de Dominique Thiriel. Spontanément, Granier va aller rapporter Quai des Orfèvres ces deux pièces à conviction. Et de raconter en pleurnichant tout ce que Rapin lui a dit. Jusque-là, il ne l'avait jamais cru, il le prenait pour un mythomane, mais après cet horrible crime, il se faisait un devoir... etc. Un brave homme, Granier, sinon un homme brave. On se demande s'il n'est pas de ce bois dont on fait les délateurs en toutes saisons orageuses.

M. Bill maintenant est coincé. On lui a retiré ses lunettes noires, sa cravate, sa ceinture, les lacets de ses belles chaussures de pseudo-maque et il est sous le feu des questions policières. La *Série Noire* se poursuit, et ça devient plus douloureux à vivre que tout ce qui a précédé. Les flics, en bons chiens de chasse qu'ils sont, reniflent le gibier... Là encore il faudrait être un dur, un malfrat du gang des tractions avant pour *tenir*. Ne pas se mettre à table. « Je ne parlerai qu'en présence de mon avocat. » Bill n'est pas de cette trempe, il flanche dès les hors-d'œuvre... nul besoin de faire jouer pour lui tous les instruments de l'orchestre philharmonique des argousins. Il se déboutonne assez rapide... d'un seul coup, il vide son sac. « Oui, c'est moi, je vais tout vous dire. » Certains voyous entament parfois le dialogue de la sorte pour mieux embrouiller les poulets... gagner du temps, les envoyer se perdre sur des pistes sans issue. M. Bill, au contraire, se fait une sorte de plaisir de raconter son forfait avec des détails qui remplissent les feuillets de la machine à écrire des enquêteurs. Un rapport pour le juge d'instruction comme il n'en lit pas souvent. Mise à table peu ordinaire... un véritable banquet. Froidement, sans hausser le ton, il dit tout, sans manifester de remords. Tout va de soi puisqu'il est un *homme* et que cette pute lui avait manqué. Bien sûr, il ne parle pas de Stello ou de M. Jean... il donne une version des faits qui les écarte. Il a tué Dominique parce qu'elle voulait le larguer sans lui payer l'amende.

Cette nuit-là au 36, quai des Orfèvres, il est dans son rôle. Il est M. Bill face aux lardus. Ils vont même, je suppose, jusqu'à le laisser fumer. Un client aussi coopératif, ils n'y sont pas habitués. Et ils ne sont pas encore au bout de leur surprise.

– Je ne vous ai pas tout dit. J'ai descendu un pompiste à Villejuif l'année dernière.

Cette affaire aurait pu finir dans les dossiers sans solution, ils sont nombreux dans les classeurs de la police. Les assassins sont parmi nous, et ils sont nombreux, ceux qui vont finir leur existence sans qu'on puisse les soupçonner. Tout homme porte en lui un assassin qui sommeille. Celui de Georges Rapin s'est réveillé dans la mythologie de la *Série Noire*. Il en est fier... et il va dérailler... en rajouter tellement que ça ne deviendra plus crédible.

Le juge d'instruction commis sur cette affaire s'appelle Martin, on ne peut pas être plus effacé du patronyme. Il envoie Rapin en taule, il ne peut pas faire moins. La presse s'empare de M. Bill. S'il rêvait de célébrité, il est servi ! Bien sûr, au rayon des maudits. La décennie est assez bien achalandée avec les Dominici, Denise Labbé, Vivier et Sermeuse, Marie Besnard, le curé d'Uruffe... Bill Rapin ne dépare pas la collection. Cependant je suis intimement persuadé qu'à ce moment-là il voudrait tous les dépasser, atteindre des sommets... être enfin dans un domaine le plus grand.

Dans une première période en taule, il se pavane, il est la vedette des cours de promenade. S'il avait été à Fresnes plutôt qu'à la Santé, j'aurais pu le voir, lui parler, vous donner des impressions personnelles sur ce personnage. Je me débattais alors avec la sainte Justice pour de vulgaires affaires de casses... une petite suite qui me valait un séjour assez prolongé à l'ombre et qui allait peut-être me permettre de devenir écrivain... J'observais tant les êtres autour de moi qu'ils allaient finir dans mes livres. Je vivais avec de sacrés olibrius... des voleurs, escrocs, truands de tous poils... quelques assassins par-dessus le marché. J'ai rapporté tout ça dans *La Cerise,* un ouvrage où j'ai essayé d'exprimer la prison sous toutes ses facettes, ses tenants et aboutissants...

Je n'ai pas pu saisir M. Bill dans mon collimateur... quelques malfrats qui l'avaient connu à Montmartre m'en ont parlé et peu à peu j'ai compris les véritables dessous de l'histoire... La réaction de Georges Rapin au chantage des julots, le Milieu ne s'y attendait pas... l'exécution de Dominique n'était pas prévue au programme... ça déglinguait toute l'horlogerie. Le plus surprenant, que M. Bill ne vende pas la mèche comme on aurait pu s'y attendre. Pour quelle raison? En définitive, de la sorte il pouvait, non pas s'innocenter un seul instant, mais tout de même permettre à son défenseur de jouer le petit solo des circonstances atténuantes. Le défenseur, bien sûr, sera maître Floriot... Après les gestapistes de la rue Lauriston et le docteur Petiot, il est encore au premier rang parmi les avocats de Rapin. Au début, comme l'affaire avait démarré en Seine-et-Marne, maître Schwab du barreau de Fontainebleau avait pris en main les intérêts de Bill. A Paris, il allait de soi que les parents de Georges avaient fait appel à l'avocat le plus célèbre.

Comment avaient-ils pris les choses, les parents? Une bombe avait éclaté dans leur vie... un séisme. Ils avaient par leur faiblesse, leur aveuglement, bien des responsabilités, mais que Pinpin soit devenu un criminel abominable, comment pouvaient-ils accepter une pareille évidence? Ça dépassait leur entendement de grands bourgeois. Peut-être faut-il dire à leur corps défendant que les gosses mal élevés, trop gâtés, de milieu social aisé, ne deviennent pas tous des assassins. La plupart se contentent de mener une existence parasitaire, d'être odieux à la petite semaine, de tuer à petit feu les êtres qui les entourent.

Pour tout compliquer, Bill à la Santé se confie à un maton. Je ne sais où... dans un couloir, une cour de promenade, il se targue d'être un tueur au palmarès bien plus fourni qu'on ne se l'imagine. Il affirme avoir tué encore onze personnes... il fait bonne mesure, c'est moins bien que Petiot, mais ça dépasse déjà Landru. Sitôt enregistré, sitôt recraché... le bon fonctionnaire de l'administration pénitentiaire se précipite chez le directeur. On prévient le juge d'instruction et celui-ci fait extraire d'urgence Georges Rapin de sa cellule. Et il se remet à table... s'étale... donne moult et moult détails. Sans doute s'est-il, depuis deux ou trois ans, nourri abondamment à la rubrique des faits divers pour pouvoir s'accuser de crimes dont on n'a pas découvert les auteurs. Tout est faux... le fruit d'une imagination dévoyée... mais la police va être obligée de tout vérifier. Pour Dominique Thiriel et pour Roger Adam, le pompiste de Villejuif, tout ce qu'a avoué Bill s'est révélé exact. On est donc en droit de le croire lorsqu'il se prétend l'auteur d'autres assassinats.

J'ai rencontré un homme qui ne veut pas que je mentionne son nom, mais qui s'est occupé de Georges Rapin après son incarcération. Ce monsieur pense que Bill a peut-être commis d'autres meurtres et que ses faux aveux lui ont servi à les masquer... qu'il a eu l'intelligence d'utiliser sa mythomanie comme une sorte de fumigène.

Il est vrai que, dans la première phase de l'enquête, on peut s'interroger... M. Bill ne donne aucune explication pour justifier ses vantardises criminelles. Dans son petit cinoche intérieur, il est difficile de faire la part entre le vrai et la fiction.

Il se prête avec complaisance à la reconstitution de l'assassinat de Dominique Thiriel. Devant la presse et les photographes, il est M. Bill avec ses lunettes noires, sa moustache de bellâtre, son costume croisé. Il pavoise, c'est évident... il refait ses gestes sans faiblir... les coups de flingue... les bidons d'essence. Les magistrats, les policiers n'ont jamais vu un criminel aussi coopératif. Il apporte des précisions que lui seul pouvait donner. Bien sûr, il n'exprime toujours aucun regret... Dominique l'avait trahi, elle méritait son sort.

Les documents, coupures de journaux sur cette reconstitution sont éloquents... Bill a l'air de tourner un film. Il a une gravité à la Alain Delon dans un film où il incarne un tueur implacable.

Mis à part les aveux pour les meurtres qu'il n'a pas commis, le dossier est clair, Georges Rapin ira devant les assises à la session de printemps 1960. L'affaire est entendue, on ne voit pas ce qui pourrait sauver un pareil coupable. La psychiatrie, certes... Il a des antécédents... sa méningite... ses troubles de croissance... cette mythomanie hallucinante.

Maître Floriot, qui n'avait jamais vu un accusé se délecter pareillement dans son auto-accusation, espérait sans doute décrocher pour son client l'article 64. Le climat ne s'y prêtait guère. Nous étions en pleine guerre d'Algérie... la conjoncture n'était pas très favorable à l'exercice vraiment serein de la Justice.

Les psychiatres sont eux aussi sensibles à l'air du temps. On l'a vu dans le cas du docteur Petiot. *Idem* pour Bill Rapin... Ce fils de bonne famille, même si son cas relevait en grande partie de l'aliénation mentale, devait être éliminé pour satisfaire l'opinion publique. En conclusion de leur rapport, les experts le trouvent émotif, mais sain d'esprit et responsable de ses actes. Sur sa mythomanie, ils tranchent pour la négative. Rapin est un *menteur logique*... En toutes lettres dans leurs conclusions.

*

Sans doute, après une période d'interrogatoires répétés, le juge avait-il laissé Rapin mijoter dans ses fantasmes à la Santé. Les nuits en cellule portent conseil... Rapin allait revenir sur ses aveux, nous le verrons plus loin. Mais son roman d'amour avec Nadine, sa double vie continue... tout en tirant gloire de ses exploits sanglants, il ne cesse de se préoccuper de sa fiancée. Au bout de quelques semaines, le juge l'a remise en liberté et Georges Rapin va demander à ses parents de l'héberger boulevard Saint-Germain. Les concierges de la rue de Gergovie, eux, devaient se terrer au fond de leur loge... pareille déconvenue sur ce futur gendre qui paraissait un garçon si bien dépassait leur entendement.

Le séjour de Nadine à la Roquette n'a en rien diminué sa passion pour Georges. Elle décide de se dévouer corps et âme pour sa défense. Un jour, dans sa vie tristounette de shampooineuse, elle a rencontré l'Amour, alors elle s'y accroche avec une volonté farouche. Peu importe ce qu'on reproche à son cher fiancé, s'il est coupable ou non... fol ou animal doué de raison... il est le seul être au monde qui justifie son existence.

A la fois grotesque et sublime. Les parents Rapin l'acceptent chez eux... après tout, elle représente le meilleur aspect de leur fils indigne. On lui donne la chambre de Pinpin avec ses nounours, les jouets de son enfance conservés pieusement... un agrandissement d'une photo où il a l'air d'un bon petit jeune homme...

Elle devient la fille de la maison où tout est devenu d'un sinistre achevé, on se doute.

Georges et Nadine s'écrivent des lettres enflammées. Nadine n'a pas de permis de visite, elle ne s'en exalte que davantage pour son étrange sigisbée. On dit que chaque jour elle fleurit sa photo sur la table de nuit... Après tout, on a bien couvert de fleurs et de poèmes le maréchal Staline... Nadine a fait de cet épouvantable assassin son petit Jésus. Ils se plongent tous les deux dans une rêverie qui leur permet de croire que les choses vont s'arranger.

Peu de temps avant le procès, voilà ce qu'écrivait Georges à Nadine : « *Je vais être jugé. Tu viendras aux assises. Je verrai ton doux visage dont l'image ne quitte pas mes pensées. Si tout se passe bien, nous connaîtrons bientôt le bonheur d'être réunis. Nous prendrons une petite librairie en province. Il ne sera plus question de Monsieur Bill. Nous mènerons une vie tranquille tout illuminée de notre amour.* » Comment cet être qui n'est pas un imbécile peut-il croire qu'il va, pour le moins, échapper à la réclusion perpétuelle?

Il est vrai qu'il a changé son fusil d'épaule en ce qui concerne sa défense. Est-il Georges Rapin ou M. Bill lorsqu'il revient sur ses aveux et se forge une version des faits digne d'un voyou qui nie l'évidence et raconte n'importe quoi aux flics?

Concernant le meurtre du pompiste, il essaie d'accréditer une histoire de quatre blousons noirs qui lui auraient emprunté le P 38 de Granier, s'en seraient servis pour tuer Roger Adam, l'auraient ensuite rapporté au *Bill's bar* en lui racontant en détail les circonstances du crime. Pour être un *homme*, ne pas les *balancer*, Bill Rapin s'est accusé à leur place.

On s'aperçoit que lorsqu'il ment pour se disculper, Rapin manque de talent, son récit est tellement absurde qu'il sera bien difficile à ses défenseurs de lui donner un minimum de crédibilité.

Au sujet de Dominique Thiriel, il se décharge sur un mystérieux souteneur nommé M. Robert qu'il aurait rencontré sur un champ de courses et qui lui avait demandé de séduire la fille. Bon camarade, M. Bill avait accepté de lui rendre ce petit service. M. Robert reprochait à Dominique de le faire chanter... La mission ultime de Bill consistait à emmener celle-ci dans la forêt de Fontainebleau près du carrefour du Touring-Club. Là, M. Robert l'attendait avec un 7,65 et deux bidons d'essence.

Lorsqu'il aura l'aplomb de raconter pareilles balivernes au président de la cour d'assises, le public va mal réagir. On entendra des cris de mort dans la salle. Il aurait sans doute mieux valu qu'il s'en tienne à sa première version. Ou bien qu'il finisse par dire la vérité entièrement... après tout il n'avait que des liens fictifs avec le Milieu. S'il avait donné la version exacte des faits... le petit chantage dont il avait été l'objet... peut-être aurait-il eu une chance infime de s'en sortir.

Indéchiffrable M. Bill... il écrit toujours à Nadine des lettres qui pourraient faire croire à une inconscience totale. Il s'arroge le droit de lui faire de la morale... la met en garde contre la lecture d'ouvrages contraires aux bonnes mœurs... évoque les bambinos qu'ils auront... En cela, d'ailleurs, je crois vous avoir dit que beaucoup de criminels de cette catégorie n'arrivent pas à mesurer l'exacte gravité de leurs actes...

Et pourtant, d'un autre côté, Rapin a une conduite parfaitement suicidaire, il ne peut pas ne pas savoir qu'il va finir entre les mains du bourreau. Il s'obstine à ne pas tout dire, non pour couvrir quelques personnages secondaires de la pègre, mais sans doute pour se justifier... *justifier sa vie*. Ça peut paraître à première vue lamentable... Et pourtant ce refus lui donne peut-être une dimension nouvelle. Il touche le fond du fond... il devient en quelque sorte un personnage à la Dostoïevski... un frère de Franck, le héros de *La neige était sale,* le roman de Georges Simenon.

Aux assises, au début du mois d'avril 1960, on attend un monstre. Comme d'habitude, le monstre déçoit. Il est étriqué, fade, flou... il ne ferait pas peur à une mouche... surtout de Pigalle. Il faut beaucoup d'imagination pour se le représenter dans son rôle de tueur. Il débite ses mensonges sans conviction. Un peu comme il devait jouer au cours de Mme Bauer-Thérond... sans y mettre ce je ne sais quoi qui vous fait passer la rampe. S'entêtant dans ses dernières versions des faits, il gêne considérablement la défense. Maître Floriot a beau avoir un talent diabolique, il ne peut faire de miracle. Comme pour le docteur Petiot, il va prodiguer en vain tous ses dons... pour sa renommée, les causes les plus indéfendables sont pain bénit. Il dira plus tard que Georges Rapin était insaisissable... qu'il lui a échappé tout autant qu'il avait échappé aux magistrats, aux flics ou aux psychiatres.

Le procès dure quatre jours. Tout se répète. Tous les acteurs de la tragédie défilent à la barre pour redire à peu près les mêmes choses qu'à l'instruction. Les comparses... la petite faune des loufiats de Pigalle, les putes, les julots café-crème qui racontent n'importe quoi... qui mentent, qui chargent ce connard de Bill. Viennent les enquêteurs qui témoignent de la froideur de Bill pendant les interrogatoires et la reconstitution du crime. Granier qui fait piètre figure... qu'on peut prendre au choix pour un complice ou un indicateur.

Le père, Marcel Rapin, est accueilli avec grand intérêt. On veut lui demander des comptes à lui aussi... n'est-il pas un peu responsable de la vie catastrophique de son fils? C'est un homme de grande taille, fort... le type même du grand bourgeois, du patron. Il est maladroit... ergote sur des notes de classe de Georges. Il a du mal à justifier sa faiblesse lorsqu'il a cédé à la demande de son fils de lui acheter un bar. Pour les magistrats qui sont issus d'un même milieu social que lui, c'est de l'aberration pure et simple de laisser son garçon s'abaisser à une activité – on ne peut pas dire profession – de si basse catégorie.

En tout cas, il n'arrive pas à émouvoir le jury, M. Rapin père. Il est désemparé, en homme qui n'a pas l'habitude d'étaler ses sentiments en public. Gauchement, il essaie de nous faire un portrait de son garçon... doux, délicat, gentil... de quoi provoquer des remous désagréables dans la salle. Dans la situation où il se trouve, tout se retourne contre lui. Le moindre mot est pris à mal... aucune justification n'est admissible.

– Georges a été victime du Milieu.

Disant cela, il prouve qu'il a compris en partie les dessous, les motivations de l'assassinat de Dominique Thiriel. Sa conclusion ne retiendra pourtant pas l'attention de la Cour.

Rien ne tourne, ne serait-ce qu'un instant, en faveur de l'accusé. Même l'audition de sa mère devient sans objet... inutile. Mme Rapin, dont les psychiatres ont dit que c'est une femme-oiseau, se présente comme une sorte de dame du monde en manteau de fourrure, chapeau à voilette, qui débite des choses insignifiantes d'une petite voix aigrelette. On attendait une confrontation dramatique entre cette mère et son fils menacé de la guillotine... Il ne se passe rien... le public, les jurés l'entendent à peine et elle quitte le prétoire sans avoir prononcé un mot qui puisse les attendrir un instant.

Nadine a eu le courage de venir comme témoin à décharge, mais elle sanglote, elle est inaudible. Dès qu'elle le peut, elle tourne son regard vers Georges, si minable entre les gardes municipaux. Elle ment, c'est évident, elle bredouille. L'émotion ne passe pas et pourtant elle est sincère. Une autre se serait défilée, aurait peut-être même chargé son ex-fiancé... elle, naïvement, elle croit à une imagerie rose perdue dans un contexte de roman d'épouvante. Elle aura le courage, en quittant la barre, d'aller jusqu'à lui qui réussit à lui embrasser les mains sous les grondements terribles de la salle... la réprobation des jurés et du président.

Rare qu'un accusé soit aussi écrasé d'opprobre. L'avocat général Dubosc ne manque aucune occasion pour poser ses banderilles. Il sait d'expérience que l'horreur vient surtout de la façon dont le meurtrier a tué. Dès qu'il le peut, il rappelle les souffrances de cette jeune femme de vingt-deux ans brûlée vive. Les bidons d'essence vont conduire plus sûrement Bill à l'échafaud que les balles de 7,65.

Les psychiatres déclarent : « En dehors de son attachement pour Nadine, dû surtout à une jalousie maladive, l'univers sensible de Georges Rapin est un véritable désert. Ce qui n'implique pas qu'il soit anormal, au contraire. »

A la barre, l'expert, qui vient lire ce rapport, subit tout de même le feu nourri des questions de la défense... On comprend que c'est sa seule carte, à maître Floriot, pour sauver son client... de plaider une certaine atténuation de ses responsabilités mentales.

Il sort de sa robe une lettre écrite par Rapin dans sa cellule et lit ce passage : « *Comment ne serait-on pas comme les autres? Il n'y a pas de maladie unique.*

Il faut être, comme Chateaubriand, un parvenu de la mélancolie pour s'imaginer qu'on est seul sur un rocher. »

L'expert bien sûr reconnaît ce passage, il s'est même appuyé sur ce texte pour étayer son dossier, affirmant que Georges Rapin était intelligent et que cette intelligence lucide excluait toute possibilité de folie engendrée par sa mythomanie.

Maître Floriot a le secret des effets d'audience. Il ridiculise l'expert en révélant que cette citation est de Maurice Rostand, que son client l'a lue dans *L'Ange du suicide*, l'a recopiée et se l'est attribuée.

– Cela ne change pas votre point de vue? demande maître Floriot.

Le psychiatre ne se démonte pas, il répond : « Pas le moins du monde », et il enchaîne sur une démonstration en une langue scientifique que personne ne comprend, mais que tout le monde approuve puisque M. Bill doit mourir.

Cette évidence est éclatante depuis son entrée dans l'arène. La déposition de la femme du pompiste a été, elle aussi, déterminante. Une mère de quatre enfants, privée de ressources, qui est venue sangloter à la barre. La partie civile s'en donne à coups de matraque. On fait circuler des photographies de Dominique Thiriel calcinée dans le sous-bois.

Maître Delaunay, qui fut l'avocat de Joanovici, porte l'estocade. « Quand la pauvre Dominique fut jugée et condamnée par cette petite canaille de Bill, elle n'avait pas d'avocat pour la défendre, dit-il. On ne retrouvera d'elle qu'un corps à demi carbonisé. C'était le petit jour sur la forêt de Fontainebleau. Vous aussi, monsieur l'avocat, vous aurez un de ces proches matins à vous lever au petit jour. »

Après cela, l'avocat général n'a plus grand-chose à ajouter. Il demande la tête de Bill qui paraît bien légère, bien minuscule sans ses lunettes noires.

Maître Floriot essaie d'accorder une plaidoirie

intelligente au système de défense absurde de Georges Rapin. Il passe hâtivement sur les prétendus assassins... les blousons noirs et M. Robert, pour plaider sérieusement le déséquilibre de son singulier client. Le dédoublement de la personnalité n'est pas pris en compte par les psychiatres, pour eux, ça relève de la littérature... le docteur Jekyll et Mr. Hyde. Et pourtant il s'agit de cela, et d'un cas de mythomanie poussée à l'extrême... d'un cas difficile à appréhender pour un esprit rationnel. Il tente l'impossible... d'émouvoir un peu les jurés avec cet amour sincère de Georges pour Nadine et qui peut faire de lui un jour un autre homme.

Le talent d'un grand avocat pourrait peut-être sauver Georges Rapin, mais il ne peut rien pour M. Bill. Le verdict de mort est prononcé après un délibéré de dix-huit minutes. Jamais il n'avait été si rapide en cour d'assises.

Le public manifeste par une rumeur de satisfaction et même quelques applaudissements. M. Bill, fidèle au personnage qu'il s'est forgé avec le sang des autres, reste de marbre pendant que le président lui annonce qu'il aura la tête tranchée. Certains journalistes ont cru voir un sourire sur ses lèvres. Tout était conforme à ce qu'il avait voulu... un héros de la *Série Noire* ne doit pas mourir dans son lit.

A la Santé, on le met aux chaînes dans le quartier des condamnés à mort. Fini son beau costard, ses lunettes en verre fumé... fini la frime! Il est seul M. Bill dans une cellule sinistre, comme une sorte de rat pris au piège. Il s'est voulu un pareil destin... par un goût morbide de l'horreur, il a descendu toutes les marches de l'escalier de la déchéance.

Il écrit, et maintenant il a des accents de sincérité, mais il est trop tard... « *Voici l'histoire d'un homme qui me ressemblait. Mon Dieu, pensait-il, comme je donnerais tout pour défaire ce que j'ai fait, pour supprimer mon passé, pour déchirer fil à fil la tapisserie de ma vie.* »

Autour de Bill, tout est hostile... les détenus ne lui pardonnent pas d'être un fils à papa qui s'est pris pour un voyou, alors que jusqu'au bout il va respecter les lois implacables du Milieu. Les matons préfèrent aussi d'autres clients moins ambigus... Les durs à la Mimile Buisson qui ne les troublent pas dans leurs idées toutes faites.

Et il se raccroche toujours à Nadine. Le procureur lui a refusé de se marier. Elle vient au parloir, le contempler derrière un double grillage. Ils s'écrivent des lettres où il n'est question que de pureté, de beaux sentiments, de bonté, d'amour éternel.

Nadine vit, se terre boulevard Saint-Germain, chez les Rapin. Ceux-ci l'ont adoptée, ils se raccrochent à elle et à la grâce présidentielle possible... l'ultime espoir après le rejet de la Cassation.

Le général de Gaulle est président de la République en 1960. Rien de commun avec M. Fallières ou M. Lebrun. Un dossier de ce genre ne risque pas de lui poser un trop lourd cas de conscience. D'autant plus que Georges Rapin se permet de lui écrìre pour désavouer les démarches que maître Floriot pourrait faire en vue d'obtenir sa commutation de peine.

Il veut aller maintenant jusqu'à l'ultime conséquence de sa vocation d'assassin. S'il en avait le talent, il célébrerait la guillotine comme Lacenaire.

En contradiction avec cette attitude intransigeante, il ne refuse pas les secours de la religion. Dans sa cellule, il accepte les visites de l'aumônier. Sans doute se confesse-t-il... Le prêtre dira qu'il est mort en chrétien, comme Jacques Fesch, ce jeune dévoyé lui aussi qui avait tué un flic trois ans auparavant.

Il recommande à Nadine, qui manifeste son intention d'entrer au couvent si on l'exécute, de refaire sa vie. De l'oublier... ce qui paraît bien difficile.

Peu à peu, l'approche de la mort lui permet de se dépouiller, de se préparer à jouer le dernier rôle de cette histoire sanglante qu'il s'est racontée à lui-même. Que ne s'est-il contenté de l'écrire. Il ne veut surtout pas rater sa sortie. *Ça ira,* écrit-il. *Le cerveau est bien préparé. Le corps suivra sans faiblir.* Il n'y aura pour cette ultime séquence que peu de spectateurs : le procureur de la République, les avocats, l'aumônier, le directeur de la prison... Ils rapporteront tous le courage de Georges Rapin. Sans faiblir, il a écrit une dernière lettre à Nadine et il a suivi M. Obrecht, le bourreau, et ses aides. On n'a pas eu besoin de le calmer, de le pousser, le soulever de terre... il n'a pas hurlé comme certains voyous, mais oui.... hommes du Milieu qui avaient moins de cran que ce cave. L'identification à son héros est totale.

Ce 26 juillet 1960, la France était en vacances, l'exécution de M. Bill ne suscita que quelques lignes dans la presse.

J'étais ce matin-là au sanatorium pénitentiaire de Liancourt dans l'Oise. Avec des détenus de toutes sortes... assassins, voleurs, violeurs, escrocs... dans de grands dortoirs de vingt lits. Innovation pour l'époque, un haut-parleur qui nous diffusait la radio nous annonça l'exécution de Georges Rapin... *mort courageusement,* précisait l'information. Sitôt, les réactions se firent entendre... « Le sale con, il ne l'a pas volé! » « Une ordure de moins! » « Bien fait pour sa gueule! » etc. Il y avait parmi nous un certain Antoine R... un caïd marseillais qui purgeait une peine de vingt ans de travaux forcés pour le meurtre d'un truand dans un règlement de comptes. Brusquement, il est intervenu avec autorité :

– Taisez-vous... Y a plus rien à dire. Il est mort en homme!

Comme épitaphe, il ne pouvait pas souhaiter mieux, M. Bill.

PRINCIPAUX OUVRAGES CONSULTÉS

Bastiani (Ange) : *Le Bréviaire du crime* (Solar, 1968).

Borniche (Roger) : *Le Gang* (Fayard, 1975).

Decaux (Alain) : *Les Assassins* (Librairie Académique Perrin, 1986).

Delpez (Gilbert) : *Le Gang des tractions avant* (Jacques Grancher, 1980).

Dominique (Jean-François) : *L'Affaire Petiot* (Ramsay, 1980).

Giovanni (José) : *Histoire de fous*. Collection « Série Noire » (Gallimard, 1959).

Guilleminault (G.) et Mahé (A.) : *L'Épopée de la révolte* (Denoël, 1963).

Manière (Pierre) : *Marcel Petiot ou l'échec d'une ambition politique*. (A compte d'auteur, sans date.)

Marcilly (Jean) : *Vie et mort d'un caïd : Jo Attia* (Fayard, 1977); *Histoire secrète du Milieu* (Famot, 1978).

Masson (René) : *Haute pègre* (Presses de la Cité, 1969); *Basse pègre* (Presses de la Cité, 1970).

Mesnard (Dr A.) : *Psychologie du crime* (Payot, 1963).

Montarron (Marcel) : *Histoire du Milieu* (Plon, 1969); *La veuve ou l'histoire des châtiments* (Plon, 1973).

Panel (Alomé) : *Docteur Satan : l'affaire Petiot* (Robert Laffont, 1978).

Perry (Jacques) et Chabert (Jane) : *L'Affaire Petiot* (Gallimard, 1957).

Saccomano (Eugène) : *Bandits à Marseille* (Julliard, 1968).

Tavernier (René) : *L'Affaire Petiot* (Presses de la Cité, 1974).

Thomas (Bernard) : *La Bande à Bonnot* (Tchou, 1968).

Varaut (Jean-Marc) : *L'Abominable Docteur Petiot* (Balland, 1974).

Vincentane (Stéphane) : *La Bande à Pierrot-le-Fou* (Champ libre, 1970).

DIVERS

Collections de *Paris-Jour* (Procès d'hier et d'aujourd'hui), *Détective, Le Crapouillot, France-Soir, Historia.*

Je remercie :

Tout d'abord Daniel Costelle, le réalisateur de la série télévisée, son assistante, Agnès Dupont, Anne Guérin, sa chef-monteuse, et son assistante, Emmanuelle Poinsot.

Les commissaires Roger Le Taillanter et Jacques Delarue. M. Paul Roche, chef du service de presse et des relations publiques de la préfecture de Police.

Mme Michèle Rudler, directrice des laboratoires de toxicologie et de police scientifique de la préfecture de Police.

M. Garnier, M. Poisson et Mme Sauvé-Astruc du musée de la Police.

M. Hubert Bonaldi, directeur régional de l'Administration pénitentiaire.

MM. Robert Biage, Roger Borniche, Roger Colombani, José Giovanni, René Girier, Jean-Paul Lacroix, Philippe Lamy, Auguste Le Breton, Gaëtano Manrédonia, François Marcantoni, Jean

Marcilly, Malcon Menziès, Marcel Montarron, Frédéric Pottecher, Lucien Pichon, Claude Savarit, Bernard Thomas.

M. Michel Alvès, rédacteur en chef de *Détective*, ainsi que M. Francis Duriez, M. Éric Clemenceau et Mme Jacqueline Cattanéo.

Table

IMPRIMÉ EN FRANCE PAR BRODARD ET TAUPIN
Usine de La Flèche (Sarthe).
LIBRAIRIE GÉNÉRALE FRANÇAISE - 6, rue Pierre-Sarrazin - 75006 Paris.
ISBN : 2 - 253 - 05365 - 1 30/6818/6